方翰青 著

城市流动人口
文化融入的实证研究

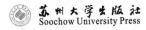
苏州大学出版社
Soochow University Press

图书在版编目（CIP）数据

城市流动人口文化融入的实证研究 / 方翰青著. -- 苏州：苏州大学出版社，2022.12
 ISBN 978-7-5672-4218-0

Ⅰ.①城… Ⅱ.①方… Ⅲ.①城市人口 — 流动人口 — 城市化 — 研究 — 中国 Ⅳ.①D631.42

中国版本图书馆 CIP 数据核字（2022）第 246065 号

CHENGSHI LIUDONG RENKOU WENHUA RONGRU DE SHIZHENG YANJIU

| 书　　　名：城市流动人口文化融入的实证研究
| 著　　　者：方翰青
| 策划编辑：刘　海
| 责任编辑：刘　海
| 装帧设计：吴　钰
| 出版发行：苏州大学出版社（Soochow University Press）
| 社　　　址：苏州市十梓街1号　邮编：215006
| 网　　　址：www.sudapress.com
| 邮　　　箱：sdcbs@suda.edu.cn
| 印　　　装：苏州工业园区美柯乐制版印务有限责任公司
| 邮购热线：0512-67480030　销售热线：0512-67481020
| 网店地址：https://szdxcbs.tmall.com/（天猫旗舰店）
| 开　　　本：718 mm×1 000 mm　1/16　印张：14.25　字数：249千
| 版　　　次：2022年12月第1版
| 印　　　次：2022年12月第1次印刷
| 书　　　号：ISBN 978-7-5672-4218-0
| 定　　　价：68.00元

凡购本社图书发现印装错误，请与本社联系调换。服务热线：0512-67481020

自 序

党的二十大报告明确指出,"促进区域协调发展,深入实施区域协调发展战略、区域重大战略、主体功能区战略、新型城镇化战略,优化重大生产力布局,构建优势互补、高质量发展的区域经济布局和国土空间体系",为做好流动人口工作提供了科学的行动指南。城市流动人口是没有实现移民的社会移动人口,在城市从事务工、经商、社会服务等各种经济活动。城市文化是市民在城市中生活时所创造的物质和精神财富,既反映了市民大众的生存状况、生活行为方式及个人精神面貌特点,也反映了城市带给外来人员的整体主观感受。文化融入是社会成员在新的社会环境中遭遇异质文化之后历经不适与震惊,在异质文化与本原文化之间进行调试和适应,并有机地内化异质文化,最终适应新的社会环境的过程。城市流动人口文化融入则是流动人口对以工商业文明为核心的城市文化的认同、接纳、适应、融合的过程,以及由此产生的积极的态度体验和较强的自我价值感。文化融入具有价值观的引领力,具有精神生活的诱导力,具有行为举止的规范力,具有综合素质的提升力。

但是,城乡文化差异和制度导致的文化排斥,以及城市流动人口自身文化资本的匮乏等,可能会阻隔其文化融入。因此,有学者指出,当下的城市流动人口正处于文化融入困难阶段,主要表现为文化接纳困境、身份认同困境、获得感困境和幸福感困境。身陷困境中的流动人口面临着新的抉择:留下还是归去?想留,留不下;想回,回不去。岁月经不起蹉跎,人生也无从回头。

为此,本研究着眼于编制科学规范的城市流动人口文化融入的相关量表或问卷,为研究城市流动人口文化融入提供标准化的测量工具。目的是通过实证研究,了解城市流动人口文化认同、接纳、适应和融合的水平,归纳城市流动人口文化融入的基本特点,深入探讨城市流动人口文化融入与心理适应之间的关系,全面分析城市流动人口文化融入的主要障碍,科学探索实现城市流动人口文化融入的有效路径。本研究试图丰富社会心理学、成人教育学、文化社会学等方面的内容,为城市流动人口社会融入和生涯发展提供理论依据。本研究主要基于心理学、教育学、社会学的研究方法和手段，综合地探讨城市流动人口文化融入问题，有利于理论交叉整合和研究层次提升。

本研究关注城市流动人口这一群体，体现人文关怀精神，追求社会公平与公正。本研究关注城市流动人口的文化心理世界，旨在促进其突破社会融入中的文化心理困境，提高实际生活质量，丰富精神世界。本研究力争促使社区、用人单位采取行之有效的对策，做好城市流动人口文化融入和心理健康等精神层面的服务工作，促进其心理和谐发展。同时，也为政府相关部门制定流动人口社会融入方面的政策提供理论依据。

本书为教育部人文社会科学研究一般项目"城市流动人口文化融入的实证研究"（项目批准号：19YJAZH015）的最终成果。

以忏悔心和谦卑心热爱生活，收获满满的温柔与慈悲。谁的世界，都是客栈；谁的人生，都是梦乡。

读一些无用的书，写一些无用的文字，一介书生，百无一用。在这个浮躁的世界，因为热爱，所以乐在其中，百折不回。

方翰青

2022 年 11 月

目 录

第一章　绪论 / 1
　　第一节　城市流动人口文化融入研究的理论基础 / 2
　　第二节　城市流动人口文化融入的研究内容、方法与意义 / 10

第二章　城市文化的发展及特征 / 17
　　第一节　城市文化的概念界定 / 18
　　第二节　我国城市文化的历史演变过程 / 24
　　第三节　城市文化的基本特征 / 31

第三章　城市流动人口文化认同及其与身份认同的关系 / 39
　　第一节　城市流动人口文化认同与身份认同研究综述 / 40
　　第二节　城市流动人口文化认同及其与身份认同关系的研究设计 / 46
　　第三节　城市流动人口文化认同及其与身份认同关系的研究结果 / 50
　　第四节　城市流动人口文化认同及其与身份认同关系研究结果的分析与讨论 / 65

第四章　城市流动人口文化接纳及其与归属感、自我价值观的关系 / 72
　　第一节　城市流动人口文化接纳与归属感、自我价值观研究综述 / 73
　　第二节　城市流动人口文化接纳及其与归属感、自我价值观关系的研究设计 / 80
　　第三节　城市流动人口文化接纳及其与归属感、自我价值观关系的研究结果 / 84
　　第四节　城市流动人口文化接纳及其与归属感、自我价值观关系研究结果的分析与讨论 / 100

第五章　城市流动人口文化适应及其与生活满意度、社会公平感的关系 / 107

　　第一节　城市流动人口文化适应与生活满意度、社会公平感研究综述 / 108

　　第二节　城市流动人口文化适应及其与生活满意度、社会公平感关系的研究设计 / 114

　　第三节　城市流动人口文化适应及其与生活满意度、社会公平感关系的研究结果 / 118

　　第四节　城市流动人口文化适应及其与生活满意度、社会公平感关系研究结果的分析与讨论 / 141

第六章　城市流动人口文化融合及其与主观幸福感、心理和谐的关系 / 148

　　第一节　城市流动人口文化融合与主观幸福感、心理和谐研究综述 / 149

　　第二节　城市流动人口文化融合及其与主观幸福感、心理和谐关系的研究设计 / 159

　　第三节　城市流动人口文化融合及其与主观幸福感、心理和谐关系的研究结果 / 163

　　第四节　城市流动人口文化融合及其与主观幸福感、心理和谐关系研究结果的分析与讨论 / 180

第七章　城市流动人口文化融入的特点和实现路径 / 188

　　第一节　城市流动人口文化融入的基本特点 / 189

　　第二节　城市流动人口文化融入的影响因素 / 193

　　第三节　城市流动人口文化融入的实现路径 / 198

附录 / 202

参考文献 / 213

后记 / 219

第一章 绪 论

党的十八大以来,党中央、国务院围绕推进以人为核心的新型城镇化、深化户籍制度改革、有序推进农业转移人口市民化、实现城镇基本公共服务常住人口全覆盖等重大课题做出了战略部署,出台了一系列政策文件。党的十九大报告进一步指出,要"以城市群为主体构建大中小城市和小城镇协调发展的城镇格局",加快农业转移人口市民化;破除体制机制弊端,促进劳动力、人才的社会性流动。党的二十大报告更明确指出,要促进区域协调发展,"深入实施区域协调发展战略、区域重大战略、主体功能区战略、新型城镇化战略,优化重大生产力布局,构建优势互补、高质量发展的区域经济布局和国土空间体系",为做好流动人口工作提供了科学的行动指南。

2019年1月,国家卫生健康委员会流动人口服务中心发布了《流动人口社会融合蓝皮书:中国城市流动人口社会融合评估报告No.1》,这是我国第一部以城市流动人口社会融合评估为主题的年度报告。根据评估结果,该报告得出了以下主要研究结论:(1)流动人口社会融合工作取得积极进展,但总体融合水平不高,被评估的50个城市平均得分仅为51.62分,不同类型的城市分化明显。(2)流动人口社会融合不同维度之间差异显著,呈现出公共服务融合>政治融合>经济融合>心理文化融合的特点。(3)东部地区特大城市流动人口政治融合难度大,制度性因素是流动人口获得市民身份、平等社会权利和政治参与的主要障碍。(4)东部、中部、西部区域经济融合差距大,过高的房价、低水平的消费和劳动保护不足,使流动人口的经济融合还处于初级水平。(5)公共服务融合总体水平较高,应重点关注流动人口随迁子女的学前教育和高中阶段教育,提高育龄妇女的孕优服务和就业人口的社会保障水平。(6)城市规模越大,流动人口心理文化融合程度越好,东北地区具有比较优势,总起来看,流动人口在流入地还缺少归属感,认同感和幸福感也比较低。

由于流动人口对城市社会的融入涵盖了经济、社会、文化、心理等多个维度，而心理文化层面是社会融入的最高境界，体现了社会融入的深度，真正意义的社会融入建立在流动人口对迁入地高度的文化认同之上，相对于公共服务融合、政治融合、经济融合而言，城市流动人口的心理文化融入水平低下，故本研究主要着眼于城市流动人口的文化融入研究。

第一节　城市流动人口文化融入研究的理论基础

一、核心概念的界定

（一）农民工

农民工是我国经济发展过程中出现的特殊社会群体，是我国特有城乡二元体制下的产物。目前学术界对"农民工"这一概念有较多的界定，一般认为，农民工是指身在城市从事非农产业的农业户口工人。从不同学者的定义可以总结出农民工具有以下三个特征：第一，农民工的户籍身份是农民。受城乡二元体制的影响，农民工虽离土离乡身处城市工作，但不拥有相应的城市户籍，在转型时期成为中国社会中的特定群体。从社会身份角度而言，农民工依旧是农民。第二，农民工在城市就业，主要从事非农产业，且主要收入来源是非农劳动。第三，农民工在非农生产过程中属于被雇佣者，一般受雇于个体户、私营企业、国有或集体企业、外企等。因此，未受雇于任何单位或反雇佣他人的农民不属于农民工的范畴。

（二）新生代农民工

随着经济社会的发展与变迁，农民工群体内部的异质性不断增加，代际分化现象越发显著。杜鹰、白南生早在1997年的研究中就发现，农村流动人口的外出动因由20世纪80年代的寻找就业机会为主转变为90年代的增加收入为主。2001年，王春光首次撰文提出了"新生代农村流动人口"的概念，认为农村流动人口出现的代际差异不仅表现在流动动机，还包括年龄、受教育程度、务农经历等社会特征，并于2003年将新生代农民工明确定义为年龄在25岁以下、于20世纪90年代外出务工经商的流动人口，由此引发了学术界对农民工代际分化的关注。但至今，农民工代际划分的具体标准，以及应该划分为几代等都未形成统一的定论，"农民工的年龄"和（或）"农民工初次外出的年代"是目前主流的农民工代际划分依据。2007年,《中国新生代农民工发展状况及代际对比研究报告》以年龄为划分依据,将"新生代农民工"定义为1980年以后出生、年满16周岁的青年农民工。尽管农民工代际划分的标准不一,但学者普遍认可新生代农民工是农民工群体内部在年龄、受教育程度、行为方式等方面细分出来的亚群体。的确,对新生代农民工的概念界定不应只考虑年龄因素,但总体而言,"80后""90后"农民工表现出较强的特质性,因而年龄的划分具备客观支撑。

(三) 城市流动人口

城市流动人口主要是指还没有实现移民的社会移动人口。本研究中"城市流动人口"的操作定义是指在没有改变原居住地户口的情况下,到户口所在地以外的城市从事务工、经商、社会服务等各种经济活动的人口。

但是,在我国,"农民工"表明的不仅仅是一种社会职业、一种社会身份,而是社会职业和社会身份的结合体。"农民工"中的"农民"表明的是他们的社会身份,尽管他们从农村来到城市从事非农活动,但他们的户籍身份还是农民,与具有非农户籍身份的城镇居民有着明显的身份差别;"工"代表的是农民工所从事的职业。融入城市、成为城市市民,是新生代农民工的基本行为取向和目标选择。当前,新生代农民工留不了城,又不愿意回到农村,也回不了农村,处于十分尴尬的境地。因此,本研究不使用"农民工"这一具有一定歧视意义的概念,而使用"城市流动人口"这一中性意义的概念。

(四) 城市文化

关于"城市文化"的概念界定,国内外有不少学者提出了自己的认识和理解。国外学者路易斯·芒福德(Lewis Mumford)在论述古代城市时提出城市是文化的容器。芒福德的这一观点深深地影响了我国学者,我国学者分别从不同角度对城市文化作了阐释。郑卫民以广义的城市文化为出发点,认为城市文化可以被认为是市民在长期的日常生产生活过程中,以全部市民为一个文化集体共同创造建设的文化模式,该文化模式包含有城市的生活环境、生活方式及被市民广为接受的生活习惯、习俗,是一座城市的文化精华的浓缩。如果我们从城市的发展特征看待城市文化,就不得不提到朱柏林的理论成果。朱柏林认为,所谓的城市文化是在城市的发展过程中不断形成的,包括了城市在经济、精神、形态和社会等四个方面的文化发展方向。随着时代的快速发展和城市化进程的加快,对于城市文化的研究也越来越受到学者的重视。郭宇坤在梳理中国城市文化研究时总结道：城市文化是在城市中形成的城市生活方式、城市生活习俗的总和。黄辉则将城市文化概括为制度文化、物质文化和精神文化等三个部分。倪兵和李注鹏从城市经济发展的角度得出了以下观点：所谓的城市文化是市民在城市中生活时创造的物质和精神财富，反映的是一座城市内市民大众的生存状况、生活行为方式、个人精神面貌特点和城市带给外来人员的整体主观感觉，这些部分构成了城市的整体形态，也就形成了城市文化。这与郑卫民对城市文化的定义有异曲同工之处。

（五）社会融入

"社会融入"的概念源自埃米尔·涂尔干（Émile Durkheim）的《社会分工论》一书，其在研究社会能在不同发展阶段保持凝聚力的原因时，从社会团结机制的演变中推演出了社会融入的概念，认为稳定的社会必须建立在共同的价值观、集体意识和基础合作之上。社会融入已成为移民研究的重要概念，与社会排斥相对应，其理论依据主要包括城市化理论、再社会化理论、同化论等。社会融入是多维度、动态演进的过程，其外延比较宽泛，国内学者多认为社会融入涵盖了经济、社会和心理这三个层面，且依次递进。经济层面的融入包括就业、收入、消费、保障、住房等内容，是适应城市的物质基础；社会层面的融入主要包括社会文化、生活、娱乐、交往等内容，体现了融入城市的广度；心理层面的融入被公认为城市融入的最高境界，是对城市生活的主观感受和预期，体现了城市融入的深度。一般认为，只有实现以上三个层面的融入，流动人口才完全融入了城市社会。

（六）心理融入

"心理融入"这一概念主要是针对城市外来人口提出的。当前学术界对流动人口"心理融入"这一概念尚未形成统一的定论，这在某种程度上会影响对流动人口心理融入问题的研究。"心理融入"（psychological acculturation）也译作"文化适应"，是指城市外来人口对以工商业文化为核心的城市生活的认同和接纳。

外国学者罗伯特·雷德菲尔德（Robert Redfield）通过考察不同文化的个体接触后双方双向融入的变化和单方单向融入的变化来认识心理融入的现象，指出心理融入是由个体组成的具有不同文化的各群体进行持续、直接的接触后，双方或一方原有文化模式的变迁。格雷伍斯（Graves）则从个体单向融入的角度来看待心理融入现象，认为心理融入是个体与其他文化群体实际接触所导致的心理与行为上的变化。

我国学者对"心理融入"这一概念也存在不同的看法。池子华、田晓明、吴铁钧认为，格雷伍斯对心理融入的认识比较符合我国流动人口心理融入的实际情况。因为我国流动人口进入城市后在文化上处于弱势地位，他们与城市居民互动导致双向融入的可能性较小，因此我国流动人口心理融入更多的是单向融入。这一观点在研究流动人口心理融入问题时，具有较强的可操作性。并且，池子华等认为，"心理融入"这个概念体现了两种文化在个体层面的冲突与撞击，如农村的礼俗文化和城市的法理文化。心理融入是属于两种文化的群体密切接触后所产生的变化。

心理融入也不能等同于心理融合。杨菊华在探讨流动人口在流入地的互动现状时指出："融合"是多向的，是异地文化的相互汲取与渗透，最后形成一种全新的文化体系；而"融入"是单向的，是外来人口迁移至城市后，其思想、价值观、文化观念等被城市同化的结果。所以，"心理融入"与"心理融合"不可等同，在研究流动人口社会适应问题时，"心理融入"应该是比"心理融合"更适合的一个概念。

（七）文化融入

"文化融入"这一概念的提出有着特殊的社会背景，它源于基督教会举办的一次会议。之后，"文化融入"逐渐被引入社会科学研究领域。1967年，格雷伍斯指出，文化融入是社会个体在与其他文化群体的接触中所发生的心理和行为的变化，也即个体心理上的文化融入。在格雷伍斯等学者前期研究的基础上，贝里（Berry）等人又进一步提出了文化融入与适应的理论框架，并在此理论范式的指导下进行了大量的实证研究。总体来看，这些学者对文化融入的研究着重强调异质文化接触所产生的消极心理影响，也就是适应困难与文化融入应激。他们认为，在异质文化接触过程中所产生的适应困难与文化融入应激受诸多因素的影响和制约，包括了社会成员个体和社会整体的因素，如性别、年龄、民族、自尊、认知风格、文化认同，等等。其中包括文化融入态度，也就是个体以怎样的方式来面对异质文化的相遇，或者保持原有的文化认同，或者保持与其他文化群体的联系，以及在此两种维度下展现的文化融入的四种态度：整合、同化、分离与边缘化。也就是，既保有原有文化又重视群体间关系的个体持整合态度；强调保持群体间关系而不重视本原文化的个体持同化态度；强调本原文化而不重视群体间关系的个体持分离态度；二者均不重视的个体持边缘化态度。

　　文化融入是社会成员在新的社会环境中遭遇异质文化之后历经不适与震惊，在异质文化与本原文化之间进行调试和适应，并有机地内化异质文化，最终适应新的社会环境的过程。长期在城市工作与生活的流动人口受其流入地城市文化的影响和吸引，迫切地想融入其流入地城市文化，适应和习惯其流入地城市具有区域特征的语言文字、生活方式、风俗习惯、心理特征等，实现从身份到心理的"转变"。基于此，本研究对"文化融入"的操作定义做出以下规定：文化融入是指城市流动人口对以工商业文明为核心的城市文化的认同、接纳、适应、融合的过程，以及由此产生的积极的态度体验和较强的自我价值感。

二、城市流动人口文化融入研究的理论基础

（一）同化理论

　　"熔炉论"一词是法裔美国学者克雷弗柯（Hector St. John Crevecoeur）提出的，它是针对美国关于实证研究的同化模式的形象化表述，而"同化理论"则是"熔炉论"的另外一种表述。同化理论在早期主要应用于国际移民的研究，随着研究的不断深入，同化理论已经形成了一套完整的体系。初期，罗伯特·帕克（Robert Park）等学者认为，同化主要是指相对弱势群体的成员为了迎合主流群体的行为及文化，逐渐舍弃原本属于自己的文化，最终赢得和主流群体同样机遇的过程。此过程一旦完成就无法逆转，即一旦个体经历了这个过程，便无法再找回自己的文化。1964 年，弥尔顿·戈登（Milton Gordon）在对社会融合进行了系统的研究与剖析后指出，一个典型群体的社会融合程度的测量应当考虑 7 个测量因子的影响，这 7 个测量因子分别是文化接触、结构性同化、通婚、族群认同、偏见、歧视、价值和权力冲突。20 世纪 80 年代，著名人口学家多琳·梅西（Doreen Massey）首次提出了"空间同化"概念。梅西从流动人口居住空间着眼，提出了同化理论，从而为后人研究移民的文化融合过程拓宽了思路。同化理论是文化融合研究领域的一大关键理论，它主要包含两方面含义：一方面，同化理论聚焦于社会融合，认为社会融合代表着社会当中的人被迫去接纳其所处环境的主流思想、文化或价值观；另一方面，同化理论是指处于相对弱势地位的移民从他们原本所属的社会融入所谓的主流社会，就意味着他们需要舍弃原本属于他们自己的文化。

（二）多元理论

多元文化主义对移民融入问题有着独特的理解，他们认为同化理论所提出的移民融入并不是一个必然会发生的结果，在移民融入或与其他社会同化的交融中，会出现差异化、多元化的现象。特殊的族群在慢慢接纳不一样的文化环境的过程中，自身所固有的族群文化特点是不会被完全同化的，与此相反，移民会在新的生活环境中形成新的关系网络，并且将之前的文化传统进行重建。要提高移民对流入地社会及社区的高度认同感，必须从多个方面努力。第一，政策层面，政府必须通过公共政策鼓励社会极力尊重和大力保护其他族群文化的多元化和差异化。第二，流入地居民层面，当地居民要拓宽自己的视野，学会尊重其他族群传统而独特的习俗和文化。第三，国家层面，针对移民的经济生存与福利等，国家应使他们拥有与当地居民同等的权利，如平等就业的权利、完善所居住环境的权利、平等受教育的权利，以及社会保障等。内森·格雷泽（Nathan Glazer）研究认为，不同社会群体在相互交往、相互渗透的过程中不需要舍弃文化的多元性，应该让所有参与此过程的人拥有平等的机会和权利。同时，他也并不排除民族文化的模式存在完全同化的可能性。许多移民在进入新的地域之前，都带着自己固有的文化传统，这种文化传统被深深地保存在其内心深处，因此，与直接吸收流入地居民文化的难度相比，移民的价值观、生活习俗等的改变难度更大。不过，随着时代的不断发展与演变，有研究者认为，从移民第二代开始，这种情况会发生改变，将有越来越多的移民第二代舍弃自己本族群的文化传统和价值观，而去接纳新的文化传统和价值观。与同化理论不同，在多元理论视角下，针对社会融合的研究更加关注不同社会团体之间或不同种族之间保持所谓差别权利的问题。

（三）文化休克理论

在生物学中，"休克"被用来表示人体重要功能的丧失，或指受到严重打击和影响而处于静止的状态。1958年，美国著名人类学家卡尔沃罗·欧博格（Kalvero Oberg）将这一概念运用到文化领域，首次提出了"文化休克"理论。欧博格强调，当一个长期适应自己本原文化的人来到一个新的文化环境时，由于失去了自己原先比较熟悉的文化环境，并且对新的文化环境缺乏认识，尚处在不适应阶段，往往会产生害怕、焦虑甚至恐惧的心理，这种现象就叫做"文化休克"。欧博格进一步指出，如果一个群体想真正融入新的文化环境，文化休克是必须经历的阶段。同时，他基于文化休克现象，概括总结了文化融入的三个阶段，即甜蜜阶段、沮丧阶段和融入阶段。甜蜜阶段是指该群体初入新的文化环境，由于对新的文化环境的好奇和未知，特别是当这种文化环境有别于或者优于自己原有的文化环境时，兴奋感和甜蜜感顿时油然而生，充满了对新的文化环境的喜欢和满意之情，并且迫切想要融入其中；但是，由于新的文化环境中的生活习惯、价值观念等与自己原来所属的文化环境不同，再加上身处异乡的孤独寂寞，矛盾和冲突也就随之而来，兴奋感和甜蜜感渐渐消失，这时就进入了沮丧阶段，在沮丧阶段的调整情况是判断该群体融入水平高低的关键。随着时间的推移和接触的深入，这一群体逐渐熟悉和了解新的文化环境，开始接受和适应新的文化环境，并慢慢融入其中，这时就进入了融入阶段。流动人口从进入城市到融入城市文化生活，经历了由开始的"甜蜜"到"沮丧"再到"融入"的过程。

弥尔顿·戈登基于对美国移民融合问题的研究，提出了衡量移民是否完成文化适应和社会融合的7个维度，这7个维度具体指：（1）文化融合，代表着族群在语言文字、情绪表达和价值观念方面的融合；（2）结构融合，包括社会结构的相互渗透或者一方的改变；（3）婚姻融合，包括族群之间通过通婚达到融入的目的；（4）认同性融合，主要是身份和族群意识的认同，指族群放弃了原来的身份，认为自己是迁入地群体中的一员；（5）态度接受，即对于迁入地的一种族群偏见的消除和接受；（6）行为接受，指族群间在政治、经济、文化、教育等相关领域消除了歧视和偏见行为的一种接受。（7）公共事务融合，指族群间可以共同平等地参与社会公共事务。在戈登衡量文化适应和社会融合的7个维度中，文化融合被认为是移民首先并且不可避免的融合，在社会融合中占有重要地位。在戈登看来，文化融合不仅包括对迁入地文字语言的掌握，还包括穿着打扮、生活方式、价值观念等的改变。因此，戈登所讲的文化融合是指移民逐渐熟悉并掌握当地的文字语言，适应当地的穿着打扮，采用当地的生活和生产方式，习惯当地的价值观念等的过程。同时，他还把文化特征分为代表群体内部习得的内在文化和代表在社会环境中形成的外在文化。他还指出，对于移民来说，内在文化比外在文化更难改变和融入，因此，他本人并不希望移民群体由于文化融入而放弃自身原有的内部文化，他认为可以在保留内部文化的同时融入迁入地的文化。

（四）多向分层同化理论

周敏等学者提出了多向分层同化理论。该理论主要用于探讨文化与结构的内在联系，认为移民出现同化主要有两方面的原因：一是移民族群本身的内部文化原因，二是其所在城市主流社会的方针政策、社会分层及社会经济资源方面的原因。相对于移民第二代而言，移民第一代完全可以传承自己族群的传统文化，与自己族群所属社区保持密切的沟通和交流，在此基础上再融入所在城市主流社会。如果为了迎合甚至追求流入地文化而摒弃了自己族群的文化，只会得到不好的结果，只能使自己处于所追求的主流社会的底层或是社会的边缘区域。多元分层理论的基础是美国社会学家罗伯特·默顿（Robert Merton）提出的中层理论，这一理论以结构功能主义为主要视角进行阐述。中层理论既不是在日常研究中大批涌现的微观而且必要的操作性假设，也不是一个包罗万象，可以解释社会行为、社会组织和社会变迁一致性的自成体系的统一理论，它介于这两者之间。

（五）社会记忆理论

由于社会记忆研究学者的切入点不同，学术界至今仍未对"社会记忆"作出统一的概念界定。社会记忆领域研究的先驱莫里斯·哈布瓦赫（Maurice Halbwachs）认为，记忆是集体社会行为，不同社会群体都应具有与之相对应的社会记忆，也即集体记忆，他将其定义为某个特定社会群体成员间共享往事的过程和结果，而保证这种集体记忆得到传承的条件是必要的社会交往。这表明，如果特定群体间缺乏联系，集体记忆就会逐渐淡化，乃至消失。换言之，记忆并非一成不变，而是在当前环境下被不断地重构，实则是不断选择和借用的过程。与集体记忆不同，自传记忆是由个人自身所经历的事件构成。在哈布瓦赫看来，两者都是对社会建构过程的一种强调，这些被构建的集体记忆和自传记忆都将深刻地影响我们对自我的认知，因为我们对当下的体验很多都取决于过去知识及文化的延续性。

保罗·康纳顿（Paul Connerton）是社会记忆理论研究的另一关键代表，为了解释社会记忆如何传递，他在《社会如何记忆》一书中区分了个人记忆、认知记忆和社会习惯记忆这三种记忆，强调了习惯记忆的重要性，因为习惯不只是符号，更是一种知识，是身体的记忆，在培养习惯时身体也正在"理解"。可见，康纳顿特别关注记忆与身体实践之间的作用关系，并指出了规则与运用的差距，认为人们在记住规则的同时还需要拥有操练规则的记忆。此外，康纳顿还提到了权力在社会记忆建构中的作用，认为控制社会记忆的权力等级的高度对社会记忆有正向影响。

当前我国学者对于社会记忆的研究较为匮乏，且大多以重大历史事件为研究对象，较少关注民间社会阶层及群体。王春光从社会记忆的视角研究了农民工的社会认同，认为不同时空中的个体拥有差异化的生命历程和行为特点，这给他们留下了不同的社会记忆。而正是基于过往的社会记忆的迥异，农民工才生成了不同的社会认同和自我认同。胡晓红运用社会记忆理论定性地分析了新生代农民工的自我身份认同，结果发现，新生代农民工的自我认同建立在城市社会新场域的"共识记忆"和乡土经历的"历史记忆"之上，乡村工作时间对新生代农民工身份认同有正向影响，家庭对外出务工的支持则具有负向影响。

（六）社会情境理论

社会情境理论指出，当生活的场景发生变化时，个人和群体的行为、观念、认知都会持续受到影响。路易斯·沃思（Louis Wirth）认为，城市和乡村是相互独立而又互为补充的世界，它们构成了当代文明对立的两极。亚历克斯·英克尔斯（Alex Inkeles）也认为，城市和乡村均有其特定的利益与兴趣，以及特有的社会组织与人性。城市是引进新观念、新技术的主要力量和场所，相比农村是更为先进的代表。我国学者王春光据此认为，农民工由农村到城市的转变，必然遭受城市现代文化的正面撞击，特定的城市体验将使农民工产生自我身份认同的差异。

依照情境理论的逻辑，周雄认为，在城市良性体验越多的农民工，越不倾向于认同农民的身份，相反则越认同自己的农民身份。许传新在研究农民工身份认同时发现，与城市体验相关的打工经历、城市适应状况、满意程度、与市民的差距感是重要的影响因素。王毅杰从阶层认知视角考察农民工身份认同时发现，农民工感受到的社会歧视和城市地位对其身份意识影响显著。魏晨则进一步将影响农民工社会融入的因素归纳为对家乡的强烈归属感、与城市居民的心理距离，以及城市积极体验的不足。

第二节 城市流动人口文化融入的研究内容、方法与意义

我国关于城市流动人口文化融入的研究起步较晚，相关领域学者一般将流动人口的城市融入分为经济融入、社会融入、心理融入和文化融入等几个层面。

一、前人关于城市流动人口文化融入研究的基本概况

我国学者朱力指出，流动人口（如农民工）的城市适应有经济层面、社会层面和心理层面等依次递进的层面。还有研究者则认为，流动人口要真正融入城市，最根本的还是文化认同和文化融入。如李国新指出，流动人口只有实现了文化认同和融入，才能实现价值观念、行为规则、生活方式的转变。沈蓓绯等人认为，制度的壁垒和文化的差距使流动人口产生了城市"边缘人"的心理困惑，而文化融入是他们真正融入城市的根本标志和重要切入口。有学者则对文化融入的意义和价值做了深刻的剖析。如郑香香认为，文化融入具有价值观的引领力，具有精神生活的诱导力，具有行为举止的规范力，具有综合素质的提升力。就社会融入问题的研究对象而言，当前大多数学者着重研究的是进城农民工这一群体，并对其文化融入的困境进行了深入探讨。例如，王春光认为，当前的农民工仅仅在经济体系上被接纳，在其他体系上则受到排斥；在心理认同上，他们缺乏对城市社会的归属感；在文化认同上，他们缺乏对城市文化的认同感。方向新、张建通过实证研究发现，农民工在经济上融入城市社会的程度较高，社会层面的融入程度有待提高，在文化方面则处于"半融入"的状态。许伟认为，我国农业转移人口市民化正处于文化融入困难阶段，主要表现为文化接纳困境、身份认同困境、获得感困境和幸福感困境。

有学者则对影响农民工文化融入的主要因素进行了分析。如杜香认为，城乡文化差异、制度导致的文化排斥、农民工自身文化资本匮乏等，阻隔了城市流动人口的文化融入。常勤毅认为，影响文化融入较多的是流动人口（农民工）的主体性问题，即农民工本人的文化素养、心理素质、审美心理等影响了他们由"看客""过客"向"主人"的角色转变。也有学者对城市流动人口文化融入的路径进行了探讨。如张鸷远、王伟、杨新生认为，对农民工的阶层认定是其城市文化融入的前提，政府主导创新文化交流平台是农民工文化融入的重要路径，落实农民工的教育培训和政治参与是其文化融入的重要保障，从"落叶归根"到"落地生根"的文化重塑是其文化融入的基础保障，应以其他路径为补充促进农民工的城市文化融入。吴曼认为，应该重视新生代农民工的精神文化生活，建立完善政府主导、企业共建、社会参与的文化工作机制，使新生代农民工通过自身的主动诉求和努力，与城市居民享受同等的文化待遇，从而促进其更好、更快地融入城市文化生活。

之前的学者在研究流动人口社会融入，尤其是心理文化融入时，较多关注人力资本、社会资本、社会制度等方面的因素，而很少构建"推—拉"理论的思维，从乡村和城市两个维度对其进行考察。而事实上，正如社会记忆理论和社会情境理论所言，"共识记忆"和"历史记忆"都将对个人认同产生深刻影响，因此本研究在搭建研究框架时，会注重从乡土记忆因素和城市体验因素等维度展开研究。由于学界对"社会融入"尤其是"文化融入"的概念尚未形成统一的界定，之前的学者在研究文化融入时，或仅以单一变量如身份认同进行概念的替换，或在选择综合指标时缺乏严谨的逻辑和实证考究，因此难免对文化融入的解释存在偏差。本研究在讨论流动人口的文化融入时，将对此问题做进一步的规范。

从研究视角看，之前的学者主要集中在社会学范畴，更多的是从外部环境、政策因素等方面来探讨流动人口特别是农民工的社会融入问题，很少从心理学、教育学和社会学等多学科视角系统全面地探讨城市流动人口的文化融入问题；从研究方法看，以政策性成果为导向的特征描述及政策讨论居多，理论导向的实证研究偏少；从研究成果来看，相关成果比较零碎，呈现出"碎片化"的特征，系统全面的理论导向研究和从实践中提炼的概念与理论创新研究较少。有鉴于此，以心理学、教育学和社会学等多学科研究视野，多维度、系统性、综合性研究城市流动人口的文化融入已成为必要。

二、城市流动人口文化融入的研究内容

本研究认为，文化融入是城市流动人口对其流入地城市文化认同、接纳、适应、融合等渐次递进的过程，在此基础上会产生积极的态度体验和较强的自我价值感。本书主要以长三角城市流动人口为研究对象，通过实证研究，归纳其认同、接纳、适应和融入城市文化的水平及特点，并深入探讨其文化融入与心理适应之间的关系，分析影响城市流动人口文化融入的主要因素，寻求实现城市流动人口文化融入的路径。因此，本书主要从以下几个子课题展开研究。

（一）城市社会文化发展及其特征研究

主要通过文献调查和访谈等研究方法，归纳、概括长三角城市社会的文化特征，为编制后续调查研究问卷奠定基础。

（二）城市流动人口文化认同及其与身份认同关系的实证研究

主要通过自编的"城市流动人口文化认同与身份认同调查问卷"对长三

角城市群的流动人口进行调查研究,分析其文化认同的水平,归纳其文化认同的特点,并从人口学变量的角度,探讨影响城市流动人口文化认同的主要因素。在此基础上,再分析讨论城市流动人口文化认同与身份认同之间的关系。

(三)城市流动人口文化接纳及其与归属感、自我价值观关系的实证研究

主要通过自编的"城市流动人口文化接纳、归属感、自我价值观调查问卷"对长三角城市群的流动人口进行调查研究,分析其文化接纳的水平,归纳其文化接纳的特点,并从人口学变量的角度,探讨影响城市流动人口文化接纳的主要因素。在此基础上,再分析讨论城市流动人口文化接纳与归属感、自我价值观之间的关系。

(四)城市流动人口文化适应及其与生活满意度、社会公平感关系的实证研究

主要通过自编的"城市流动人口文化适应、生活满意度、社会公平感调查问卷"对长三角城市群的流动人口进行调查研究,分析其文化适应的水平,归纳其文化适应的特点,并从人口学变量的角度,探讨影响城市流动人口文化适应的主要因素。在此基础上,再分析讨论城市流动人口文化认同与生活满意度、社会公平感之间的关系。

(五)城市流动人口文化融合及其与主观幸福感、心理和谐关系的实证研究

主要通过自编的"城市流动人口文化融合、主观幸福感、心理和谐调查问卷"对长三角城市群的流动人口进行调查研究,分析其文化融合的水平,归纳其文化融合的特点,并从人口学变量的角度,探讨影响城市流动人口文化融合的主要因素。在此基础上,再分析讨论城市流动人口文化融合与主观幸福感、心理和谐之间的关系。

(六)城市流动人口文化融入的特点及其实现路径研究

在前期对长三角城市群流动人口文化认同、文化接纳、文化适应、文化融合等方面进行调查的基础上,结合文献调查、实地访谈,概括城市流动人口文化融入的特点,分析影响城市流动人口文化融入的主要因素,探讨城市流动人口文化融入的实现路径。

三、研究假设

(一)城市流动人口文化认同及其与身份认同关系的研究假设

城市流动人口文化认同水平较低;年龄、居住地类型、工作类型、教育程

度、在城市的居住时间和薪酬等人口学因素对城市流动人口文化认同均具有显著性的影响作用。城市流动人口文化认同与身份认同之间存在显著的正相关，且身份认同对文化认同具有显著的预测效应。

(二) 城市流动人口文化接纳及其与归属感、自我价值感关系的研究假设

城市流动人口文化接纳水平中等；性别、年龄、工作类型、婚姻状况、教育程度、在城市居住时间和工资收入等人口学因素对城市流动人口文化接纳均具有显著性的影响作用。城市流动人口文化接纳与归属感、自我价值感之间存在显著的正相关，且归属感、自我价值观对文化接纳具有显著的预测效应。

(三) 城市流动人口文化适应及其与生活满意度、社会公平感关系的研究假设

城市流动人口文化适应水平中等；性别、年龄、居住地类型、工作类型、教育程度、在城市居住的时间和工资收入等人口学因素对城市流动人口文化适应均具有显著性的影响作用。城市流动人口文化适应与生活满意度、社会公平感之间存在显著的正相关，且生活满意度、社会公平感对文化适应具有显著的预测效应。

(四) 城市流动人口文化融合及其与主观幸福感、心理和谐关系的研究假设

城市流动人口文化融合水平较低；年龄、居住地类型、教育程度、在城市居住的时间和工资收入等人口学因素对城市流动人口文化融合均具有显著性的影响作用。城市流动人口文化融合与主观幸福感、心理和谐之间存在显著的正相关，且主观幸福感、心理和谐对文化融合具有显著的预测效应。

四、城市流动人口文化融入研究的思路与方法

(一) 基本思路

本研究主要分为以下三个基本阶段：

第一阶段，通过先期的理论梳理和文献调查，对城市流动人口的文化融入进行预调研，制订研究方案，编制信度与效度有保证的、科学规范的调查工具。

第二阶段，主要以长三角城市群的流动人口为调查对象，以随机抽样的方式，组成容量足够大的样本，实施调查研究，评估其文化融入的水平，概括其文化融入的特点。

第三阶段，主要从心理学、教育学和社会学等多学科研究视角，探讨提升城市流动人口文化融入水平的策略。

（二）研究方法

1. 文献调查法

先期对已有文献进行调研，对本研究的核心概念、基本内容及其构成要素和前人研发的测量工具等进行梳理与归纳。

2. 问卷调查法

运用自编的城市流动人口文化融入的相关问卷（量表），对城市流动人口进行抽样调查。

3. 比较研究法

从多维的人口学变量对城市流动人口文化融入水平进行比较分析，归纳影响其文化融入的主要因素。

4. 田野研究法

在城市流动人口实际生活和工作场所，通过观察、访谈，直接搜集其文化融入方面的资料，以保证研究结果的科学性、针对性和可操作性。

五、城市流动人口文化融入研究的理论与实际应用价值

国家卫生和计划生育委员会流动人口司于2017年11月10日发布的《中国流动人口发展报告2017》显示，2016年，我国流动人口规模达2.45亿。未来20年，我国仍处于城镇化快速发展阶段，按照《国家新型城镇化规划（2014—2020）》的进程，2020年我国仍有2亿以上的流动人口。"十四五"时期，人口继续向沿江、沿海、沿主要交通线地区聚集，而且人口迁移流动已经成为我国人口变动的重要因素，流动人口的居留稳定性持续增强。作为经济社会发展的一支非常重要的力量，流动人口能否建立起与城市社会的良性互动，迅速而有效地融入当地社会，真正成为城市中的劳动者，既关系到我国城市化进程的顺利推进，也关系到和谐社会的构建和发展。本研究的学术价值和实践价值体现在以下两个方面。

（一）学术价值

本研究编制科学规范的城市流动人口文化融入的相关量表或问卷，为研究城市流动人口文化融入提供标准化的测量工具。本研究成果可以丰富社会心理学、成人教育学、文化社会学等方面的内容，为城市流动人口社会融入和生涯发展提供理论依据。本研究主要基于心理学、教育学和社会学的研究方法与手段，综合地探讨城市流动人口文化融入问题，有利于理论交叉整合和研究层次提升。

(二) 实践价值

本研究关注城市流动人口这一群体，能体现人文关怀精神，有利于社会的公平、公正。本研究关注城市流动人口的文化心理世界，促进其突破社会融入过程中可能存在的文化困境，提高生存和生活质量。本研究力争促使社区、用人单位采取正确的措施，做好城市流动人口文化融入、心理健康等精神层面的服务工作，促进其心理和谐发展。同时，也为政府部门制定城市流动人口社会融入方面的相关政策提供依据。

第二章　城市文化的发展及特征

习近平总书记对城市历史文化的保护与传承非常重视，2019年11月，习近平总书记在上海考察时强调："城市历史文化遗存是前人智慧的积淀，是城市内涵、品质、特色的重要标志。要妥善处理好保护和发展的关系，注重延续城市历史文脉，像对待'老人'一样尊重和善待城市中的老建筑，保留城市历史文化记忆，让人们记得住历史、记得住乡愁，坚定文化自信，增强家国情怀。"2021年3月，习近平总书记在福建考察时强调："如果没有中华五千年文明，哪里有什么中国特色？如果不是中国特色，哪有我们今天这么成功的中国特色社会主义道路？"此外，他还在多次的调研考察和会议报告中对此做过一系列重要论述，为当前文化建设提供了强有力的指导。在这些思想的指导下，我国城市发展更加重视历史文化发掘、传统文化保护、文化建设指导。

一座城市乃至一个区域的竞争结果，在很大程度上取决于文化的竞争结果。有人说，21世纪的区域竞争将以文化论输赢。一座城市能否延续和发展，越来越取决于这座城市文化的延续和发展。一座能找到自己的历史记忆与文化个性的城市，更能唤起市民对这座城市的文化自信，形成独特的集体记忆，从而营造更有活力、更有安全感的城市社会氛围。党的二十大报告指出，全面建设社会主义现代化国家，必须坚持中国特色社会主义文化发展道路，增强文化自信，围绕举旗帜、聚民心、育新人、兴文化、展形象，建设社会主义文化强国，发展面向现代化、面向世界、面向未来的，民族的科学的大众的社会主义文化，激发全民族文化创新创造活力，增强实现中华民族伟大复兴的精神力量。因此，本研究在强化"文化自信"的宏观要求背景下，通过分析城市文化的内涵，梳理城市文化发展的历史，总结城市发展的特征。这么做绝不仅仅是为了"返回历史"或者"唤醒城市记忆"，而是希望能够对当下和未来的城市文化建设提供参考和启发，借助城市社会文化的力量，达到促进城市经济发展、提高城市治理能力、提升市民精神素质的目的，这对于我国城市的发展具有十分重要的意义。

第一节 城市文化的概念界定

一、文化的概念界定

"文化"一词最先出现在《周易》中，"关乎天文，以察时变；关乎人文，已化成天下"，简而言之，就是以"人文""化成天下"，即以礼仪、风俗、典籍等教化天下苍生，虽然此处"文""化"二字并未结合，但已有当今"文化"之意，容纳了社会成员的整体性的生活，包括物质存在、观念形态和行为方式等诸多方面。

"文化"是一个较为复杂的概念，迄今为止关于"文化"的概念界定就有100多种。研究"文化"的学科、角度、流派的不同，造成了"文化"这一概念的复杂性。冯天瑜曾对国外的"文化"概念进行过梳理，他分别对马克思主义者、功能主义者等的文化观念进行了比较。马克思主义者把文化看成是物质文化与精神文化的总和，随着社会的进步，文化走向更高级形态。而功能主义者则把文化看成是一种作用于社会的功能。如马林诺夫斯基（Bronislaw Kaspar Malinowski）就认为，文化是由物质文化、精神文化、组织文化与语言共同构成的。阿尔弗雷德·拉德克里夫-布朗（Alfed Radcliffe-Brown）强调社会组织的重要性，认为任何文化的中心功能都是维持这种文化的社会结构。安东尼·吉登斯（Anthony Giddens）则认为文化是一个系统，它是社会的一部分。这个学派虽然认识到了文化的整体性，却使对文化的理解陷入了静态化过程。以鲁思·本尼迪克特（Ruth Benedict）为代表的"文化相对论"打破了这种静态主义观，认为文化是一个群体的文化，是社会遗产的组合与总体。然而，这个学派对创造文化的主体——"人"的能动性有所忽视，仅仅把人看做文化传递的工具，而忽视了人作为文化本质的特性。

所谓文化，是由各个文化特质共同构成的整合体。任何一个单项文化物质都有一套特殊的行为模式，这些文化物质，受到历史地理因素的塑造。文化本身博大精深，包罗万象，再附以人类活动，就更具时空性与延续性。"文化"一词，一直以来都是众多学科的交叉重合之处，因此也是研究的热点之一，发展至今,"文化"一词的内涵已经远远超出了其最初的定义,演变成一个内涵与外延皆可延展的大概念。目前,我国学者对"文化"这一概念有三四百种界定,而且标准不一,众说纷纭。通常情况下,文化有广义的理解和狭义的理解。从广义的理解来看,文化一般分为物质文化、制度文化、精神文化这三个层面。从狭义的理解来看,文化主要指精神文化。可以说,文化是人类在社会历史发展过程中所创造的物质表现形式和精神表现形式的总和,特指精神财富,如文学、艺术、教育、科学等。具体地说,文化指的是人类的思想、意识及与之相匹配的制度和组织架构。文化是一种历史现象,每一阶段都有与之相适应的文化,并随着社会物质生产的发展而发展。

文化是城市的一种资源,它具有独特性,是城市形象形成的重要因素,是凝聚城市和社会力量的纽带,是衡量城市实力和竞争力的重要方面。城市是文化继承、传播和发展的载体,城市不仅容纳文化、见证文化、展现文化,还是文化的"放大器"和"加速器"。文化对于城市来说是一种无价的资源,不仅体现在城市的整体风貌与素质中,还体现在整个城市的广泛价值观中,是一个城市稳定和发展的内在因素。文化的独特性也给了城市别具一格的外在表现,是城市形象形成的重要源泉,它的个性与魅力给城市带来无穷的吸引力和巨大的回报。文化是缓解社会各阶层矛盾的润滑剂,是凝聚城市和社会力量的黏合剂,是整个城市品位与活力的体现。文化能够吸引人才和投资,能够对城市的发展产生直接的经济效应,是衡量城市实力和竞争力的重要方面。

很多学者对文化与城市结合的研究颇有心得,对它们之间关系的比喻更是惟妙惟肖。学者单霁翔曾运用形象的比喻总结了"文化"对"城市"的作用:文化是城市的内核——强调了文化的核心资源优势;文化是城市的灵魂——强调了文化在城市中的精神支柱地位;文化是城市的实力——强调了文化对城市发展的推动力;文化是城市的形象——强调了文化内涵和个性对城市外在的影响力。

本研究将文化与城市发展相联系,更多的是从狭义的层面来理解文化的功能,因为这个方面更能与一个国家、一个区域和一座城市的政府行为相联系,但是,本研究并不想以此来限制人们对文化作用于城市的更深刻理解。

二、乡村文化的概念界定

"乡村文化"是与"城市文化"相对举的概念,指的是在乡村生活实践过程中，以农民为主体，逐步形成的节庆习俗、礼仪、行为习惯、价值取向、生活风尚等。乡村首先是一个特定的自然环境下人类聚居的空间，这一空间承载着丰富的地方性文化。乡村对传承文化有着重要的作用，乡村文化在村民的日常生活中被保存与记忆。在村落这个"面对面的社群中国"，"乡村生活首先是一种活的文化"，许多传统文化也与乡村文化保持着紧密的联系，如孝道文化正是发源于乡村文化，并在乡村得到传承与发展。

近年来，国内有学者对"乡村文化"的概念进行了研究，并给出了不尽相同的界定。乡村文化是人们在社会历史发展过程中创造的赋存于乡村地域的各种物质和精神财富的总和。在我国，传统上对"乡村文化"概念的使用，因学科的不同和所强调的乡村文化层面的不同而迥异。传统的乡村文化具有以农耕文明为基础、以地缘和血缘为纽带、以社会关系伦理为秩序的特色，并在长期的历史发展进程中逐步形成了以家风家训、乡规民约、习俗习惯和民间信仰等为基本内容的道德文化形态。

在人类社会学研究中，费孝通把"乡村文化"定义为乡土文化，以强调和凸显 20 世纪 30 年代传统的中国文化与乡土之间深刻的内在联系。在社会学中，学者们以"小传统文化"和"农民文化"来表达乡村文化的特点和特征，强调的是农村社会作为社会一部分的经济政治内涵。在经济学中，学者们则以"生存理性""经济道义"等概念来反映农民经济行为的文化内涵。总之，农村文化研究存在着多种不同而又十分有趣的概念框架和分析的线索，同时，众多的概念也使农村文化研究存在界定不清、指意不明、使用含糊等现象。

乡村文化是农民深层心理结构的反映，主要有以下三方面特征：一是封闭性。村落与村落散落四方，村民共同生活在熟悉的范围之内，与外部交流相对较少。在城乡二元区隔被逐渐打破之前，外部经济力量和信息力量难以进入，造成了乡村文化在思维模式、行为方式和礼仪风俗上的封闭与趋同。二是稳定性。村民在村落内的共同生活之中形成了对价值观念、风俗习惯的认同和依赖，相比于异质性强、变化性大的城市文化，乡村社会主体的生产方式、生活观念和社会心理都具有一定的稳定性。三是家族文化。相较于以业缘联接的城市社会生活，乡村社会活动以家庭为核心、以血缘为纽带，在血缘纽带下形成了熟人社会的关系网络。

相对于城市文化而言，乡村文化侧重于那些展现乡村意境的因素，如村貌农舍、红白喜事、庙会祭祀、地方戏曲、传统艺术、传说谚语、民间禁忌等，这些扎根于乡村土地的文化类型随着历史的变迁和地域的差异而变化，展现出多种多样的具有农家韵味的乡村意境。乡村文化既有抽象无形的一面，如村落社区中的集体诉求、交往原则、处世态度、行为习惯等；同时又表现为有形的物质，如民风民俗、典章制度、特定器物等。从生活主体的角度看，它是农民生活世界的重要组成部分，直接或间接地影响着农民的观念心态、日常行为及思维模式，与之相对的是，农民在农业生产与乡村生活的过程中，也在逐步形成并发展起来一套思想观念、心理特点和行为方式，以及各种作为物质而存在的文化产品。一定程度上，乡村文化是农民独特生命样式的背景知识，在呈现农民特有的人际交往模式的同时，也为农民现实生活中的思维逻辑与行为选择提供了内在基础。

概而言之，乡村文化是指在乡村社会中，以农民为主体，以乡村社会的知识结构、价值观念、乡风民俗、社会心理、行为方式为主要内容，以农民的群众性文化娱乐活动为主要形式的文化类型。

三、城市文化的概念界定

城市文化也是相对于乡村文化而言的。从共性方面来看，农村文化与城市文化都属于文化。从个性方面来说，农村文化主要依托的是乡土特质的文化资源；城市文化主要依托的是工商业及外来的文化资源。

城市文化主要是以城市为主体所体现出来的大文化，城市是精神文化和物质文化高度集中的载体，一方面体现的是城市基础建设、城市面貌和经济发展，另一方面体现的是城市精神、文化积淀、市民品位、城市管理。城市文化载体是指承载了特定的城市文化内涵，在不同历史时期形成的雕塑、碑阙、石刻、牌坊、祠庙、楼台、亭榭、园林，或其他的城市建筑（如建筑小品）、文化符号等。

城市文化是城市的软实力、硬资源。国内外学者理解城市文化的角度不一、各具特色，大多数学者认为城市文化有广义和狭义之分，广义的城市文化是将整个城市的所有表现形式都涵盖在内，包括物质文化、制度文化和精神文化；狭义的城市文化只包含精神文化。在众多研究城市文化的学者中，有从城市文化要素构成角度认识城市文化的，也有从城市文化体系构成角度或城市文化载体角度认识城市文化的，还有学者把关注焦点放在了城市文化特征上。本研究在传统的对城市文化理解的基础上，提出了三个更加切合实际的理解层面——价值层面、生活层面和经济层面，以突显本研究对城市文化内涵系统、综合、全面的把握。

（一）价值体系中的城市文化

作为价值体系的城市文化是城市的核心价值观、城市精神、城市性格、城市本质内涵的高度浓缩和概括，是城市特质的体现，也是城市文化的全面反映。

作为价值体系的城市文化虽然也借助于载体而存在，但承载城市文化的人脑和文字是储存载体，它们与城市建筑、产业和商品等物质载体不同，后者属于表现载体。以储存态存在的价值、思想和文化往往难以量化评估，因此，人们往往忽视城市文化在价值体系和思想层面的存在，认为其在城市文化建设中是虚无缥缈的东西。但是，城市文化的价值无法衡量并不等于它无价值，应当说它是一种潜在的价值，就像种子的价值一样，它的好坏决定着整个城市的发展方向、城市的性格特征，以及城市文化系统价值的增值程度。概括说来，它的价值具体体现在以下三个方面：第一，作为价值体系的城市文化能够指导社会层面的行为与生活方式文化，这是其核心；第二，作为价值体系的城市文化能够决定城市性格、体现城市形象，影响城市定位和发展方向；第三，作为价值体系的城市文化能够促进城市文化的融合、创新，为城市文化与经济的发展提供动力和增值空间。

（二）生活方式中的城市文化

城市不仅是人群集聚之地，不仅是建筑物、林荫大道、公园的展示和组合，也不仅是政治、经济和文化中心，它同时也是一种生活方式。城市中作为生活方式（行为方式）的文化是人的行为在城市文化中的体现，承载着城市特有的文化信息，并通过一定的主体行为体现出来。

一座城市作为生活方式（行为方式）的文化具体地表现为该城市市民的生活方式、素质、品位、风俗习惯、民风、诚信和公共服务、日常性和季节性的文化活动等直接相关的种种文化现象、文化因素及其相互关系的总和。简·雅各布斯（Jane Jacobs）指出："当我们论述一个城市时，我们也在最综合和最认真地论述生活。"多功能混合是城市生活的原生态特征，是城市生活多样性的发生器。

城市内在价值、思想文化的多样性决定了行为方式层面城市文化的多样性。正是由于这种多样性的存在，作为生活方式的城市文化不仅展现了城市思想层面的文化，其本身更是一个以人为主体的文化价值创新和增值体系。在城市中不同的价值、思想层面文化指导下表现出的行为方式，不仅是思想文化的再现，在城市制度的整合和放大功能下，更是文化再创造和增值的过程。以人为主体的生活方式（行为方式）层面的城市文化是一个充满活力的系统，也是文化价值创造的原动力系统。无论是持续成长的企业，还是充满增长活力的城市，都必定有一个充满创新活力和增值力的行为方式层面的文化系统。如果没有这样一个系统，城市的外在个性将无法展现，城市的经济发展也将缺乏动力。

（三）经济活动中的城市文化

城市文化中经济层面的文化产业和文化经济是对城市实力和城市发展产生最直接效应的方面，它们在整个城市的发展进程中扮演着越来越重要的角色，因此本研究将其作为城市文化的一个层面进行理解。作为城市文化中经济层面的文化，直接表现为文化产业和文化经济，能创造巨大的经济效益，是城市综合经济实力的重要组成部分，在城市经济社会发展中正发挥着越来越重要的作用。全球文化产业每天都在创造数以百亿美元计的价值，并且其增速还在进一步加快。城市文化是城市软实力的代表，也是城市发展的硬资源。文化和经济的融合，正是城市综合竞争力的精髓所在。通过发展文化产业，以其巨大的附加值和对相关产业的带动作用，吸引更多的投资者，加快城市的人流、资金流、物流和信息流，能使整个城市得到增值并且催生出新的城市环境。现在，许多城市都把加强城市文化建设、促进城市文化产业的发展、促进城市文化和经济的互动融合作为提高城市竞争力，突破城市发展"瓶颈"的战略来实施。

人们在挖掘已有文化资源、创造新文化产品的同时，更加注重协调前述三个层面文化的关系，促进城市经济活动层面文化与城市经济的良性互动，推动城市文化与城市经济的可持续发展。这样做不仅不会导致原有文化资源的消耗和丧失，还会丰富原有文化资源的内涵。经济越发展，文化产品越多，可供开发利用的文化资源就越多，而文化资源越丰厚，经济发展的潜力就越大，经济发展也就越快。城市文化具有广泛的延展性，城市文化的形成和发展，有利于城市自然环境的保护和发展、城市居民素质的提高和发展、城市创造力与创新力的保持和发展、城市旅游业的维护和促进，所有这些都与城市经济可持续发展相一致，而这正是城市文化和城市经济良性互动的结果。

第二节　我国城市文化的历史演变过程

城市的诞生也就意味着城市文化的诞生，城市文化随着时代的演变呈现出不同的风貌，对城市文化的研究必须具有历史的纵深感。季羡林先生认为："探讨中国文化问题，不能只局限于我们生活于其中的这几十年、近百年，也不能局限于我们居住于其中的九百六十万平方公里。我们必须上下数千年，纵横数万里，目光远大，胸襟开阔，才能更清楚地看到问题的全貌，而不至于陷入井蛙的地步，不能自拔。总之，我们要从历史上和地理上扩大我们的视野，才能探骊得珠。"吴良镛院士则指出，中国古代城市是中国古代文化的重要组成部分。在封建社会时期，我国可以说是当时世界上城市最发达的国家之一，城市文化灿烂辉煌。其特点是，城市分布普遍而广泛，遍及黄河流域、长江流域、珠江流域等地区；城市体系严密规整，国都、州、府、县治理体系严明；大城市繁荣，唐长安、宋开封、南宋临安等城市可能都已拥有百万人口；城市规划制度完整，反映了不得逾越的封建等级制度。

从寒耕热耘到岁稔年丰，从蒙昧野蛮到理性文明，人类发展的历史长河见证了城市的沧桑巨变，城市成为汇聚资金、人才、技术、信息等资源的场域，构成了区域统筹发展与良性竞争的核心，确立了其在人类社会文明发展中的重要地位。城市的实质是"地域（地理空间）""影响（能为空间）""组织（有序空间）""文化（人文空间）""发展（梯度空间）"的多维集合体。在城市这个开放而复杂的巨系统中，文化作为城市发展的原始磁力之一，必然导致其空间秩序发生新的变化。

一、我国近代城市文化的发展（1840—1919）

我国自进入近代以来，城市作为跨文化交流的集中接收地和展示平台，在不断的打造、改进、磨合中得到了城市各阶层民众不同程度的认同和接受。与此同时，原有的文化传统和模式也没有完全失去自我，而是适时地利用新的环境，不断适应城市社会生活的需要。许多研究者都将这一时期视为我国城市文学与文化发展的起始阶段，强调清末民初的部分经验对当代城市文化形成的影响。我国这一时期的城市文化史更多的是阐释各种思潮下知识分子的反应及城市文化的变化。我国近代城市文化史的研究范畴有限，其研究对象主要是城市文化的空间史、群体史、生活史等。从城市文化演进的角度看，在近代，我国城市文化开始形成自身的特征。

其一，近代城市文化冲破传统文化的束缚，突显出引领近代文化的地位和作用。近代城市文化最显著的特征是楔入了西方的异质文化，开始了中西文化的碰撞与融合。城市人口的聚集，新式工商业的崛起，社会结构的复杂和多变，相对宽松和舒适的环境，以及五光十色的休闲娱乐场所等，使得开埠通商城市，尤其是上海、天津、武汉等大城市率先与世界接轨，这些城市无论是生产方式还是生活方式都开始进入越来越商品化和市场化的轨道。当时的城市文化面对的不仅仅是一掷千金的达官贵人、幕僚政客的诉求，还包括百般挑剔、见多识广而且追求新奇刺激的社会各阶层居民的诉求。城市文化需要适应服务对象的变化，需要增强活力，以求生存和发展。

其二，西方文化的影响有一定的局限性。一方面，以传统文化为基础的近代城市文化有强大的惯性，在传统观念浸染和周围环境的影响下，各类群体中具有较浓厚传统文化意识者大有人在，他们仍然具有一定的影响力和号召力。在近代中国，将西方的器物等视为"奇技淫巧"而嗤之以鼻者有之，抨击排斥者亦有之，甚至一些留洋归国者也在极力保持生活方式和观念上的本土特质。因此，这一时期的传统文化并没有削弱，而是仍然保持发展的趋势。另一方面，在西方政治经济势力的压力下，当时的中国城市难以保持长期稳定的发展，承载能力有限。失业和无业人数逐年增加，一般居民的收入不高，且多用于食品、衣服、房租、燃料、灯火等日常生活开支。即便是上海、天津等大城市，一般居民的收入也仅能维持日常开支，难以顾及教育与娱乐。生活和休闲方式是城市文化的重要体现，在当时，虽然洋货和机制品占有一定的消费市场，西餐、洋服、歌剧、花园洋房和公寓等愈来愈多地充斥城市，但城市的一般居民接纳的主要是棉织品、火柴、煤油、面粉等生活必需品，根本无力涉足娱乐休闲，甚至使用自来水、电灯和电话都是奢望，大多数百姓依旧在没有自来水而又拥挤低矮的简易住房中栖身，也就谈不上科学卫生的生活习惯了。

其三，近代城市文化中存留着相当成分的乡村文化。乡村文化是相对于城市文化而存在的，似乎乡村文化阻碍了城市文化的近代转变，实际上并不尽然。在传统社会，城乡差别并不突出，二者在生活方式、礼俗和文化教育等方面有很多的一致性与融通性。进入近代以后城市迅速发展，拉大了城乡的距离，凸显出城乡的对立。但是，城市中的激烈竞争和生存条件的不断恶化，促使进城的各色人等不得不寻求一定的互助和情感寄托，于是出现了同乡会、会馆，以及同业公会等社会团体，而一般的进城农民，尤其是挣扎在贫困线上的贫民则自发聚集在具有一定亲缘和地缘关系且相对独立的生活空间，如上海的棚户区、天津的窝棚区等。乡村文化往往是保留传统文化及其价值体系的重要载体，其在城市中的生存与发展，有助于传统文化中有价值的因素在城市文化中的继承、发展及现代性转型。20世纪初评剧在天津的发展和较晚时期黄梅戏在上海的发展就是两个典型的例子。起源于河北乡村的莲花落进入城市以后发展成为可与京剧分庭抗礼的戏曲种类，并被改名为评剧。此后，评剧传到南方，又为进入上海寻找发展机会的黄梅戏提供了改进的重要资源。由此可见，在各个城市中城乡文化往往是相互作用、相互影响的。

其四，各城市文化演进的差异。区位、环境、商品经济的发展程度、传统文化的积淀所造就的城市性格等多种因素，使得各城市的文化演进有着很大的不同。异质文化对各城市的作用和影响也不尽相同，且有一定程度的"时间差"。如开埠以后迅速发展起来的上海、天津分别是近代以来南方和北方发展最快的城市，其接受西方文化速度之快、程度之深，是近代中国其他城市所不及的。但各城市对外来文化的排拒程度也有所不同。一般来讲，在迅速发展的大城市，由于现代性文化的凸显，城乡对比反差越大，就越发映照出乡村文化的存留痕迹，也正是因为城市文化能兼容外乡人文化，如上海包容苏北地区移民的乡村文化，天津包容不同籍贯手艺人的特色文化，由流动人口带入城市的乡村文化才能在城市中留存其本色；而在中西部和边境的城市，因受到西方文化的影响有限，保留了更多的传统文化，不存在大城市那样明显的反差，而保留着较为突出的地域文化特点。

可以说，近代中国城市文化是传统与现代、城市与乡村在生活方式、风俗习惯和信仰等方面的杂糅和融合，是三种推力在不同层面出现的多重投影，对各个城市的文化特征和城市性格有着至关重要的影响，也为当前各城市打造文化品牌奠定了一定的基础。

二、我国现代城市文化的发展（1919—1978）

从1919年五四新文化运动开始，我国逐渐步入现代社会，开始从各个方面向西方文化学习，其后的城市文化也不同程度地体现了欧美古典城市规划思想的影响，是当时所谓精英阶层追求欧美文化的一种表现。在1919年至1978

年的60年间,我国城市的风貌总体上是文化意识层面的现代城市空间的营造。这一时期,我国的城市文化受外来文化的影响得到了一定的发展,形成了多姿多彩的城市文化,尤其是沿海地区的城市文化更是百花齐放、各具特点。

(一) 租界城市建筑文化

19世纪中叶,在经历了第一次和第二次鸦片战争后,中国被迫在东海至黄海海滨及长江中下游沿岸开放通商口岸16处。随后,西方列强在多个通商口岸城市开辟租界,在租界内大兴土木,而这些租界建筑则表现出中西文化兼容的风格。

19世纪中叶开始,英、法、美、德、日、俄、意大利、奥匈帝国、比利时先后在天津设立了9个租界,一座城市同时集中9个国家的租界,在世界城市发展史上是空前的,由此可见天津在中国近代史上所承载的耻辱之重。时至今日,9国租界遗存的历史建筑,以及天津在近代化过程中的多元化文化,成为今天天津城市建设不可忽视的文化资源。

另一座租界建筑文化独具特色的城市是上海。1843—1949年,远东大都会上海在苏州河两岸崛起。在近代上海,形成了以英租界、法租界、美租界为中心的"3+3"文化空间格局,并形成了以外滩为中心,沿苏州河向西发展的杨树浦、沪西、闸北等工业区,它们共同构成了1949年以前上海的城市空间。

租界的建筑年代相对集中,各类建筑呈现出群区性,且建筑风格多样。在晚清时期的各通商口岸城市,中西文化相互碰撞和交融,形成了一个个"杂糅"的城市空间,也形成了杂糅的租界城市建筑文化。

(二) 江南文化

江南的地域范围在历史上主要是指以长江下游、太湖流域一带为核心的"八府一州"(苏州、松江、常州、镇江、应天、杭州、嘉兴、湖州、八府及从苏州府辖区划出来的太仓一州)。民国时期,中国传统旅游风尚在划时代的文化交流中获得了移风易俗的发展机遇,旅游业的发展促进了江南地区城市的建设与发展,园林艺术建筑、旅游设施建筑、文化教育建筑等公共建筑大量涌现。旅游促进了近代市民阶层生活方式的转变,有利于城市文明建设。而近代先进知识分子的海外旅游,开阔了他们的视野,提升了他们对文化的认识,使他们成为推动中国文化转型的重要力量,对中国文化新时代的到来起到了不可估量的作用。旅游活动和旅游产业与政治形势、经济形态、社会环境、科技文化等因素紧密相联。民国时期江南的旅游深受内外因素的影响,其发展必然具有一定的历史局限，试以上海和南京为例论述如下。

上海在晚清凭借口岸的优势崛起后，到民国时期已成为江南甚至是全中国最大的城市，远远领先于杭州、苏州、扬州、徽州、泉州，并且在经济、文化方面也领先于当时的首都南京，是当时江南地区的中心。于上海文化而言，"江南文化"是源，"海派文化"是流。受19世纪欧风美雨的洗礼，这个"流"日益壮大，日益重要。毫无疑问，"江南文化"成功地在上海地区转型成了"海派文化"，亦即上海文化是一种值得肯定的近现代城市文化。它以一种全新的姿态，形成了压倒性的优势，甚至有一句话这样说："三千年的历史要看西安，八百年的历史要看北京，百年历史看上海。"

开埠后的上海以令人瞠目结舌的速度在发展，西方城市花两三百年时间建成的市政规模，上海在20世纪30年代就赶上了。从当时外滩、洋泾浜、苏州河、河南路四至内楼宇的密集情况来看，上海不亚于当时世界上任何一座一线城市。

南京自古以来就有着"江南佳丽地，金陵帝王州"的美称，作为六朝古都，南京历经沧桑，不仅城市文化底蕴深厚，还有着丰富的历史风貌留存。民国时期，作为首都的南京，无论是城市规划、建筑设计还是文化都对以后南京城的发展产生了巨大的影响。当时南京的规划是以理性空间结构与传统的南京历史格局相结合，时至今日，南京依旧保留着大量的民国时期建筑和民国时期城市文化。民国时期，南京聚集着大量的社会精英和外籍人士，南京城在社会风气改良和风俗变革的运动中一直处在风口浪尖的位置，于全国而言有着典型意义。

三、我国当代城市文化的发展（1978年至今）

近现代城市文化是当代城市文化发展的基石。近现代城市文化不仅保留传承了丰厚的传统文化，也反映了城市在近现代的急剧变革，记录着丰富的近现代文化。如果说以往对城市文化的研究较为重视文化与城市起源、城市发展的关系，更多的是追溯城市文化的历史源流和发展脉络，那么当代的城市文化理论则更多关注的是作为目标定位和功能的城市文化，是对当代城市与文化关系的重新阐释。在新的时代背景下，城市文化理念的当代性与以往研究的差异主要体现在研究的重点和城市文化的功能定位方面。

在我国，历史性城市遍及各地，数量众多，特色丰富。这些城市通常都拥有优美的自然环境和各具特色的历史建筑，而且它们的存在本身就体现了中华民族灿烂的传统文化。因此可以说，历史性城市本身就是我国文化遗产最宝贵的一部分，城市文化则是我国传统文化的特殊产物。截至 2022 年 1 月 11 日，我国共有 139 座城市被认定为国家历史文化名城，每座历史文化名城都是无形的财富，它们不同程度地记录了历史发展的轨迹，承载着中华文明的丰富内涵。

城市是流动的空间，时间是流动的记忆，人类任何积极的发展要素都应该在城市中找到属于它的位置，得到应有的尊重和延续。一座有信心、有意识去传承自己历史的城市，也完全应该有自信心去接受创新、接受现代化。

（一）国际贸易海上丝绸之路

"21 世纪海上丝绸之路"覆盖了 3 个国家级城市群（长三角城市群、海峡西岸城市群、珠三角城市群）和 1 个区域性城市群（北部湾城市群）。长三角城市群发展水平较高，区域一体化基础较好，通过 21 世纪海上丝绸之路建设，可以增强中国（上海）自由贸易试验区的辐射带动效应。珠三角城市群经济基础良好，与海上丝绸之路沿线国家航线短，区位优势明显，而且拥有重要的港口城市、国际空港，其与东南亚的经贸合作素来密切，是 21 世纪海上丝绸之路的前沿阵地。长江经济带是承东启西、对接"一带一路"的核心经济带，它包括 11 个省、市，人口约有 6 亿，区域 GDP 总量超过全国 GDP 总量的 40%，是我国区域经济发展的重要引擎，涵盖了长三角城市群、长江中游城市群、成渝城市群等 3 个国家级城市群及滇中城市群和黔中城市群两个区域性城市群。其海上丝绸之路沿线城市群发展水平梯度差异比较明显，自西向东发展水平依次提升，形成了以长三角城市群为龙头，以长江中游城市群和成渝城市群为重要支撑，以滇中城市群和黔中城市群为补充的格局。

长三角城市群是全国经济的龙头，也是世界级的城市群，其人口总量大、民富程度高，不仅是全国规模最大、消费能力最强的客源地，还是重要的旅游目的地。长三角城市群所拥有的传统文化资源，特色化程度高，形态丰富，构成了互补整合的重要条件，在文化资源的流动条件、资源培育的社会投入等方面，增量不断扩大，优化整合的物质基础不断加强。同时，长三角城市群具有体制改革上的互补性、制度创新上的多向性，区域协作的前景非常广阔。在 21 世纪新一轮的发展中，长三角城市群将以体制创新为突破口，遵循文化发展的规律，打破条块分割，形成大都市圈的强大文化合力，特别是适应信息化时代城市发展的要求，以层次配置为抓手，通过互联网、物联网等的分层合作，突破难点，进一步推动全局发展。

（二）城市文化趋同

在全球化背景下和快速城市化的进程中，我国城市的文化脉络受到了严重影响，城市特质、集体记忆和归属感也开始消失。杨东平先生在《城市季风》中指出：当工业文明以其不可阻挡之势改变着世界的面貌时，由不同的国家、民族和历史形成的文化特色和独特的文化遗产正在迅速消失。在全球化的文明演进中，城市的面貌和生活方式从没像今天那么雷同和千篇一律。因而，保存和营建城市独特的文化魅力，不仅是一种属于历史的、地域的、民间的文化的自我拯救，也是城市现代化建设中的一个严肃课题，一个重大的挑战。

城市面貌日趋一致，盲目追求欧陆风，导致"千城一面"现象和地域特色的缺失。不同历史背景下建设的城市文化景观也被现代化这把利刃分割得支离破碎。传统文物的破坏给民族信仰和民俗文化带来了一定的冲击。当下我国城市景观出现的历史文化失忆，是由诸多因素导致的。中国经济发展曾经比较落后，崇洋媚外的偏执、对本土文化的不自信等因素，导致不少具有地域特色的传统建筑和景观消失，让我们十分痛惜。

"大街上随处能闻到肯德基、麦当劳、比萨饼的油酥香味，而小巷里'桂花糖粥、酒酿圆子'的吆喝声却随风消失殆尽。"许江先生有些不解地问："早年间不少城市没有什么规划，但是很有特色。可惜的是，现在很多城市都在改造中越来越趋同，规划是有了，但是特色没了。"新加坡规划师刘太格先生则感慨地说："你们中国是千篇一律的城市风貌，基本上走过一个城市，其他城市就不必再看了。城市规划设计最重要的是尊重城市的身份，就像老人、小孩、主妇等各有各的身份一样，小孩固然活泼可爱，但老人脸上的皱纹也同样很有个性。"所幸的是，随着我国国力的不断提升，各级政府及时采取了一系列的措施来重塑城市形象，保护濒临消失的城市文化遗产。

科学技术的发展、信息技术的进步，全球经济一体化的到来，给城市文化注入了新的内容，带来了新的启示、新的机遇，区域城市文化与世界文化的沟通，也促进了世界文化的发展。但是，城市化的加速发展必然带来文化的趋同，必须重视城市文化的历史传承。《北京宪章》认为，过分钟情于全球性的科技文明，并不符合世界各民族文明应多元共存的可持续发展的生态伦理，这种共存是人类文化多样性的体现。不同区域文化的差异是导致文化多元化的重要因素,重视区域文化差异就是重视文化多样性的保护。

(三) 未来城市文化的发展

我国城市文化要发展,就必须研究各个地域、各个城市的特殊性,探索各个城市的文化特点和规律。目前我国城市普遍存在的"特色危机"正是忽视地域文化和简单化所导致的。由于城市发展的背景千差万别,不同城市具有不同的地理、历史、经济、社会、人文环境,它们或沿海,或地处山区,或被丘陵环绕,各有不同的规划条件,也有不同的城市功能和历史条件,因此,应该把对地域文化特殊性的认识作为城市研究的起点,在学习借鉴先进的科学技术和文化理念,创造当代城市文化的同时,对地域文化的挖掘、继承和创新要保持文化自觉、文化自尊和文化自强。

党的二十大报告提出的"推进文化自信自强,铸就社会主义文化新辉煌",既是治国方略,又是城市文化的精髓,是实现社会和谐、诚信、责任、尊重、公正和关怀的保证。只有将这一文化精髓贯彻到城市发展的各项事业之中,才能实现文化与经济发展的良性互动。城市文化建设是人民城市的核心功能,必须以人民城市建设为指引,以推动高质量发展为主题,持续探索中国特色社会主义城市文化的繁荣之道,为建成社会主义文化强国提供坚实支撑。

第三节 城市文化的基本特征

一般来说,城市文化的特征主要从城市文化内容、城市文化载体、城市文化传播、城市文化互动等四个方面加以概括总结。

一、城市文化的内容具有地域性和独特性

我国是个多民族的国家,56个民族都有自己的文化背景和文化特色,各民族文化彼此交融,共同创造了中华文化,形成了文化的普遍性和独特性。在我国,沿海与内地,南方与北方,东部与西部,无论是地理条件、经济水平,还是城市化的程度,乃至社会、文化的开放性,差别均很大,城市与乡村之间的差别更是如此。这也就使我国当代的城市文化在内容上具有了地域性和独特性。

只有民族的才是世界的,才是不可复制和无法取代的。我国的文化博大精深,具有多样性的特点,丰富多彩的地域文化就是我国文化多样性的具体体

现。同时，地域文化也为城市增加了独特性。城市文化的独特性是基于城市分布的地域性而言的，由于各个城市所依赖的自然及地理环境不尽相同，它们在发展过程中所形成的城市文化及价值趋向也就丰富多样，从而给城市文化的内容打上了深刻的地域性及独特性烙印。

地域性城市文化的形成经历了漫长的过程。不同的城市拥有不同的地理环境和历史文脉，其居民的生产和生活方式等也都存在着些许不同，这为城市文化的发展提供了良好的条件，并使城市文化逐渐呈现出了地域性特征。城市在一定程度上是地域的中心，承载着所属地域历史文化的积淀，其在发展过程中逐渐形成了具有地域特色的城市文化，为生活在其中的大众打造了精神家园，夯实了城市认同感和归属感的基础。同时，城市文化的地域性也为城市个性、城市特色的塑造提供了有力支撑。

具体地看，城市文化的独特性一方面表现为较为独特的自然文化景观，另一方面则表现为不同城市的居民在价值取向及性格特征上具有较强的传承性和鲜明的地域性。地域性集中体现对应城市的发展脉络，而城市在一定时期形成的文化特色往往又会积淀、留存下来，成为城市文化的表征，并进一步强化城市文化的地域性。一座城市的传统文化能否延续，在很大程度上取决于这座城市所在地域的文化能否延续，特别是在城市物质环境发生剧烈变化时，城市文化的地域性表现出相对的稳定性和较强的生命力。

我国各地由于地理条件、自然环境、历史变迁、经济形态、文化传统各不相同，因此，其文化发展也就具有不同的特点。城市文化的地域性有着丰富的内涵和多种表现形式。城市文化的地域性本身是不断发展的，不是一成不变的。随着时代的发展，城市文化地域性的内容也会发展变化。只有正确把握城市功能与城市文化、现代观念与传统理念、科学技术与营造艺术等的关系，在城市建设中重视历史文脉对城市的价值，才能在城市的规划设计和建设中坚持对地域性城市文化的传承与弘扬。

孟建认为，一座城市的各种文化因素在推进该城市政治、经济、社会和人的全面发展中会产生强大的凝聚力、导向力、鼓舞力和推动力。1986年，东京大学建筑系教授、日本著名建筑师大谷幸夫先生来我国进行学术交流，分别在北京、天津、上海和西安等城市做了题为"关于传统与现代化问题"的学术报告，在报告中他始终强调地域文化的传承与弘扬问题。他认为，建筑师们并不需要挖空心思去"寻找"特色，更不应不遗余力地"发明"个性，只要尊重本地域的自然环境、文化传统和风俗习惯，遵循本民族的传统文化进行创作，其作品中的每一笔线条、每一个构思都一定不会是别国、别地的文化表现，而一定是对本地域文化的传承和弘扬。

虽然人类社会的发展实践已经证明，西方社会的发展模式和文化范式，并非全世界所有国家实现社会发展的唯一道路和实现文化发展的唯一模式，西方社会的价值观念也绝非唯一的价值判断标准，但是，目前有些发展中国家为了得到西方发达国家的认同、取得话语资格，自觉不自觉地放弃了自己的文化理想和价值体系，转而以西方文化为楷模，努力在文化理念与实践等诸多方面进行所谓重新整合，其结果是本国传统文化的个性和地域文化特色丧失，人类文化的多样性遭到破坏，这已成为发展中国家普遍面临的严重问题。

为提高城市文化竞争力，在城市文化的宣传推广方面，只有立足于城市文化的地域性和独特性，才能避免城市文化趋同的现象发生。以苏州为例。作为典型的江南水乡，苏州优美的自然风光、繁荣富庶的都市经济和社会生活、深厚的人文底蕴，为新时代苏州江南文化品牌建设提供了丰富的自然资源和厚重的历史文化资源。在新时代，苏州充分发挥独特的地域文化优势，深入挖掘江南文化的经济价值、人文价值、社会价值和生态价值，积极探索江南文化品牌建设和发展新路径，实现江南文化与经济社会高质量发展的有机融合，为高水平建设现代化国际性大都市奠定坚实的文化根基。

一座城市的未来发展应从其所在地域的深层结构中寻找根脉，探索规律，获得启发。优秀的城市文化必须具有鲜明的地域性和构思的独特性，具有丰厚的文化底蕴，这是城市精神力量的象征与展示。只有理解了地域文化的深刻内涵，才能使当代城市文化在现代文明的冲击下同时具备时代感与地域性特色，而地域文化所展现的历史脉络能够帮助我们体会城市印迹留给我们的信息。只有深入挖掘地域文化的创新因素，才能使独具地域性的城市文化反映城市性格，书写城市历史，形成城市品牌，展现城市魅力。

二、城市文化的载体具有多样性

文化因多样而交流，因交流而互鉴，因互鉴而发展。城市作为"最崇高的人类文化熔炉"，是人类文明的重要空间载体和大尺度的文化景观。城市文化的载体是城市文化存在的基础，它为城市文化的展示提供平台，为城市文化的传承提供介质，为城市文化的创新提供空间。芒福德在《城市发展史》一书中指出："城市的主要功能是化力为形,化能量为文化,化死的东西为活的艺术形象,化生物的繁衍为社会创造力。"也就是要把城市当做文化的容器,让文化在其中充分融合并展示自己的能量和魅力。

从文化的主客体关系角度讲,文化的内容是主体,欣赏文化的人是客体,而介于主客体之间的载体,其作用就是将抽象的文化概念用具象的形式表现出来,转换为客体能够接受的感官信号,从而达到主体教育客体、客体了解主体的目的。从文化的历史性角度讲,文化的传播与传承是离不开载体的。城市文化在产生之始就在它的载体上留下了深深的印记,许多经典的理论与思想因此传承到今天。

城市形态是城市文化的有形载体,城市的规划布局和建筑风格传递着城市文化的内涵与理念。城市是完整的生命体系,它有内涵,有个性,而城市中的物质与非物质文化遗产是城市传统文化的重要载体,人们对城市传统文化的认知,与城市的文化空间和生态环境密切相关联。城市作为人们多种多样文化活动的载体,必然也要适应多种多样的发展变化的需求。

如今城市文化的载体越来越丰富,报刊、电视、广播、电影、电视剧等各类文艺作品,图书馆、文博展馆,车站、地铁站的建筑风格,乃至人们日常的衣食住行都承载着所在城市的文化,并与大众的日常生活、行为方式存在着紧密的联系。城市文化载体需要集聚人文精神(价值观)、人才、资金、技术、信息等重要资源,城市文化载体的多样性造就了城市文化的多样性。城市文化自产生开始,就在与城市环境、城市活动的互相融合中生发出了较鲜明的多样性特征。

21世纪,城市带着曾经的繁荣与失落、激昂与迷惘进入了全球化、信息化、城市化、市场化、现代化变革的时代。这一时期,发展具有丰富文化存量、创造性文化产出的城市新文化空间,成为城市寻找到发展的方向与坐标,从差异化竞争中脱颖而出,张扬城市宜居性和人文精神内涵的关键。城市新文化空间作为城市文化载体不仅仅是城市发展的产物,还作为一种生产力"资本"参与城市的成长,成为衡量城市精神世界与人文价值的尺度。改变过于物化、商品化的后现代社会,改变"见物不见人"的城市发展方式,是当下也是未来必须面对的重要课题,是值得肯定和借鉴的城市理论资源。

一方面,城市文化的竞争力表现在城市文化的影响力上。城市文化的影响力通俗来说就是城市文化形象是否能引起人们的注意,它反映的是城市文化的吸引力和感召力。形象的好坏是城市竞争力的体现，它在客观上会影响该城市文化产品、文化品牌的传播。丰富城市形态，应当注意突出城市的地方特点和民族特色。落实到城市规划和建设中，就不能盲目模仿，千城一面；就必须坚持以人为本，把为市民提供良好的生活和居住环境放在首位，而不能贪大求洋。有形文化遗产最能彰显城市的风格和魅力，在城市建设中应切实把它们保护好、利用好。另一方面，城市文化的竞争力表现在城市文化基础资源的竞争力上。不管是哪一种形式的城市文化基础资源，物质的或者精神的，都需要依托某种形式的文化载体来进行呈现，这种载体就是我们通常所看到的自然文化资源、人文历史资源，或者是某种文化产品和服务，而且这些载体通常都能引起文化消费者的注意。

以深圳为例。深圳以传统文化为基础，通过研发动漫、开发IP、推出数字产品、创意设计、网络游戏等新型业态，不断创新文化载体，使城市文化的发展更贴近时代、贴近大众。在充满城市文化意蕴的城市公共空间，大众可以获得文化的洗礼与熏陶。

三、城市文化的传播具有集聚性和辐射性

随着近年来城市化进程的加快和城市化水平的提高，人类的财富、文化乃至几乎全部生活方式都以城市为中心汇集起来，城市文化在人们的日常交流活动中扩张和蔓延，其影响力逐渐辐射城市周边乃至更大范围的地区。就这一点而言，城市扩散的实质是城市文化的传播。

"集聚与辐射"是中国古代文明起源与形成的重要模式，城市文化同样具有集聚性和辐射性的特点，它不仅是推动城市经济社会发展的驱动力，还是促进城市文化传承的内生力。城市文化的集聚性是指城市多维度地集中多元文化并能够产生广泛影响力。城市文化的辐射性是指城市多向度地扩散先进文化并能够产生强大感召力向四周辐射，从而带动城市经济的发展。有研究者认为，高铁不仅对大城市有影响，对中小城市也是很好的机遇，像城际高铁，就能很好地缩短大城市和中小城市的距离，辐射带动中小城市的发展。

在城市文化空间中，有三种主要的文化传播方式：一是通过真实遗迹的展示，让受众直接形成对城市物质文化的认知和记忆；二是通过文字、图像等形式，对城市的精神文化进行解读和传播；三是通过活动、表演等方式，对城市的制度文化进行传播。也有三种主要的文化空间与这三种传播方式相对应：以

历史文化遗存为核心的遗产展示空间，如文物、遗址、历史地标等；以历史文化记录为核心的文化教育空间，如展览馆、美术馆、文化活动中心等；以开放空间为核心的文化体验空间，如庭院、广场等。

不同形态的文化在城市中集聚、融合和发展，逐渐呈现出远离传统、趋向创新的势头，并以城市为中心向周边扩散、传播，具有一定的辐射性。辐射性是城市文化的天然属性，不同的文化形态在城市集聚、融合、发展之后进一步传播、扩散和交流，体现了不同城市文化对其他地域文化的渗透和影响。城市文化的辐射过程也是新的城市文化形成的过程，城市文明也因此而得到进一步的发展。

在传承传统文化的同时，生产者根据现代文明潮流和时尚文化的发展需要，研发诸多具有城市特性的文化产品，这就是城市文化软实力的生产力。文化产品因其文化特性，蕴含着生产者的思想观念、文化观念、审美情趣及价值取向，经跨区域乃至跨国界的流通，形成强大的传播辐射效应。在共同的文化理念、价值观念指导下创作诞生的文创产品，潜移默化地改变着消费者的思想情感，其产品传播的范围越广，其所承载文化的辐射力就越强，文化品位就越高，城市的吸引力也就越强大。

在互联网发展初期，公众获得城市文化信息的途径之一是浏览网站，然而当时由于信息技术水平有限，浏览网站存在耗时较长、传播范围窄、内容繁杂、受众群小等明显弊端。随着信息技术的进步，移动互联网兴起，丰富的社交媒体类应用得益于多元的平台、广泛的受众、趣味丰富的内容、动态的表达、碎片的时耗，逐步占据了我国文化信息输出与生产的主要阵地。至此，多元化的文化传播方式使我国城市文化信息的流播形成了不同于以往的全新格局。短视频的功能与业态也在城市文化的传播中实现着创新与扩散，厦门、西安、成都、重庆、杭州等诸多"爆款"城市的一个突出特征是自媒体用户多，用户在短视频中广泛植入丰富而独特的能够展示城市形象的符号元素，借助移动客户端的便捷性和大众化，实现了城市形象的多领域塑造，催生出诸多城市文化品牌，也在逻辑上构成了城市形象经济的内在驱动力。通过短视频进行城市形象产品的打造与输出，使一些有独特历史文化底蕴的城市"逆袭"，实现从城市文化资源挖掘到城市文化品牌塑造再到城市形象经济的开发利用。

随着信息技术的发展和传播格局的变化，我国城市文化传播进入了崭新的发展阶段。英国社会学家齐格蒙特·鲍曼（Zygmunt Bauman）的液态社会理论描述的是现代社会逐渐从一种沉重的、规则界限分明的固态样态转变为一种轻灵的、边界消弭的、社会生活重构的液态样态,这与新时代城市文化传播中传受方界限的消弭一致。

城市文化应该在对外传播中提高"自塑"能力,合作促进"他塑",从而提高城市文化的辐射性,衍生周边产品,增强城市区域间的关联性。在城市文化的传播过程中应注意打造城市文化品牌,使城市形象"血肉"化,提升城市文化的传播力,重塑城市话语。要注重与时俱进,进行文化聚拢和产业升级,打造城市文化 IP,创新多次元城市形象,提升城市文化的识别力,让静态城市文化符号"活"起来,提升城市的吸引力。

四、城市文化的互动具有开放性和兼容性

回溯历史,我国城市文化建设的思想、理念、方法等在世界上独树一帜,并对周边国家和地区产生了深远影响。面向未来,要提升我国城市文化建设水平,就要加强与世界其他城市的对话,以更加开放的姿态拥抱世界,让我国的城市同丰富多彩的世界城市一道,为人类创造出更多卓越的文化发展成果。

城市越开放,城市功能就越能得到发挥,城市功能发挥越充分,城市就越开放,由此形成开放性的文化"路径依赖"。城市文化的开放性和兼容性是由城市本身的发展规律决定的。现代城市的发展具有由单一功能向多重功能、由封闭向开放的趋势。同时,城市文化的开放性本身也包含着兼容性。

城市文化的重要特点是其开放性和兼容性,城市文化是多元文化的综合统一。表现在对生活的态度上,一种是"不以物喜,不以己悲"的超然,一种是对世态人情的深切关注和密切联系。在城市中生活的人们,如果不具有超然物外的态度,往往容易人为物役;如果不具有面对现实的勇气,踏实地解决生活中基本的物质需求问题,精神上的追求就无异于空中楼阁。现代儒学高扬着理性的旗帜,彰显崇高的精神境界,将有力地克服城市文化功利性、世俗化的局限,大力推进城市社会中高雅文化的健康发展。

一座城市的吸附力和包容度主要取决于这座城市的文化,可以说城市文化是城市向心力和凝聚力的源头活水。在经济全球化曲折发展的今天,人们面对的是不断开放、日趋多元的文化。不同国家、不同民族、不同地域的人们在不同历史阶段所创造的文化,各具特色、各展所长、交相辉映。各种不同形态的思想文化既互相吸纳又互相排斥,既互相融合又互相斗争,既互相渗透又互相抵御，呈现出前所未有的相互交织、相互激荡的发展态势。英国著名哲学家伯特兰·阿瑟·威廉·罗素（Bertrand Arthur William Russell）说过："不同文化的接触是人类进步的路标。"在文化对外开放早已成为势之所趋的当今时代，面对鱼龙混杂、良莠并存的外来文化，怎样推进我国文化的对外开放？答案是，既不能因为存在问题就关上我国对外开放的大门，也不能任凭所有外来文化在我国肆虐蔓延，必须用新时代中国特色社会主义先进文化对其加以统摄和引领，牢牢掌握我国文化对外开放的主导权和话语权。

当代城市文化的发展具有由单一功能向多重功能、由封闭向开放的规律。我国大部分城市在改革开放之后受到西方文化的冲击，消费主义、后现代主义等文化的渗透，使我国城市文化逐渐与国际大都市的文化接轨。这些西方文化与我国传统的城市文化产生激烈的碰撞、冲击、融合，使我国城市文化呈现出多元化的特征。进入20世纪90年代以后，随着城市的发展，我国大多数城市的文化已不再是某种文化主导，而是各种地域文化要素百花齐放、相互融合。

在新兴媒体迅速发展的当下，不同城市通过与其他城市的互动、交流、碰撞、磨合，达到自身文化与外来文化的相互交融，这样的城市文化对内可以增强精神感召力，对外可以形成强大的辐射力，从而将大批优秀人才吸引到城市文化的创新生产中。

"在一个社会系统内，经济和文化从来都是共生互动的，文化生活为经济生活所制约，而文化资源又是经济建设的宝贵财富。"从城市文化的角度来看，这句话有两重含义。其一，城市文化的发展塑造了城市形象，提升了城市品位，增强了对人才的吸引力；其二，开放性、兼容性的城市文化为企业创造了良好的投资环境。"文化搭台、经贸唱戏"，许多城市通过展示地方特色文化，吸引了众多投资者，从而促进了城市经济的发展。另外，城市文化对城市经济持续发展所起的作用还表现在：发展城市文化可以减少其社会成本而增加其社会收益，如良好的城市文化有助于减少犯罪，从而减少维护安全的成本等。

第三章　城市流动人口文化认同及其与身份认同的关系

　　流动人口如何快速融入城市实现文化认同和身份认同一直受到社会各界人士的广泛关注。在城市文化认同方面，根据李光贤的研究，如果流动人口想准确地了解一个地区或和谐地融入一座城市，最重要的就是从文化认同入手。流动人口只有认同了流入地城市的文化，才能实现真正的情感融合。很多研究认为，城市流动人口无法实现文化认同主要有两方面的原因。一方面，不同地区存在不同的城市文化，流动人口可能对家乡的文化更为熟悉；另一方面可能就是流动人口自身的因素，比如年龄、学历等导致他们无法适应流入地城市的文化。因此，研究文化认同对于帮助流动人口更好地融入城市具有十分重要的意义。

　　在身份认同方面，大多数城市流动人口对身份认同的概念非常模糊，甚至出现相互矛盾的认知。最突出的问题就如刘芳、李海莹的研究所提到的，城市流动人口虽然希望摆脱自己"外来者""农民工"的身份，但是并不知道怎样才能实现真正的身份认同。身份认同模糊、对流入地城市的归属感不强，会导致一系列问题。如杨菊华、吴敏、张娇娇的研究成果认为，城市流动人口由于对自身身份认知的不确定性而产生心理冲突，这种心理冲突有可能转变为行为冲突，从而给家庭和社会带来负面影响。因此，非常有必要去探讨城市流动人口的身份认同问题。

　　本研究旨在了解城市流动人口文化认同与身份认同的现状，初步探讨城市流动人口文化认同与身份认同的关系。在此基础上，为城市流动人口实现文化认同和身份认同提出针对性较强的有效策略，同时也为政府相关职能部门开展流动人口管理工作提供一定的参考。

第一节　城市流动人口文化认同与身份认同研究综述

一、主要概念界定

(一) 认同的概念界定

"认同"的英文为"identity",是奥地利心理学家西格蒙德·弗洛伊德(Sigmund Freud)提出来的一个概念。宋向光认为,"认同"是个人对自我社会身份的认知,是与特定社会群体产生的一种关系和归属感,也是当代社会发展的重要心理保证。还有一种观点认为,认同的过程是一个寻求与其他人相似而又不同的过程。

(二) 城市文化认同的概念界定

1. 文化认同的概念界定

文化认同理论最早由美国著名心理学家爱利克·埃里克森(Erik H. Erikson)于20世纪50年代初提出,并被广泛应用在各个领域。文化认同一般分为两种情况:其一是不同国家之间的文化认同;其二是同一国家不同民族之间的文化认同,这一点也可以理解为同一国家不同地区之间的文化认同,比如农村和城市之间的文化认同。王立洲的研究认为,文化认同指的是人们在心理上和精神上都非常接受某种文化,这种文化使人们能够在各个方面达成共识,即文化认同使人们能够创造共同的价值观,从而形成非常强大的凝聚力。董敬畏则认为,当人们从一个特定的文化场景转向另一个文化场景时,为了消除常住地文化与流入地文化之间的差异,他们就要改变自己的文化观念,以达到一致性。城市文化是城市发展的产物,梁茼在研究中认为,城市文化是物质财富和精神财富的总和,是人们在城市的范围内,结合自身的生活实践所创造的。不同的城市有不同的城市文化,而且城市文化的内涵十分丰富,包括了物质文化、精神文化和制度文化。

2. 城市文化认同的概念界定

任志远在研究中将城市文化的功能总结为:(1)记忆的传承可以通过城市文化来实现;(2)一座城市发展的精神支柱是城市文化;(3)城市文化是城市的代表,能展现出这座城市独有的魅力。任志远认为,城市文化认同就是群体对城市文化的归属感与认同感,是以城市文化为基础,以城市市民作为参照群体，遵循城市的语言、文化取向、生活方式、价值观等标准，不断确立自我同一性的过程。

（二）身份认同的概念界定

对于"身份认同"这一概念，不同的研究者基于不同的研究需要所下的定义也不一样。如祝仲坤、冷晨昕认为，"身份认同"包含两种含义："身份"是对"我是谁"的认知，"认同"是对"我和谁一样"的自我认知。也就是说，"身份认同"包括两个对象，一个是"我"，一个是"他人"。这个"他人"可以是一个社会关系，也可以是一个群体。于扬则认为，"身份认同"指的是个体对其与所在群体的相似性及与其他群体的差异性的确认。根据以上观点，我们可以认为，"身份认同"是对自我的社会关系、群体地位的认知，即个体对自我身份的认知和对所属群体的确认，以及对由此所产生的情感和行为进行心理整合的历程。

二、城市文化认同研究概述

（一）城市文化认同的国内研究现状

目前国内关于城市文化认同的研究，主要探讨了影响文化认同的因素。首先，早期人口流动最主要的是经济原因，而且以个人流动为主，他们对家乡的乡土文化存在很强的依恋感，认为家乡才是他们的"根"，对流入地文化的认同水平较低。其次，流动人口在流入地生产、生活，可能会受到各种条件的限制，他们了解流入地文化的渠道往往比较闭塞，如农民工在城市的主要生活区域是出租房或者工地宿舍周边地区，与流入地居民接触和交流的机会有限。另外，可能受制于文化水平不高，城市流动人口在工作之余基本上难有机会参与具有流入地城市特色的文化娱乐活动。以上两方面导致流动人口对流入地城市文化的认同度较低。第三，城市的制度和城市居民的态度也是影响流动人口文化认同的因素。

国内学者还探讨了流动人口实现城市文化认同的渠道。调查表明，城市流动人口实现文化认同主要有景观、方言、文化娱乐方式和媒体等四个渠道。

第一个渠道是景观。最能代表城市文化的是城市景观，包括各类建筑和景点。例如，北京最出名的景点是故宫，它历史悠久，代表着北京的城市文化；上海博物馆则是上海独特的城市文化载体。如果流动人口喜欢并且认可一座城市的景观，其对这座城市的文化认同程度就会比较高。正像金白梧所言，把城市的人文景点介绍好，就会让流动人口得到文化的认同和审美的愉悦。

第二个渠道是方言。中国文化博大精深，在历史的长河中，不同的城市孕育了各自的文化特征，形成了许多风格迥异、各具特色的方言。方言和景观一样，也能代表一座城市的文化特点。王衍军认为，方言是城市文化的载体，也是城市价值与人文精神的传承。

第三个渠道是文化娱乐方式。随着时代的进步，流动人口越来越趋向于年轻化，越来越多的年轻人想到蓬勃发展的城市长见识，实现自己的人生梦想。现代科技高速发展，电子设备更新换代极其迅速，普及率极高，人们与外界的交流变得更频繁、更便捷。如果城市的文化娱乐方式丰富多彩，流动人口的参与度就会提高，其文化认同度也会相应提高。文化娱乐的方式主要有去 KTV 唱歌、看电影，参加城市或者社区组织的各项特色活动，以及城市广场的各类文艺活动等，而城市广场文化也是城市文化的重要组成部分。

第四个渠道是媒体。科技的发展给人类带来了许多便利，人们足不出户就能了解不同地方的信息，从报纸、电视到如今的互联网，作为传播的载体，它们在城市文化建设中发挥了很大的作用。正如张秀敏所说，媒体的目标就是批判、建构和融合，批判是为了营造良好的文化氛围，建构是为了培养优秀的城市文化内涵，最后是在尊重文化差异的基础上实现融合。如果能很好地利用媒体资源，流动人口就能感受到所在城市的友好氛围，就会更愿意融入所在城市，从而实现城市文化认同。

(二) 城市文化认同的国外研究现状

相比国内研究，国外探讨城市文化认同更多是从民族或者国家层面入手。例如，美国关于文化认同的研究主要集中在移民的文化教育方面。美国作为一个典型的移民国家，有着多种多样的民族文化，要实现移民的文化认同，就要重视文化教育。美国政府将美国核心思想融入社会、家庭和学校教育，通过营造浓厚的美国文化氛围，提升移民的文化认同。国外学者还探讨了文化认同与学习的关系，阿祖·索斯优·奥图根（Arzu Sosyal Altugan）认为，学习者的文化背景是很重要的，因为种族、语言、社会、宗教或经济的差异会导致文化脱节，从而导致学习动机的下降。与国内研究相似的是，国外对于文化认同的研究也提到了方言。奥图根和托尊·伊萨（Tozun Issa）探讨了塞浦路斯北部三个城市的方言差异，他们对方言意识的研究有了重要发现，认为方言意识对文化认同有很大的影响。也就是说，如果个体对方言有认可意识，其对方言所属民族的文化认同程度就会更高,也会更喜欢用该民族的方言进行交流。

在欧洲的发展历史中,存在过欧洲文化,也有过不同的民族文化。在欧洲一体化建设中,欧洲文化认同起到了推动作用。张旭鹏曾指出,欧洲文化认同可能是欧洲认同建构的重要基础之一,但这种欧洲文化认同并没有否定其他民族的文化,而是认为欧洲文化可以和欧洲各民族的文化共存。除此之外,还有学者提到了影响欧洲文化认同的因素,如文化起源、宗教、强权政治、文艺复兴运动、语言起源、战争和地理环境等。

(三) 对城市文化认同研究的评价

国内对城市文化认同的研究已经取得了一定的成果,具体表现在以下三个方面。一是对"城市文化认同"的概念进行了比较清晰的界定;二是围绕城市文化认同提出了较多的可行性建议;三是认识到城市文化认同的重要性,正在开展更加深入的研究。国外的城市文化认同研究也取得了很多成果,一方面是丰富了移民文化理论,如提出了同化理论和多元理论;另一方面则提出了影响城市文化认同的诸多因素。

国内外关于城市文化研究的不同点在于,国外更侧重于国家宏观层面,因为随着国外经济和社会的长期发展,其城乡差异并不是特别明显,因此微观层面的城市文化认同研究较少。不过,国内外关于城市文化认同的研究结论也存在一些相似之处,如国内外学者都重视方言在城市文化认同中的作用,都非常关注并强化文化认同的教育,等等。

尽管城市文化认同研究已经取得了不少成绩,但是不管是国内还是国外,对城市文化认同的研究还是存在明显的不足,如关于城市流动人口文化认同高质量量表的(问卷)编制、开发还不到位,大多数研究者采用的是自编问卷,其公信力和认可度明显不足,等等。

三、身份认同研究概述

(一) 身份认同的国内研究现状

在过往的几十年中,流动人口的身份认同问题一直是研究者关注的重点。国内学者关注流动人口身份认同模糊的原因,并且已经提出了较为完善的解决方案。大量的研究表明,流动人口长期在外生活,会对自己的身份感到迷惘。如杨菊华等人的研究成果表明,流动人口回到家乡会被叫做"客人",而在城市则被叫做"外地人",他们成了一群没有身份归属感的"边缘人"。研究者持续探讨流动人口身份认同模糊的原因，认为其主要指向户籍制度和社会关系两个方面。

1. 户籍制度

在城乡二元制社会，户籍有时候是社会身份的象征，"你是哪里人"成了流动人口在外最容易被问到的问题。流动人口进入流入地之后，要实现"外地人"到"本地人"的身份转变，最重要的就是获得流入地户籍。当下经济发展迅猛，流动人口外出不只是为了获得经济收入，更多的是想要获得更好的成长与发展。有的农村家庭甚至是全家一起流动，他们更期待在城市永久居住。但是，在长三角等发达地区，想要获得流入地户籍需要付出很大的成本。如肖阳、罗亚萍认为，流动人口会通过各种方式融入城市，除了在城市就业以外，他们更希望能够打破一些固有规则，比如通过购买住房获得城市户口，以实现自己的身份转变。

2. 社会关系

流动人口背井离乡来到城市工作和生活，他们在城市的社会关系从零开始。身处异乡，他们中不少人没有感情依靠，也没有适合的社会支持，社会地位显著低于流入地城市居民，在城市工作生活的时间再久，他们也还是会觉得自己是"外地人"，无法融入城市，也无法实现身份认同。

除了关注流动人口身份认同模糊问题之外，国内学者还一直在研究身份认同的主体对象，其中最有代表性的是农民工、流动儿童和教师。很多研究表明，在农民工实现身份认同的过程中，经济是最大的影响因素。经济融入是流动人口高质量实现身份认同的基础。不过，随着社会的不断进步，农民工的薪资待遇已经有了显著提高。当下，学者们多从社会排斥、社会支持、社会歧视及制度的角度来探讨农民工身份认同问题。

流动儿童的身份认同问题也是研究者关注的重点，在诸多研究中提到最多的是流动儿童身份认同与心理健康的关系。如单丹丹、邓宇、俞晨晨等人认为，如果在关键期不能建立良好的身份认同，流动儿童往往会发生各种心理健康问题。反之，流动儿童的身份认同程度越高，其心理状况就会越好。流动儿童身份认同面临的最主要问题是其与城市儿童的生活差距过大。流动儿童与城市儿童的生活环境大相径庭，容易导致其产生自卑心理。此外，他们还可能受到歧视。这些都会阻碍他们产生较强的身份认同感和归属感。

(二) 身份认同的国外研究现状

国外相关研究者主要关注身份认同的对象。随着人权运动的不断发展，有的群体迫切需要社会认同其身份，如同性恋者、女权主义者、少数族裔群体等。随着社会的发展，目前已有不少国家将同性恋合法化，女性的地位也不断得到提升，全世界都在为平等而努力。

（三）对身份认同研究的评价

国内学者对身份认同的研究已经取得了诸多成果，包括身份认同的概念界定、身份认同的测量、身份认同的解决策略等。国外学者几乎都是以特殊群体为研究对象，但同时也非常重视身份认同理论流派的研究。

尽管国内学者对身份认同的研究已经较为深入，但仍然存在不足。第一，身份认同的定义大多引用国外的认同理论，国内没有完整、系统且得到公认的概念界定；第二，目前关于身份认同的权威测量工具依然处于开发之中，现阶段所使用的问卷大多为自编测量工具，其权威性显然不足，质量也亟待提高。

四、城市文化认同与身份认同关系研究概述

（一）城市文化认同与身份认同关系的国内研究现状

国内学者对城市文化认同与身份认同关系的研究比较少见，查阅文献可以发现，也有一些成果蕴藏在其他主题的研究之中。

1. 城市融入

不少学者在研究城市融入问题时，提到了城市文化认同和身份认同的关系问题，并探讨了流动人口对流入地城市文化的融入与接纳程度。在城市社会生活过程中，想要获得更好发展空间的流动人口多倾向于较长时间驻留在某一城市，逐渐习惯流入地城市的生活方式，在对家乡的归属感逐渐变弱的同时，逐步实现对流入地的情感认同，渴望实现由"外地人"向"本地人"的身份转变，但由于较为严格的户籍制度约束，他们依然难以获得市民身份。另外，在城市融入的过程中，流动人口可能因为受到自身原有价值观念、文化背景、交往模式等的影响，产生城市文化认同障碍。这就意味着城市流动人口的文化融入受其城市文化认同和身份认同的影响，二者的认同程度与城市融入的效果呈正相关。沈蓓绯等人则认为，如今农民工融入城市的关键是获得市民身份，认同与适应流入地城市文化。

2. 城市文化认同与身份认同相互影响

城市文化认同与身份认同其实是互相影响的，文化是一个群体最主要的价值和精神导向，无论是自我认同还是社会认同，都离不开文化的影响。赵胜男、王晓艳的研究结果表明，移民通常会通过保护和输出特色的民族或地方文化来突显自己的身份。也就是说，在一个群体中，每个人都对自己的身份持认同态度，为了突出自己的身份，他们采用了文化输出的方式。文化输出的前提是文化认同，这表明城市流动人口的文化认同影响其身份认同。

流动人口在不同地区之间迁移，会接触到不同的地方文化，包括习俗、生活方式和价值观等，在尝试融入流入地城市时，流动人口首先要清楚自己在流入地城市处于什么位置。也就是说，在实现城市文化认同之前，流动人口首先要搞清楚自己的身份。因此可以认为，城市流动人口的文化认同与身份认同可能存在一定程度的相关，城市流动人口的身份认同很有可能是影响其文化认同的因素之一，城市流动人口只有先实现了身份认同，其文化认同感才会显著增强。

（二）城市文化认同与身份认同关系的国外研究现状

国外学者对城市文化认同与身份认同关系的研究也比较少见。一方面，在文化认同中，国外学者考察移民融入社会的变量是身份认同，认为城市文化认同与身份认同之间的确存在一定的关联性。另一方面，城市的再生与城市文化有很大的相关性，文化作为城市的象征，对城市的建设起主导性作用。当城市繁荣发展，经济高速成长时，人们的城市认同感（包括城市文化认同与身份认同）会增强。

（三）对城市文化认同与身份认同关系研究的评价

国内外的研究结果表明，城市文化认同与身份认同之间很有可能存在一定程度的正相关，二者之间互相影响。这为本研究的假设奠定了一定的基础，提升了本研究的可信度。

相对于成果而言，城市文化认同与身份认同关系研究的不足也显而易见。首先，城市文化认同、身份认同的科学定义依然在探索之中，操作定义则五花八门，不便于开展严谨的定量分析；其次，关于城市流动人口文化认同、身份认同的研究，主要局限于定性分析，理性而深入地探讨二者关系的量化研究成果极少。

第二节　城市流动人口文化认同及其与身份认同关系的研究设计

一、研究目的

本研究的目的是了解城市流动人口文化认同和身份认同的现状，探讨城市流动人口文化认同与身份认同的关系。在此基础上,提出针对性强且有效的应对策略,以不断提升城市流动人口文化认同和身份认同的水平,同时也为政府相关职能部门做好流动人口管理工作提供有价值、有意义的参考。

二、研究意义

(一) 理论意义

流动人口社会融入问题是广大学者长期关注的重要课题,已有学者注重探讨城市文化认同和身份认同的内涵及外延,但是对城市流动人口文化认同和身份认同进行量化研究,探讨二者之间关系的很少,本研究拟从以下几个方面进行理论探讨。

第一,本研究从社会心理学角度对"城市文化认同""身份认同"等核心概念进行了全面梳理,了解了城市文化认同、身份认同的研究现状,并深入探讨了两者之间的关系,调研所得出的结论对后续研究具有一定的参考意义。

第二,本研究从管理学的角度深入探讨影响城市流动人口文化认同和身份认同的因素,在此基础上提出因应性解决问题的策略,为城市流动人口的科学管理提供适合的依据。

(二) 实践意义

第一,就社会而言,本研究深入了解城市流动人口文化认同和身份认同的现状,探讨可能存在的问题及其原因,提出具体的解决方案,以提高政府职能部门的管理效能,促进社会和谐。

第二,就城市流动人口而言,本研究旨在帮助他们更好地了解自身城市文化认同和身份认同的水平,清晰地认识到自身可能存在的问题,积极配合管理,深度融入城市生活,适应城市文化,不断提高自己的市民化水平,为城市建设做出更大的贡献。

三、研究假设

假设1:城市流动人口文化认同水平在年龄、受教育程度、婚姻状况、工作年限、薪酬情况、来到城市的时间、在城市的居住地及身份归属等人口学变量方面存在显著差异。

假设2:城市流动人口文化认同各因子得分与身份认同各因子得分之间均存在显著相关;城市流动人口文化认同总分与身份认同总分存在显著相关。

四、研究对象

本研究以长三角地区的流动人口为研究对象，采用网络问卷调查的形式，通过问卷星收集问卷 2 490 份，剔除其中的无效问卷（填写时间过快、按规律填写、整份问卷所勾选项完全一样等）共计 456 份，有效问卷为 2 034 份，有效率 81.7%。问卷调查样本中的流动人口分布情况如表 3-1 所示。

表 3-1 问卷调查样本中的流动人口分布情况

变量	类别	人数/人	百分比/%
年龄	35 岁及以下	889	43.7
	36~45 岁	1 000	49.2
	46 岁及以上	145	7.1
受教育程度	小学及以下	169	8.3
	初中	991	48.7
	高中/职校/中专/技校	498	24.5
	大专/高职	265	13.0
	本科及以上	111	5.5
婚姻状况	已婚	1 963	96.5
	未婚	10	0.5
	离异	61	3.0
工作年限	1 年以下	67	3.3
	1~3 年	192	9.4
	4~8 年	370	18.2
	8 年以上	1 405	69.1
薪酬情况	2 000 元及以下	91	4.5
	2 001~3 000 元	278	13.7
	3 001~4 000 元	441	21.7
	4 001~5 000 元	483	23.7
	5 001~8 000 元	468	23.0
	8 000 元以上	273	13.4

续表

变量	类别	人数/人	百分比/%
来到城市的时间	1~3 年	104	5.1
	4~8 年	347	17.1
	8 年以上	1 583	77.8
在城市的居住地	城市中心地带	524	25.8
	城乡接合部	932	45.8
	城镇或者城中村	578	28.4
身份归属	城市人	117	5.8
	既是城市人也是农村人	1 108	54.5
	农村人	466	22.9
	既不像城市人也不像农村人	190	9.3
	说不清楚	153	7.5

五、研究工具

（一）城市文化认同问卷

本研究中的城市流动人口文化认同问卷主要参考胡书芝编制的调查工具，即"流动人口城市文化认同调查问卷"。该问卷共有 19 道题，分为"语言习俗""价值观""生活方式""教育理念""制度管理"等 5 个维度。计分方法采用 Likert 五点记分法，从"完全不同意"到"完全同意"分别计 1 分、2 分、3 分、4 分、5 分，分值越高表示城市文化认同的程度越高。经检验，该问卷 Cronbach α 系数为 0.910，说明其具有较好的信度。

（二）身份认同问卷

本书中的身份认同研究采用叶良均、王其佩编制的身份认同问卷，问卷包括"自我认同"和"身份认同"两个维度，计分方法采用 Likert 五点记分法，从"完全不同意"到"完全同意"分别计 1 分、2 分、3 分、4 分、5 分，分值越高表示身份认同的程度越高。经检验，该问卷 Cronbach α 系数为 0.870，说明其具有较好的信度。

六、数据处理

本研究使用 SPSS 22.0 进行数据处理分析，主要采用描述性分析、单因素方差分析、相关分析、回归分析等统计方法。

第三节 城市流动人口文化认同及其与身份认同关系的研究结果

一、城市流动人口文化认同现状

(一)城市流动人口文化认同的总体特点

由表3-2可知,城市流动人口的文化认同总体处于较高水平,总均分为4.14。在表3-2的5个维度中,"制度管理"维度的均分最高,以下由高到低依次是"教育理念"维度、"生活方式"维度、"价值观"维度、"语言习俗"维度。从标准差来看,城市流动人口文化认同在这5个维度上的离散程度较低。

表3-2 城市流动人口文化认同的描述性分析

维度	M	SD
语言习俗	3.80	0.82
价值观	3.92	0.91
生活方式	4.24	0.60
教育理念	4.25	0.73
制度管理	4.36	0.70
总均分	4.14	0.57

(二)城市流动人口文化认同在人口学变量上的差异分析

1. 城市流动人口文化认同在年龄上的差异分析

由表3-3中的方差分析结果可知,城市流动人口的年龄变量在其文化认同的"语言习俗""价值观""教育理念""制度管理"等维度均存在显著性差异($P<0.01$)。由事后多重比较可知,在"语言习俗"维度,年龄在35岁及以下流动人口的得分显著低于年龄在36~45岁、46岁及以上的流动人口,其他组别之间不存在显著差异;在"价值观"维度,年龄在46岁及以上流动人口的得分显著高于年龄在35岁及以下、36~45岁的流动人口,其他组别之间不存在显著差异;在"教育理念"维度,年龄在46岁及以上流动人口的得分显著高于年龄在35岁及以下和36~45岁的流动人口,年龄在36~45岁流动人口的得分显著高于年龄在35岁及以下流动人口,其他组别之间不存在显著性

差异；在"制度管理"维度，年龄在 35 岁及以下流动人口的得分显著低于年龄在 36~45 岁、46 岁及以上的流动人口，年龄在 36~45 岁流动人口的得分显著低于年龄在 46 岁及以上的流动人口，其他组别之间不存在显著性差异；在城市文化认同总均分上，年龄在 46 岁及以上流动人口的得分显著高于年龄在 35 岁及以下、36~45 岁的流动人口，年龄在 36~45 岁流动人口的得分显著高于年龄在 35 岁及以下的流动人口，其他组别之间不存在显著性差异。总体来看，流动人口年龄越大其文化认同程度越高。

表 3-3 城市流动人口文化认同在年龄上的差异分析

维度	年龄	M	SD	F
语言习俗	35 岁及以下	3.70	0.83	13.75***
	36~45 岁	3.87	0.80	
	46 岁及以上	3.99	0.84	
价值观	35 岁及以下	3.88	0.91	6.03**
	36~45 岁	3.92	0.91	
	46 岁及以上	4.17	0.88	
生活方式	35 岁及以下	4.21	0.61	2.78
	36~45 岁	4.25	0.59	
	46 岁及以上	4.33	0.57	
教育理念	35 岁及以下	4.19	0.77	17.50***
	36~45 岁	4.27	0.70	
	46 岁及以上	4.56	0.56	
制度管理	35 岁及以下	4.30	0.73	7.96**
	36~45 岁	4.39	0.65	
	46 岁及以上	4.51	0.68	
总均分	35 岁及以下	4.09	0.59	12.68***
	36~45 岁	4.16	0.55	
	46 岁及以上	4.33	0.54	

注：** 表示 $P<0.01$，*** 表示 $P<0.001$。

2. 城市流动人口文化认同在受教育程度上的差异分析

由表 3-4 可知，城市流动人口的受教育程度在其文化认同的"价值观"维度存在显著性差异（$P<0.05$），在"教育理念"维度存在极其显著的差异（$P<0.001$），而在"语言习俗""生活方式""制度管理"等维度均无显著性差异（$P>0.05$）。

表 3-4　城市流动人口文化认同在受教育程度上的差异分析

维度	受教育程度	M	SD	F
语言习俗	小学及以下	3.89	0.88	0.61
	初中	3.79	0.81	
	高中/职校/中专/技校	3.78	0.82	
	大专/高职	3.83	0.83	
	本科及以上	3.80	0.83	
价值观	小学及以下	4.09	0.86	2.81*
	初中	3.94	0.90	
	高中/职校/中专/技校	3.90	0.90	
	大专/高职	3.83	0.95	
	本科及以上	3.83	1.02	
生活方式	小学及以下	4.27	0.68	0.80
	初中	4.26	0.59	
	高中/职校/中专/技校	4.21	0.62	
	大专/高职	4.23	0.55	
	本科及以上	4.18	0.57	
教育理念	小学及以下	4.40	0.66	9.028***
	初中	4.32	0.68	
	高中/职校/中专/技校	4.18	0.79	
	大专/高职	4.11	0.74	
	本科及以上	4.10	0.78	
制度管理	小学及以下	4.39	0.78	1.67
	初中	4.38	0.67	
	高中/职校/中专/技校	4.34	0.67	
	大专/高职	4.30	0.69	
	本科及以上	4.26	0.77	

续表

维度	受教育程度	M	SD	F
总均分	小学及以下	4.23	0.63	3.07*
	初中	4.17	0.56	
	高中/职校/中专/技校	4.11	0.58	
	大专/高职	4.09	0.55	
	本科及以上	4.06	0.60	

注：* 表示 $P<0.05$，*** 表示 $P<0.001$。

由事后多重检验发现，在"价值观"维度，受教育程度在小学及以下流动人口的得分显著高于受教育程度在初中、高中/职校/中专/技校、大专/高职、本科及以上的，其他组别之间不存在显著性差异；在"教育理念"维度，受教育程度在小学及以下流动人口的得分显著高于受教育程度在高中/职校/中专/技校、大专/高职、本科及以上的，受教育程度为初中的流动人口的得分显著高于受教育程度在高中/职校/中专/技校、大专/高职、本科及以上的，其他组别之间不存在显著性差异；在城市文化认同总均分上，受教育程度在小学及以下流动人口的得分显著高于受教育程度在高中/职校/中专/技校、大专/高职、本科及以上的，受教育程度为初中的流动人口的得分显著高于受教育程度为大专/高职的，其他组别之间不存在显著性差异。

3. 城市流动人口文化认同在婚姻状况上的差异分析

表 3-5 表明，城市流动人口的婚姻状况在文化认同的"价值观""生活方式""教育理念""制度管理"等维度及总均分方面不存在显著性差异（$P>0.05$），只在"语言习俗"维度存在显著性差异（$P<0.05$）。经事后多重检验发现，在"语言习俗"维度，已婚城市流动人口的得分显著低于离异城市流动人口的得分，其他组别之间不存在显著性差异。

表 3-5　城市流动人口文化认同在婚姻状况上的差异分析

维度	婚姻状况	M	SD	F
语言习俗	已婚	3.79	0.83	3.91*
	未婚	4.20	0.76	
	离异	4.04	0.72	

续表

维度	婚姻状况	M	SD	F
价值观	已婚	3.92	0.91	0.74
	未婚	4.03	0.84	
	离异	3.92	0.98	
生活方式	已婚	4.24	0.59	0.42
	未婚	4.37	0.34	
	离异	4.19	0.75	
教育理念	已婚	4.26	0.72	0.83
	未婚	4.50	0.53	
	离异	4.19	0.82	
制度管理	已婚	4.35	0.69	0.28
	未婚	4.33	0.67	
	离异	4.42	0.61	
总均分	已婚	4.14	0.57	0.47
	未婚	4.31	0.49	
	离异	4.16	0.64	

注：* 表示 $P<0.05$。

4. 城市流动人口文化认同在工作年限上的差异分析

根据表3-6方差分析结果可知，城市流动人口的工作年限在文化认同的"价值观"维度、"制度管理"维度及总均分上存在显著性差异（$P<0.01$），但在其他3个维度均不存在显著性差异（$P>0.05$）。

表3-6 城市流动人口文化认同在工作年限上的差异分析

维度	工作年限	M	SD	F
语言习俗	1年以下	3.71	0.86	0.99
	1~3年	3.77	0.77	
	4~8年	3.76	0.83	
	8年以上	3.82	0.83	

续表

维度	工作年限	M	SD	F
价值观	1年以下	3.85	0.86	4.51**
	1~3年	3.70	0.90	
	4~8年	3.98	0.86	
	8年以上	3.94	0.92	
生活方式	1年以下	4.24	0.53	1.92
	1~3年	4.14	0.62	
	4~8年	4.25	0.57	
	8年以上	4.25	0.61	
教育理念	1年以下	4.25	0.60	1.61
	1~3年	4.15	0.73	
	4~8年	4.24	0.78	
	8年以上	4.27	0.72	
制度管理	1年以下	4.21	0.78	4.48**
	1~3年	4.25	0.71	
	4~8年	4.30	0.73	
	8年以上	4.39	0.67	
总均分	1年以下	4.09	0.54	3.02*
	1~3年	4.03	0.59	
	4~8年	4.13	0.58	
	8年以上	4.16	0.57	

注：* 表示 $P<0.05$，** 表示 $P<0.01$。

经过事后多重检验可知，在"价值观"维度，工作年限1~3年流动人口的得分显著低于工作年限4~8年、8年以上流动人口的得分，其他组别之间不存在显著性差异；在"制度管理"维度，工作年限8年以上流动人口的得分显著高于工作年限1年以下、1~3年、4~8年流动人口的得分，其他组别之间不存在显著性差异；在城市文化认同总均分上，工作年限1~3年流动人口的得分显著低于工作年限4~8年、8年以上流动人口的得分，其他组别之间不存在显著性差异。总体来看，在流入地城市工作年限越长，流动人口的文化认同程度越高。

5. 城市流动人口文化认同在薪酬情况上的差异分析

由表 3-7 可知，城市流动人口的薪酬情况在文化认同的各个维度均不存在显著性差异（$P>0.05$）。

表 3-7 城市流动人口文化认同在薪酬情况上的差异分析

维度	薪酬情况	M	SD	F
语言习俗	2 000 元及以下	3.78	0.92	0.13
	2 001~3 000 元	3.79	0.86	
	3 001~4 000 元	3.78	0.84	
	4 001~5 000 元	3.81	0.80	
	5 001~8 000 元	3.81	0.80	
	8 000 元以上	3.83	0.82	
价值观	2 000 元及以下	3.93	0.94	1.43
	2 001~3 000 元	3.92	0.93	
	3 001~4 000 元	3.91	0.91	
	4 001~5 000 元	3.97	0.87	
	5 001~8 000 元	3.84	0.93	
	8 000 元以上	4.00	0.91	
生活方式	2 000 元及以下	4.28	0.68	1.22
	2 001~3 000 元	4.17	0.65	
	3 001~4 000 元	4.27	0.56	
	4 001~5 000 元	4.25	0.61	
	5 001~8 000 元	4.22	0.57	
	8 000 元以上	4.25	0.61	
教育理念	2 000 元及以下	4.33	0.71	1.32
	2 001~3 000 元	4.22	0.75	
	3 001~4 000 元	4.29	0.72	
	4 001~5 000 元	4.29	0.68	
	5 001~8 000 元	4.23	0.73	
	8 000 元以上	4.19	0.77	

续表

维度	薪酬情况	M	SD	F
制度管理	2 000元及以下	3.78	0.92	0.13
	2 001~3 000元	3.79	0.86	
	3 001~4 000元	3.78	0.84	
	4 001~5 000元	3.81	0.80	
	5 001~8 000元	3.81	0.80	
	8 000元以上	3.83	0.82	
总均分	2 000元及以下	3.93	0.94	1.43
	2 001~3 000元	3.92	0.93	
	3 001~4 000元	3.91	0.91	
	4 001~5 000元	3.97	0.87	
	5 001~8 000元	3.84	0.93	
	8 000元以上	4.00	0.91	

6. 城市流动人口文化认同在来到城市时间上的差异分析

如表3-8所示，城市流动人口来到城市的时间在文化认同的"语言习俗"维度、"教育理念"维度及总均分上存在显著性差异（$P<0.05$），而在其他3个维度则不存在显著性差异（$P>0.05$）。

表3-8 城市流动人口文化认同在来到城市时间上的差异分析

维度	来到城市的时间	M	SD	F
语言习俗	1~3年	3.65	0.81	5.97**
	4~8年	3.70	0.82	
	8年以上	3.84	0.82	
价值观	1~3年	3.74	1.04	2.20
	4~8年	3.92	0.90	
	8年以上	3.94	0.90	
生活方式	1~3年	4.16	0.61	1.30
	4~8年	4.22	0.59	
	8年以上	4.25	0.60	

续表

维度	来到城市的时间	M	SD	F
教育理念	1~3年	4.13	0.79	3.81*
	4~8年	4.19	0.76	
	8年以上	4.28	0.71	
制度管理	1~3年	4.34	0.68	1.66
	4~8年	4.30	0.76	
	8年以上	4.37	0.67	
总均分	1~3年	4.04	0.60	3.76*
	4~8年	4.09	0.59	
	8年以上	4.16	0.56	

注：*表示 $P<0.05$，**表示 $P<0.01$。

由事后多重检验发现，在"语言习俗"维度，来到城市的时间在8年以上流动人口的得分显著高于1~3年、4~8年的，其他组别之间不存在显著性差异；在"教育理念"维度，来到城市的时间在8年以上流动人口的得分显著高于1~3年、4~8年的，其他组别之间不存在显著性差异；在城市文化认同总均分上，来到城市的时间在8年以上流动人口的得分显著高于1~3年、4~8年的，其他组别之间不存在显著性差异。总体来说，流动人口来到城市的时间越久，其对城市文化认同的程度就越高。

7. 城市流动人口文化认同在城市居住地上的差异分析

由表3-9可知，流动人口的城市居住地在城市文化认同的"语言习俗"维度、"价值观"维度、"生活方式"维度、"教育理念"维度、"制度管理"维度及总均分上均存在显著性差异（$P<0.05$）。

表3-9 城市流动人口文化认同在城市居住地上的差异分析

维度	城市居住地	M	SD	F
语言习俗	城市中心地带	3.87	0.85	3.83*
	城乡接合部	3.75	0.83	
	城镇或者城中村	3.82	0.79	

续表

维度	城市居住地	M	SD	F
价值观	城市中心地带	3.95	0.95	3.88*
	城乡接合部	3.86	0.90	
	城镇或者城中村	3.99	0.88	
生活方式	城市中心地带	4.26	0.61	3.57*
	城乡接合部	4.20	0.61	
	城镇或者城中村	4.28	0.58	
教育理念	城市中心地带	4.31	0.71	5.83**
	城乡接合部	4.20	0.74	
	城镇或者城中村	4.30	0.71	
制度管理	城市中心地带	4.43	0.65	6.00**
	城乡接合部	4.30	0.72	
	城镇或者城中村	4.38	0.67	
总均分	城市中心地带	4.19	0.57	6.69**
	城乡接合部	4.09	0.58	
	城镇或者城中村	4.18	0.55	

注：*表示 $P<0.05$，**表示 $P<0.01$。

经事后多重检验发现，在"语言习俗"维度，居住在城市中心地带的流动人口其得分显著高于居住在城乡接合部的，其他组别之间不存在显著性差异；在"价值观"维度，居住在城乡接合部的流动人口其得分显著低于居住在城镇或者城中村的，其他组别之间不存在显著性差异；在"生活方式"维度，居住在城镇或者城中村的流动人口其得分显著高于居住在城乡接合部的，其他组别之间不存在显著性差异；在"教育理念"维度，居住在城市中心地带的流动人口其得分显著高于居住在城乡接合部的，居住在城镇或者城中村的得分显著高于居住在城乡接合部的，其他组别之间不存在显著性差异；在"制度管理"维度，居住在城乡接合部的流动人口其得分显著低于居住在城市中心地带和居住城镇或者城中村的，其他组别之间不存在显著性差异；在城市文化认同总均分上，居住在城乡接合部的流动人口其得分显著低于居住在城市中心地带和居住在城镇或者城中村的，其他组别之间不存在显著性差异。总体来看，流动人口在城市的居住地越靠近市中心，其城市文化认同的程度就越高。

8. 城市流动人口文化认同在身份归属上的差异分析

由表 3-10 可知，流动人口的身份归属变量在影响城市文化认同的 5 个维度及总均分上均存在极其显著的差异（$P<0.001$）。

表 3-10 城市流动人口文化认同在身份归属上的差异分析

维度	身份归属	M	SD	F
语言习俗	城市人	4.12	0.69	18.30***
	既是城市人也是农村人	3.90	0.80	
	农村人	3.65	0.84	
	既不像城市人也不像农村人	3.53	0.84	
	说不清楚	3.71	0.82	
价值观	城市人	4.45	0.69	19.78***
	既是城市人也是农村人	3.98	0.89	
	农村人	3.74	0.98	
	既不像城市人也不像农村人	3.68	0.90	
	说不清楚	3.95	0.80	
生活方式	城市人	4.49	0.54	17.68***
	既是城市人也是农村人	4.30	0.56	
	农村人	4.13	0.63	
	既不像城市人也不像农村人	4.03	0.65	
	说不清楚	4.21	0.62	
教育理念	城市人	4.55	0.59	15.34***
	既是城市人也是农村人	4.32	0.67	
	农村人	4.12	0.76	
	既不像城市人也不像农村人	4.06	0.83	
	说不清楚	4.19	0.80	

续表

维度	身份归属	M	SD	F
制度管理	城市人	4.65	0.50	19.29***
	既是城市人也是农村人	4.43	0.62	
	农村人	4.24	0.74	
	既不像城市人也不像农村人	4.11	0.82	
	说不清楚	4.25	0.78	
总均分	城市人	4.46	0.47	28.78***
	既是城市人也是农村人	4.21	0.53	
	农村人	4.01	0.60	
	既不像城市人也不像农村人	3.92	0.62	
	说不清楚	4.09	0.58	

注：*** 表示 $P<0.001$。

经事后多重检验发现：

在"语言习俗"维度，认为自己是"城市人"的流动人口的得分显著高于认为自己"既是城市人也是农村人""农村人""既不像城市人也不像农村人""说不清楚"的流动人口的得分，认为自己"既是城市人也是农村人"的流动人口的得分显著高于认为自己是"农村人""既不像城市人也不像农村人""说不清楚"的流动人口的得分，认为自己"既不像城市人也不像农村人"的流动人口的得分显著低于认为"说不清楚"的流动人口的得分，其他组别之间不存在显著性差异。

在"价值观"维度，认为自己是"城市人"的流动人口的得分显著高于认为自己"既是城市人也是农村人""农村人""既不像城市人也不像农村人""说不清楚"的流动人口的得分，认为自己"既是城市人也是农村人"的流动人口的得分显著高于认为自己是"农村人""既不像城市人也不像农村人"的流动人口的得分，认为自己身份"说不清楚"的流动人口的得分显著高于认为自己是"农村人""既不像城市人也不像农村人"的流动人口的得分，其他组别之间不存在显著性差异。

在"生活方式"维度，认为自己是"城市人"的流动人口的得分显著高于认为自己"既是城市人也是农村人""农村人""既不像城市人也不像农村人""说不清楚"的流动人口的得分,认为自己"既是城市人也是农村人"的流动人口的得分显著高于认为自己是"农村人""既不像城市人也不像农村人"的流动人口的得分,认为自己"既不像城市人也不像农村人"的流动人口的得分显著低于认为"说不清楚"的流动人口的得分,其他组别之间不存在显著性差异。

在"教育理念"维度,认为自己是"城市人"的流动人口的得分显著高于认为自己"既是城市人也是农村人""农村人""既不像城市人也不像农村人""说不清楚"的流动人口的得分,认为自己"既是城市人也是农村人"的流动人口的得分显著高于认为自己是"农村人""既不像城市人也不像农村人""说不清楚"的流动人口的得分,其他组别之间不存在显著性差异。

在"制度管理"维度,认为自己是"城市人"的流动人口的得分显著高于认为自己"既是城市人也是农村人""农村人""既不像城市人也不像农村人""说不清楚"的流动人口的得分,认为自己"既是城市人也是农村人"的流动人口的得分显著高于认为自己是"农村人""既不像城市人也不像农村人""说不清楚"的流动人口的得分,其他组别之间不存在显著性差异。

在"城市文化认同"总均分上,认为自己是"城市人"的流动人口的得分显著高于认为自己"既是城市人也是农村人""农村人""既不像城市人也不像农村人""说不清楚"的流动人口的得分,认为自己"既是城市人也是农村人"的流动人口的得分显著高于认为自己是"农村人""既不像城市人也不像农村人""说不清楚"的流动人口的得分,认为自己身份"说不清楚"的流动人口的得分显著高于认为自己"既不像城市人也不像农村人"的流动人口的得分,其他组别之间不存在显著性差异。总体来看,流动人口越认为自己是"城市人",其对城市文化的认同程度越高。

二、城市流动人口身份认同现状

由表 3-11 可知,城市流动人口身份认同总体处于中上水平,总均分为 3.82。从维度来看,"社会认同"的均分较高,其次是"自我认同"。从标准差来看,城市流动人口身份认同在这两个维度上的离散程度较低。

表 3-11 城市流动人口身份认同的描述性结果

维度	M	SD
自我认同	3.72	0.77
社会认同	3.90	0.77
总均分	3.82	0.64

三、城市流动人口文化认同与身份认同的相关分析

（一）城市流动人口文化认同维度和身份认同维度的相关分析

根据表 3-12 可知，城市流动人口文化认同的"语言习俗""价值观""生活方式""教育理念""制度管理"等 5 个维度与身份认同中的"自我认同"维度和"社会认同"维度存在密切相关（$P<0.01$），而且都是显著的正相关。

表 3-12 城市流动人口文化认同 5 个维度和身份认同两个维度的相关分析

	语言习俗	价值观	生活方式	教育理念	制度管理	自我认同	社会认同
语言习俗	1						
价值观	0.33**	1					
生活方式	0.50**	0.56**	1				
教育理念	0.41**	0.49**	0.68**	1			
制度管理	0.46**	0.40**	0.62**	0.66**	1		
自我认同	0.45**	0.40**	0.49**	0.46**	0.48**	1	
社会认同	0.56**	0.39**	0.56**	0.52**	0.57**	0.71**	1

注：** 表示 $P<0.01$。

（二）城市流动人口文化认同和身份认同的相关分析

由表 3-13 可知，城市流动人口文化认同总均分与身份认同总均分存在密切相关（$P<0.01$），且呈显著的正相关，说明城市文化认同和身份认同存在显著相关。

表 3-13 城市流动人口文化认同总均分和身份认同总均分的相关分析

	城市文化认同总均分	身份认同总均分
城市文化认同总均分	1	
身份认同总均分	0.68**	1

注：** 表示 $P<0.01$。

四、城市流动人口文化认同与身份认同的回归分析结果

(一) 城市流动人口身份认同两个维度对文化认同的回归分析结果

通过相关分析可知，城市流动人口文化认同的 5 个维度和身份认同的两个维度均存在显著相关，因此把身份认同的"自我认同""社会认同"作为自变量、把城市流动人口的"文化认同"作为因变量进行多元回归分析，结果如表 3-14 所示。

表 3-14 城市流动人口身份认同两个维度对文化认同的多元逐步回归分析

模型	自变量	B	SE	β	t	R^2	ΔR^2	F
1	常量	2.54	0.05		50.26***	0.34	0.34	1 040.67***
	自我认同	0.43	0.01	0.58	32.26***			
2	常量	2.08	0.05		41.05***	0.46	0.46	570.54***
	自我认同	0.17	0.02	0.23	10.14***			
	社会认同	0.37	0.02	0.50	21.53***			

注：*** 表示 $P<0.001$。

由表 3-14 可知，当投入自变量"自我认同"时，其对城市流动人口文化认同的变异的解释率为 34%，多元线性模型检验值 F 为 1 040.67，且达到了 $P<0.001$ 的显著性水平。回归系数 β 为 0.58，为正值，达到显著性水平，因此"自我认同"能正向预测城市流动人口文化认同。如果再投入 1 个自变量"社会认同"，对于城市流动人口文化认同的变异的解释率为 46%，模型的检验值 F 为 570.54，并达到显著性水平，说明"社会认同"也能正向预测城市流动人口文化认同。其回归方程为：

城市流动人口文化认同=2.08+0.23×自我认同+0.50×社会认同

(二) 城市流动人口身份认同对文化认同的回归分析结果

通过相关分析可知，城市流动人口身份认同和文化认同存在显著的相关，因此把"身份认同"作为自变量、把"文化认同"作为因变量进行回归分析，结果如表 3-15 所示。

表 3-15　城市流动人口身份认同对文化认同的回归分析

自变量	B	SE	β	t	R^2	ΔR^2	F
常量	2.08	0.05		40.95***			
身份认同	0.54	0.01	0.68	41.26***	0.46	0.46	1 702.60***

注：*** 表示 $P<0.001$。

由表 3-15 的回归分析结果可知，回归模型中 $F=1702.60$，β 值为 0.68，为正值，表明身份认同对城市流动人口文化认同具有正向预测作用。调整后的 R^2 为 0.46，则身份认同解释了城市流动人口文化认同 46% 的变异，其回归方程如下：

$$城市流动人口文化认同 = 2.08 + 0.68 \times 身份认同$$

第四节　城市流动人口文化认同及其与身份认同关系研究结果的分析和讨论

一、城市流动人口文化认同、身份认同总体现状分析

前述城市流动人口文化认同的总均分为 4.14，说明城市流动人口的文化认同程度处于较高水平。"语言习俗""价值观念""生活方式""教育理念""制度管理"等 5 个维度都接近"同意"水平。本研究认为，苏南地区城市流动人口的文化认同程度较高。廖全明、刘本锋、刘福芳、宫琪、王静等都认为流动人口城市文化认同不高。在较早时期，促进人口较大规模流动的最直接原因是经济利益，是为了满足人们最基本的生存需要。流动人口文化水平相对较低，二元化管理制度弊端突出，城市居民不够包容与宽容，流动人口精神文化生活比较单调乏味，对家乡的归属感和依恋感更深，凡此种种，势必限制他们从经济、社会、心理等各个层面融入城市，导致其城市文化认同程度较低。这与本研究的结果不一致，究其原因，可能有以下几个方面：社会管理制度的顶层设计更趋科学规范，有利于流动人口逐步享有城市生活权利；流动人口与城市居民的工作薪酬待遇逐步趋于平等，经济地位渐趋提高；社区、企业都越来越重视精神文明建设，着意打造富有城市特色的社区文化和企业文化，吸引流动人口参与其中；流动人口来到城市的时间越长，其对城市文明的接纳程度也

渐趋提高；流动人口的素质有了明显提升，与城市居民的交往日趋频繁，双方越来越倾向于和睦相处、和谐共生，流动人口的社会关系网也不再是单一的"老乡模式"，而更倾向于多元、密集、有效；流动人口子女受教育权得到了基本保障，城市文化的包容性愈发增强，流动人口感受到了作为"城市人"的幸福感与自豪感；流动人口更倾向于认同流入地城市的语言习俗、价值观念、生活方式、教育理念和管理制度。上述因素交互作用，极大地提高了城市流动人口的文化认同程度。

前述流动人口身份认同的总均分为3.82，说明其身份认同程度也处于中等偏上水平。其中，"自我认同"维度和"社会认同"维度都接近"同意"水平。在以往的研究中，不少学者如叶良均、王其佩、赵迎军等认为流动人口身份认同度较低，这与本研究结果不符。正如前文所述，一般的人口流动都是从相对落后的地区流动向经济发达的大中型城市，他们不只是为了提高经济收入而流动，而是想追求更好的发展。而且，流动人口可能在人生较早时就离开了家乡，随着时间的流逝，他们对家乡的归属感逐渐淡化，而对流入地城市的了解越来越深入，越来越认同和向往流入地城市的生活方式。另外，当下有不少流动人口举家迁移，他们和市民一样，在城市中辛勤打拼，孩子在城市公立学校就读，过着平凡而踏实的家庭生活，他们更愿意在城市定居，也更容易实现身份认同。

二、城市流动人口文化认同在人口学变量上的差异分析

（一）城市流动人口文化认同在年龄上的差异分析

本研究结果表明，城市流动人口文化认同总均分及"语言习俗""价值观念""教育理念""制度管理"等4个维度的得分在"年龄"变量上均存在显著性差异，从总体上来看，城市流动人口文化认同水平随其年龄的增大而提高。这与闵婕、许伟的研究结论不一致，他们认为青年流动人口更容易实现城市文化认同，青年流动人口由于年龄偏小，对乡土文明认同度不高，对故土的情感依恋程度不深，对家乡的文化不够了解，来到城市之后，更愿意参与社区和企业组织的文化活动，对于城市文明具有明显好感，较容易把自己归属于"城市人"，更愿意认同城市生活的习俗、规则、制度、模式。也就是说，偏年轻的流动人口更容易对城市文化产生认同感，也更容易实现身份认同。但是，本研究发现，随着流动人口年龄的增长，其待在城市的时间也在加长，他

们在人到中年之后，对城市文化的了解更透彻，对城市文明的感受也更深刻，他们对城市文化的认同甚至超过了对原生地乡土文化的认同。另一方面，中年流动人口大多以家庭为单位进行流动，他们在城市工作和生活的时间较长，从事相对稳定的工作，拥有相对固定的居所，甚至具有一定的社会地位，对于所流入城市的认知清晰明确，体验积极正面，情感丰富多彩，他们对流入地城市的文化认同程度更高，也更能实现身份认同。

(二) 城市流动人口文化认同在受教育程度上的差异分析

本研究结果表明，城市流动人口文化认同总均分及"价值观念"维度和"教育理念"维度的得分在"受教育程度"变量上存在显著性差异，其中流动人口受教育程度为小学及以下的得分高于初中组、高中/中专/职高组、大专组、本科及以上组。该结论与杨菊华等学者的研究结果相似。杨菊华等认为，流动人口受教育程度越高，其对流入地城市的认同度越低。一些文化程度较低的流动人口由于各种原因，在人生的早期就踏入社会，来到城市寻找发展机会，这类流动人口通常适应力比较强，勤劳朴实，吃苦耐劳，遵守规范，珍惜机会。虽然他们学历层次较低，人力资源相对不足，但是他们愿意主动学习，不断积累经验，开阔眼界，与城市居民主动交往的意愿比较强烈，对流入地城市文化的认同程度也比较高。而高学历流动人口对流入地城市的生活往往有独特的个体经历和体验，并在价值观念、教育理念、行为模式和生活方式等方面与其他组别的流动人口有较大差异。社会屏蔽制度在一定程度上导致他们与城市居民之间存在社群隔离，使他们面临着"空间漂泊"和"心理漂泊"的双重生存状态。在社会交往和社区参与中，他们更容易感受到城市居民的歧视和排斥，由此导致安全感与幸福感的缺失，并产生心理上的游离感——对流入地城市情感淡漠，缺乏热情，鲜有好感，进而影响他们的认同感和归属感。这种状况会进一步拉大高学历流动人口与流入地城市的距离，导致歧视和排斥，不断阻碍高学历流动人口城市文化认同的进程。

(三) 城市流动人口文化认同在婚姻状况上的差异分析

本研究结果表明，城市流动人口的婚姻状况在文化认同的"语言习俗"维度存在显著性差异，其中已婚者均分低于离异者，这与尹艳的研究结论不一致。究其原因，可能是单身流动人口在城市没有家庭牵绊，相对而言，不需要承担更多责任。已婚流动人口如果不是以家庭为单位流动，通常会与家人分离，由此产生牵挂家乡、留恋故土之情，认为自己只是为了提高经济收入奔波在外，最终将回到自己的家乡，持这种心态的流动人口往往难以实现对流入地城市的文化认同，这一点和吴曼的观点一致。如果是以家庭为单位流动，已婚流动人口就要承担更多的家庭责任，首要目标是努力赚钱，提高家庭生活品质。另外，已婚流动人口的活动范围相对狭窄，主要是围绕家人转，而不像单身流动人口那样，可以扩大社会交往圈，因此，他们相对缺乏了解流入地城市文化的机会，对流入地城市文化认同的水平显著低下。

（四）城市流动人口文化认同在工作年限上的差异分析

本研究结果表明，城市流动人口文化认同的总均分及"价值观念"维度和"制度管理"维度的得分在"城市工作年限"变量上存在显著性差异，总体呈现的特点是，流动人口在流入地城市的工作年限越长，其对流入地城市文化的认同程度越高。这与孙忭、杜佳洋的研究结论相同。流动人口来到城市的时间越长，其融入城市生活的能力就越强，状态也越好。日积月累的工作经验客观上可以提升流动人口的个人资本，进而提升和深化其融入城市的水平与程度。在城市的就业目标地连续工作较长的时间，不仅可以帮助流动人口提高工作技能，积累工作经验，取得工作业绩，增加工作收入，还可以强化流动人口与城市居民的良性互动，使之逐渐熟悉、学习和适应流入地城市社会。长期在城市打工的经验也使得他们的自我身份认同逐渐向工人身份慢慢转变，其语言习俗、价值观念、生活方式等也会受到潜移默化的影响。因此，可以说，流动人口在流入地城市工作的年限与其城市文化融入水平呈正相关。

（五）城市流动人口文化认同在薪酬上的差异分析

本研究结果发现，城市流动人口文化认同在"薪酬"变量上不存在显著性差异。早在 2013 年 5 月，江苏省就着力于全面推进自主创新先导区、现代产业集聚区、城乡发展一体化先行区、开放合作引领区、富裕文明宜居区的"五个区"建设，高起点打造苏南现代化建设示范区。流动人口也是该政策的受益者。一方面，苏南城市群的流动人口与本地劳动力基本上能做到同工同酬，薪酬水平相对较高，"仓廪实而知礼节"；另一方面，苏南城市群的社会福利保障机制相对完善，流动人口子女入学的基本权利得到保障，社区文化更趋包容，企业文化更趋平等，流动人口安居乐业，内心和谐。流动人口的心理状态、流入地城市的管理制度、流入地城市居民的主观态度等更能影响流动人口对流入地城市文化的认同，薪酬不再是影响流动人口融入城市最核心的因素。因此，城市流动人口文化认同在"薪酬"变量上并不存在显著性差异。

（六）城市流动人口文化认同在来到城市的时间上的差异分析

本研究结果表明，城市流动人口文化认同总均分及"语言习俗"维度和"教育理念"维度的得分在"来到城市的时间"变量上存在显著性差异。总体而言，流动人口来城市的时间越长，其对城市文化的认同度越高。王春光认为，新生代农民工在流入地城市生活的时间越长，其对流入地城市的文化认同感就越强。移民家庭进城时间越短，其对流入地城市文化的认同度越低；进入城市时间越长，其对流入地城市文化的认同度越高。原因在于，流动人口及其家庭在城市居留的时间越长，就越有可能积累有利于城市生活的工作经验、语言习俗、社交技能等新的人力资本；同时，在长期的城市生活中，流动人口及其家庭也会逐渐突破原有社会资本的局限，不断扩大自己的社会关系网络，构建起新的社会资本体系。这些渐次积累的人力资本和社会支持系统，是促进其城市文化接纳、认同、适应、融入的重要资源。早期进入城市的流动人口见证着城市诸多政策的日渐完善，能够感受到城市对其开放接纳的过程，从而增强其在城市生活的信心，促进其城市文化认同的形成。

（七）城市流动人口文化认同在城市居住地上的差异分析

本研究结果表明，城市流动人口文化认同总均分及各维度得分在"城市居住地"变量上存在显著性差异。总体来看，流动人口在城市的居住地越靠近市中心，其城市文化认同的程度就越高。究其原因，可能是因为流动人口在城市的居住地越靠近市中心，其城市情感就越有可能处于积极状态。城市情感指的是流动人口对其生活的城市所持有的特定的情感认知，是流动人口在自身和城市人群、城市环境相互作用的过程中所产生的情感评价与体验，主要通过对城市生活的满意程度和对城市的喜爱程度来体现。居住在市中心的流动人口对其所在城市容易产生积极的生活体验与感受，从而产生较为积极的城市认同感与归属感。流动人口若居住在城乡接合部或乡镇地区，通常受到城市文化的影响较少，他们甚至会认为流入地的生活模式、行为规范、语言习俗、管理制度、教育理念等与自己的家乡并无不同，这自然会影响他们的城市情感体验，继而降低其对城市文化的认同程度。

（八）城市流动人口文化认同在身份归属上的差异分析

本研究结果表明，流动人口身份归属在城市文化认同上的总均分及5个维度的得分均存在极其显著的差异。总体来看，越倾向于认为自己是城市人的流动人口，对城市文化的认同程度越高，即流动人口的身份归属感与城市文化的认同感正向关联度高。流动人口的客观条件如经济实力与本地人越是不相上下，穿着打扮与本地人越是同化，运用流入地城市方言交流越是顺畅，与本地人享受城市文化设施的权利越平等，他们就越有可能将自己的身份归属为"城市人"，对城市文化的认同程度也就会越高。

三、流动人口城市文化认同与身份认同的关系分析

本研究结果表明，流动人口城市文化认同与身份认同存在显著性正相关，流动人口城市文化认同总均分与身份认同总均分也呈现正相关。较多学者的研究结果也认为，城市文化认同与身份认同有较高的关联性。如杨菊华认为，如果流动人口对流入地的文化持不认同、不接纳的态度，很难想象流动人口会把自己当做流入地的"本地人"，也就是说流动人口对流入地的文化认同会促进其身份认同，反之亦然。

同时，城市流动人口身份认同对文化认同的回归分析结果表明，城市流动人口身份认同的自我认同、社会认同都能正向预测其文化认同，即较高的身份认同（包括自我认同和社会认同）能够提高城市流动人口的文化认同水平，且其自我认同对文化认同的预测效应高于社会认同。已有的研究结果表明，城市流动人口文化认同与身份认同对其融入城市具有十分重要的意义，而促进城市流动人口文化认同的关键是提高他们的身份认同。本研究通过问卷调查还发现，城市流动人口中认为自己是"城市人"的占 5.8%，认为自己"既是城市人也是农村人"的占 54.5%，认为自己是"农村人"的占 22.9%，认为自己"既不像城市人也不像农村人"的占 9.3%，认为自己的身份"说不清楚"的占 7.5%。可见，城市流动人口在其身份归属问题上还是不够自信。因此，半数以上的城市流动人口对其所在城市的地域归属感并不强。初入城市社会时，流动人口对以老乡、同学、血缘、亲缘等为基础的初级社会网络关系具有较强的依赖性，而城市居民具有一定的心理优越感，对流动人口持有一定的排斥态度，导致流动人口难以实现"城市人"的身份认同，甚至认为自己"既不是城市人也不是农村人"或"说不清楚"，身份认同出现模糊化倾向。因此，要提升城市流动人口的自我认同，就必须帮助城市流动人口逐渐构建起以业缘、友缘为纽带的次级社会关系网络，增强其与城市居民的交往和互动，强化其融入城市的深度，使其逐渐实现"城市人"的身份认同，进而提升自身的市民化意愿。同时，城市居民应正视流动人口为城市社会经济发展所做出的贡献，

对流动人口持更加开放和包容的态度，以此增强流动人口对"城市人"的社会认同，进而提升其市民化意愿，促进其提升和深化城市文化融入的水平与深度。

四、研究结论

第一，城市流动人口文化认同总体处于较高水平，其身份认同总体处于中等偏上水平。

第二，城市流动人口的年龄、受教育程度、婚姻状况、在城市的工作年限、来到城市的时间、在城市的居住地、身份归属等多个人口学变量对其文化认同的多个维度具有显著性影响。

第三，城市流动人口文化认同的"语言习俗""价值观""生活方式""教育理念""制度管理"等5个维度与其身份认同的"自我认同"维度和"社会认同"维度均存在显著的正相关；城市文化认同总均分与身份认同总均分存在显著正相关。

第四，多元回归分析结果表明，城市流动人口身份认同的自我认同和社会认同都能正向预测其文化认同；身份认同总均分能正向预测文化认同总均分。

第四章 城市流动人口文化接纳及其与归属感、自我价值观的关系

大量的研究结果表明，流动人口离开家乡（农村）来到城市工作的主要原因是为了获得更好的工作与发展机会，从而给自身及家庭带来更好的物质生活。学者于臧波研究认为，流动人口要真正融入城市，从"外地人"转变为市民，从"过客"转变为"主人"，除了实现经济权益、政治权益、社会权益以外，更为根本的是文化认同、文化融入，以及随之而来的文化接纳。朱平利和杨忠宝通过研究发现，在心理文化因素方面，对流入地城市文化包括方言的接纳程度对流动人口的城市归属感有显著的正向影响。常勤毅的研究认为，正是文化认同与文化融入带来的对城市文化的接纳促成了流动人口自我价值、行为规则、生活方式的转变。因此，研究城市流动人口文化接纳的现状及其与归属感、自我价值观之间的关系，对提高城市流动人口的生活质量有重要意义。

城市流动人口的心理问题也是学者关注的焦点之一。唐琼研究发现，长期滞留在城市的流动人口，若是不能接纳城市文化，就极易变成"游民"，这将对我国社会的稳定及发展产生不良影响。康来云的研究表明，城市流动人口往往会因为身份问题而产生自卑心理，进而选择回避与流入地城市人口的交往，无法接纳城市文化，从而形成自我隔离或孤立的状态。邱培媛等人的研究表明，城市流动人口的心理问题在今后可能造成巨大的疾病负担。为此，探究如何促进城市流动人口的文化接纳，促进其身心健康，有重要意义。

国内关于流动人口这一特殊群体的研究大多集中在进城农民工群体上，而忽视了对较高学历流动人口群体的研究。有鉴于此，本书的研究对象将不局限于老一辈进城务工人员或农民工这一群体，而是将研究对象的范围扩大和延伸，纳入受教育程度相对较高的青年一代流动人口群体。

本研究旨在了解城市流动人口文化接纳、归属感和自我价值观的现状，探讨城市流动人口文化接纳与归属感、自我价值观之间的关系。对城市流动人口

文化接纳、归属感和自我价值观的研究，有利于剖析城市流动人口的文化心理特点，为开展城市流动人口的心理健康服务提供现实依据，以促进其更快更好地适应城市生活，推动和谐社会建设。

第一节　城市流动人口文化接纳与归属感、自我价值观研究综述

一、核心概念的界定

（一）"文化接纳"的概念界定

本研究中的"文化接纳"是指流动人口对其流入地城市文化和生活理念的了解、认可与接纳的程度。对一座城市的居住者来说，能否接纳这座城市的文化是至关重要的一个方面。

（二）"归属感"的概念界定

"归属感"这一概念最早由人本主义心理学重要创始人之一亚伯拉罕·马斯洛（Abraham Maslow）提出。马斯洛认为，归属感是人的需求的第三层次。国内学者郭聪惠把流动人口的归属感定义为：实现从农村向城市非农产业转移后应当归属于城市社会的一种情感表达、心理认同和依恋程度。她还将流动人口的归属感分为地域归属感和群体归属感两类。

地域归属感指的是群体基于城市和农村在生活与劳动就业方式、收入与物质生活水平、潜在的发展机会等客观条件方面的不同而对城市产生的满意和依恋。群体归属感指的是群体成员基于对群体的运行和发展状况及自己在群体中的地位和境遇等客观因素的认知而在思想和心理上产生的对该群体的认同、满意和依恋。

（三）"自我价值观"的概念界定

陈剑锋等学者认为，自我价值观是人们对自我行为或者价值的一种比较稳定的具有深层次的认识，是人们关于自身价值判断的标准及在此基础上产生的价值信念、价值理想的一种观念系统。骆艳萍的研究结果表明，自我价值观包括正向和负向两方面的评价，即个人对自己的价值、长处、优点及重要性程度的正面评价，同时也包括对自己的负面评价。总体来说，自我价值观是个体对自己的全面评价。

二、文化接纳研究概述

(一) 文化接纳的国内研究现状

针对流动人口群体，国内学界从多学科、多方面对其进行了研究，且成果颇丰。在研究的内容方面，国内学者最初多聚焦于流动人口的概念、特征等。随着我国城市化进程的不断加快和城市规模的不断扩大，当前学者更倾向于把研究的重点放在流动人口的权益保护、市民化及城市融合等宏观层面。目前国内关于新生代流动人口的研究大多从经济收入、实现就业、社会保障、教育培训、家庭婚姻、身份认同等几个维度展开。绝大多数研究者侧重于从改善流动人口的物质需求出发，研究其生存和发展现状，而从文化及心理层面展开研究的相对较少，尤其对流动人口文化接纳的研究，更是为数不多。

目前国内学界对流动人口文化接纳的研究主要涉及现状、困境的原因和对策等3大方面。

1. 文化接纳的现状研究

国内多数学者认为，流动人口虽身在城市，但心灵并没有真正融入城市，他们对所在城市的归属感不强，对所在城市文化的接纳程度不高，经常陷入城市"边缘人"的心理困境。学者沈小勇在对沿海发达城市进行深入调研后，从社区公共事务关注度、对社区的认同和归属感、文化习俗的冲突性、价值观差异程度、与当地居民的社会交往等5个方面分析了城市流动人口文化接纳的现状。学者朱东梅等在对成都的流动人口进行调研之后，分别从语言交流、风俗习惯、社会交往这三个方面研究了成都流动人口对当地文化的接纳度。

2. 文化接纳困境的原因研究

对于城市流动人口遭遇文化接纳困境的原因，国内学者大多从制度因素、社会因素、文化因素、农民工自身的文化素养因素等方面展开研究。如学者刘本锋全面地分析了城市流动人口遭遇文化接纳障碍的原因，认为主要包括户籍制度的屏障、文化心理的阻隔、社会交际的藩篱、部分市民的偏见、自身素质的偏见等几个方面。还有学者从文化因素角度出发进行了较为系统的研究。如学者宋林飞认为，流动人口迁移到城市后，要面临以下3个方面的文化冲突：一是结合紧密的、以家庭和社区为纽带的乡村文化与注重个人奋斗、注重竞争的城市文化的冲突；二是重视情谊的乡村文化与讨价还价的市场经济理性文化的冲突；三是平等的乡村文化与歧视性的城市亚文化的冲突。学者韩雨诗和王宇雄研究的出发点是流动人口自身的文化因素，他们认为，文化程度较低的流动人口接受新鲜事物的能力较差，在学习城市文化的过程中表现出被动性、抗拒性，接纳城市文化显得较为困难。同时，他们也指出，如果城市流动人口的文化接纳性不强，即便其有强烈的接纳意愿，也会在追逐城市文明的道路上极为辛苦和艰难。郭立场则认为，流动人口的文化接纳危机是由主观原因和客观原因共同造成的，客观原因在于流动人口难以融入城市文化，主观原因在于他们疏离了乡土文化。

3. 文化接纳的对策研究

文化接纳的对策是学者关于文化接纳的研究重点，目的是促进流动人口更好地生活。国内学者主要从国家政策、政府方针、社会服务及流动人口自身因素这几方面来进行研究。学者沈小勇分别从建设载体、制度保障、文化建设、文化交流、文化治理等5个方面提出了极具建设性的对策。学者李炳全在研究中指出，流动人口要接纳城市文化，就必须改变其与城市心理不相适应的农村心理，并且有主动接纳城市文化的心理和行为。学者陈占江的研究则认为，重塑新生代农民工的文化认同必须经由公民文化自觉教育、大众传播理念革新、和谐文化体系建设等途径。

流动人口是我国现阶段促进社会发展的一个重要群体，也是随着城市化进程的不断加快而发展壮大的一个群体。目前，虽然学界对流动人口问题进行了比较系统全面的研究，但仍有不少问题值得我们做更深层次的研究。本研究主要着眼于城市流动人口文化接纳及其与归属感、自我价值观的关系，即把研究的视角放在流动人口自身层面，突出流动人口自身的能动作用，并在借鉴前人研究的基础上力争有所突破、有所创新。

(二) 文化接纳的国外研究现状

国外的社会学家认为，流动人口进入城市之后，由于未能接纳城市文化，会对城市文化产生不适应。理·尤勒伍德（Li Ulewood）和赫尔科默（Herkommer）的研究认为，城市的主流文化是影响城市人口行为模式和价值观的直接因素。外来人员由于文化、观念和行为模式的不同，会遭到城市文化的排斥。菲格罗阿（Figueroa）等学者还指出，个人特殊的文化社会网络参与会影响文化排斥的过程。西方部分社会学家认为，这种文化冲突的核心在于社会、经济、政治和文化发展的不平衡，具有多层面和多学科的特点，主要表现在社会交往中两种文化所呈现出来的排斥与接纳的过程之中。

(四) 对文化接纳研究的评价

国外学者对于文化接纳的研究，有助于我们更好地理解文化接纳的内涵和功能。而国外关于移民文化融入的理论，无论是移民同化论还是多元文化论，对我国提升城市流动人口的文化接纳都具有较大的启发意义，值得我们参考和借鉴。同时，国内学者立足于我国国情，聚焦于具有我国特色的流动人口这一群体展开相关研究，有助于我们更好地从流动人口自身出发来探讨环境、政策、交往等对其文化接纳的影响，这类研究成果同样具有较大的启发意义和参考价值。

但是，国内对于城市流动人口文化接纳的研究还存在一些不足。首先，国内关于城市流动人口文化接纳的研究缺少具有我国特色的理论基础，目前的研究多以西方的移民同化论和多元文化论为基础。其次，国内关于城市流动人口文化接纳的研究成果比较匮乏，国内学者更倾向于研究城市流动人口的文化认同，但是文化认同是观念上的，文化接纳是行为上的，两者略有不同。最后，国内对城市流动人口文化接纳测量方法的研究仍需进一步加强，需要编制更完善的测量工具。综上所述，基于我国国情而进行的关于城市流动人口文化接纳的研究还需进一步深入与强化。

三、归属感研究综述

（一）归属感的国外研究现状

学者尼尔森（Nielson）等人的研究表明，城市流动人口归属感低下并对城市产生厌恶感的主要原因是，城乡二元的户籍制度使得流动人口在城市工作和生活的过程中受到长期的歧视甚至是压迫，这种精神压力导致他们对城市缺乏归属感。

学者哈格蒂（Hagerty）、林奇·绍尔（Lynch-Sauer）、帕特斯基（Patusky）、鲍斯玛（Bouwsema）和科利尔（Collier）采用临床观察和小组采访的方式收集研究数据并结合以往文献，对"归属感"这一概念进行分析讨论，最终提出了一套相对完整的归属感理论。他们将"归属感"定义为：在一个环境或系统中，个体感受到自己是这个环境或者系统的一部分的体验。他们认为归属感有两个特征：（1）参与或重要的：个体感受到自己对他人、群体、机构或者环境在精神上是重要的、被需要和被接纳的；（2）认同：一方面个体认同环境中的他人的观点、文化等，另一方面也要获得他人对自己的认同。归属感的产生需要以下述内容为前提：（1）参与的动力；（2）渴望并有能力参与和环境或系统的互动；（3）潜在的共享或互补特质。

（二）归属感的国内研究现状

学者王炎明将"归属感"界定为：由于物质层面和精神层面的相互作用，使个体对某一群体或组织产生浓厚的信任和深深的依赖，从而使该个体在潜意识里将自己作为群体或组织的一分子，并将该利益群体或组织的利益作为自己行事的出发点和落脚点。这是从广义的角度对归属感进行的解释。

王锦则对归属感进行了群体与心理层面的解读，他认为归属感是个体对自己有所隶属的一种心理体验，强调个体的自我感知，是个体被接纳和认同而产生的感觉。在王锦看来，归属感是一种虽然很难被自身感知却会潜移默化地影响人的行为的一种内部主观意识。吴龙海认为，归属感作为人类所特有的一种情感和经历，指的是个体在某种程度上参与到群体或环境中并认识到自己在其中所扮演的特殊角色而产生的一种情感体验。

王晓华把归属感与城市文化结合起来进行解读，他认为，心理归属感是指人们把文化所体现的价值观、思想、信仰等当成自己心理文化的一部分，并使自己完全融入这种文化。

目前，学者对于城市流动人口归属感的研究主要集中在归属感的影响因素和增强归属感的策略等方面。

1. 归属感的影响因素

侯小富从居住年限、人际关系、满意度和社会参与这四方面因素来研究归属感，他认为流动人口在城市的居住年限越长，其归属感就越强；良好的人际关系有利于产生更强的归属感；流动人口在城市生活中的满意度越高，其归属感会越强；流动人口在城市中的社会参与度越高，其归属感会越强。

2. 归属感的提高策略

学者温馨的研究认为，流动人口应逐渐构建起以业缘、友缘为纽带的次级社会关系网络，增强其与所在城市居民的交往和互动；同时，城市社会也应对流动人口持更加包容的态度，以提升他们对所在城市的归属感。学者徐增杰和孙丽苹的研究认为，社区、企业等应当加强人文关怀，让城市流动人口真正找到归属感。

（三）对归属感研究的评价

目前，关于归属感的研究在国内外已取得丰硕的成果。国外研究多关注移民定居意愿与决策的影响因素，主要研究方向是移民对所移入国家的归属感问题，因为他们认为归属感是移民心理融合的一个重要衡量因素。国内学者则多聚焦于城市流动人口归属感的影响因素，如年龄、收入、受教育程度、居住条件、社会关系网络与社会互动、流入地方言能力、在流入地城市的居住时间、城市生活满意度和城市户籍等。流动人口的归属感直接影响其在流入地城市的定居意愿及决策，反映流动人口的城市化进程，并最终影响我国的城市发展和社会进步。

但是，国内外对流动人口归属感的研究还有待充实，究其原因，主要表现在两个方面。首先，国外对国际移民的研究虽然成果丰硕，但鲜有直接讨论城市化进程中流动人口归属感问题的。其次，国内对于归属感的研究大多着眼于学校归属感、职场归属感等，较少对城市流动人口的归属感进行探讨与分析。

四、自我价值观研究概述

（一）自我价值观的国外研究现状

关于自我价值观，国外学者有诸多研究成果。波普（Pope）和麦克海尔（McHale）认为，自我价值观是由知觉的自我和理想的自我两个维度构成的。知觉的自我是个体对自己各种技能、特征和品质的客观认识，是一种自我概念。理想的自我是指个体希望成为什么人的一种意向和一种想拥有某种特性的真诚愿望。当个体的这两个自我相吻合时，自我价值观就是积极的，反之则为消极的。

沙维尔森（Shavelson）的多层次、多维度自我价值观理论模型认为，自我价值观是一个多维度、多层次的心理结构，按抽象程度的不同可分为总体自我价值观、一般自我价值观和特殊自我价值观。一般自我价值观和特殊自我价值观又可分为社会取向和个人取向两种类型。总体自我价值观位于最高层，其抽象程度最高；一般自我价值观位于中间层次，其抽象程度次之，反映了个人长期维持的基准水平；特殊自我价值观的抽象程度最低，属于最低层次，它又分为生理、心理、人际、道德和家庭等5个方面。总体自我价值观来源于对一般自我价值观的整合，而一般自我价值观则来源于对特殊自我价值观的整合。

（二）自我价值观的国内研究现状

学者马捷莎的研究认为，自我价值观是人所特有的一种复杂的自我价值问题，这是因为人有复杂的需要，并且人会对自我价值产生自我意识。这表明人的自我价值观对自身的成长和发展具有重要意义。

国内关于流动人口自我价值观的研究多集中在流动人口自我价值观的现状和表现、流动人口自我价值观存在的问题、流动人口自我价值观的教育这三个方面。

1. 流动人口自我价值观的现状和表现

流动人口自我价值观的现状是学者研究最集中的部分。付华锋的研究表明，目前流动人口在自我价值观认同上面临"边缘化"，呈现出明显的模糊性。肖亚鑫的研究表明，当代流动人口的自我价值观表现在两个方面：一是改变生活方式，追求个人发展；二是渴望得到尊重，开始关注权利的维护。骆艳萍把自我价值观的影响因素归纳为人生观与价值观、身体状况、家庭关系和人际关系。以上成果表明，近年来学界对流动人口自我价值观的重视程度日益增强。

2. 流动人口自我价值观存在的问题

当前，流动人口的自我价值观还存在一定的问题。肖亚鑫认为，流动人口有着强烈的自我意识，对待价值目标缺乏理性思考，在进行价值选择时具有功利性、享受性的特点，价值观发展也不成熟、不稳定。

3. 流动人口自我价值观的教育

研究流动人口自我价值观的最终归宿是要对流动人口进行心理教育，促使他们形成积极的自我价值观，为更好地在城市生活奠定基础。王芳从传统的修身角度针对流动人口的自我价值观教育提出了两条建议，一是要保持个体的身心和谐，二是要保持锐意进取的精神动力。而付华锋则认为，对流动人口进行自我价值观的教育要从客观和主观两方面着手：客观上要完善户籍制度、住房保障、医疗保险等社会保障制度，充分发挥政府、企业、工会、基层党组织在流动人口自我价值观教育方面的作用；主观上，要提高流动人口对自我价值观的认知，强化其实践意识，最终实现自我价值观向积极方向的转变。

（三）对自我价值观研究的评价

当下，自我价值观问卷的研究成果丰硕，不同的群体有不同的自我价值观问卷，且大多具有良好的信效度。这就为现阶段流动人口自我价值观的研究奠定了良好的基础。

目前，国内的相关研究成果和国外相比还存在一定的差距，具体表现在以下3个方面。首先，关于自我价值观的概念界定大多是引用国外研究者的观点，尚未形成具有我国特色的自我价值观概念体系。其次，我国关于自我价值观问卷的研究有很多是基于国外的研究发展起来的，本土化研究的质量还亟待提高。第三，前人编制的自我价值观问卷大多面向儿童、青年尤其是大学生等，几乎没有专门指向流动人口的，而流动人口问题是当今我国社会发展的热点问题，在以后的研究中应该多加关注。

五、文化接纳与归属感、自我价值观关系研究概述

（一）文化接纳与归属感、自我价值观的关系研究

包克冰等的研究证实，归属感能显著预测个体形成的自我概念，能够正向预测自我价值观。这表明流动人口的自我价值观对其归属感有重要影响，反过来，流动人口的归属感也能促进其自我价值观的提升。

鲍比（Bowlby）认为，个体在自我价值观形成后，就会开始进行自我评价，自我价值观强的个体能更好地掌控环境，在人际中获得更多支持，也更容易对自己的能力、价值产生认同，对自我进行积极的评价。自我价值观强的流动人口个体，如果能够更好地接纳城市文化，通常能够在城市生活与工作的人际交往中获得更多的支持，并对其自我价值产生更为积极的评价。

（二）对文化接纳与归属感、自我价值观关系研究的评价

总体来说，目前国内学界对城市流动人口文化接纳与归属感、自我价值观的关系尚缺乏更深入、更广泛的研究。首先，对于城市流动人口文化接纳的概念需要进一步明确界定。其次，国内研究者在编制有关城市流动人口文化接纳等的测量工具方面，还应多加努力。第三，从目前的研究来看，还未有研究者将城市流动人口的文化接纳与归属感和自我价值观结合在一起，来探索流动人口心理与行为的一般规律，以更深入细致地剖析三者之间的关系。

第二节　城市流动人口文化接纳及其与归属感、自我价值观关系的研究设计

一、研究目标

本研究旨在了解城市流动人口文化接纳、归属感、自我价值观的现状，探讨城市流动人口文化接纳与归属感、自我价值观的关系，为提升城市流动人口的文化接纳程度，增进城市流动人口的归属感，促进城市流动人口产生积极的

自我价值观提供一定的理论依据。

二、研究意义

(一) 理论意义

第一，从社会学角度来看，探讨城市流动人口文化接纳及其与归属感、自我价值观的关系，开展相关实证研究，有助于进一步了解流动人口在城市的生活态度、工作方式、交际关系等，进而在更深层次分析流动人口对城市生活的态度，为城市流动人口的文化融入提供一系列理论支撑。流动人口属于特殊群体，研究城市流动人口文化接纳及其与归属感、自我价值观的关系，能够丰富我国民众心理健康的内容，有针对性地解决实际存在的问题，从而丰富我们的城市化理论，指导我们的城市化实践。

第二，从社会心理学角度来看，流动人口和城市人口在社会的相互作用中所发生的心理和行为变化及规律是当今学术研究的重要课题。城市流动人口是极具中国特色的新兴群体，从社会心理学角度对流动人口个人及群体进行研究，不仅能够了解其在城市社会中工作和生活的心理机制，而且能够丰富和发展社会心理学的知识体系。

第三，从管理心理学的角度来看，对流动人口的内部层面进行研究，通过关注其在城市中的生活与发展，了解其对城市文化的接纳程度、对城市的归属感和对自我价值观的自我评判，有助于促进其更好地在城市工作与生活。

(二) 实际意义

第一，流动人口是城市中的特殊群体，他们离开农村来到城市，目的是寻找更好的发展机会，获得更好的经济报酬。对城市流动人口文化接纳、归属感和自我价值观进行研究，有利于剖析其心理现状，对其心理健康进行指导，从而促进他们更好地在城市工作与生活。

第二，对于社区来说，无论是城市本地人还是流动人口，安居乐业是每个居民的愿望，也是每个社区的工作目标。本研究将创造性地提出有关促进社区改进的建议，目的是促进社区更好地包容流动人口，促进流动人口提升归属感，建设美好和谐的社会。

第三，就目前情况来看，流动人口问题已引起社会的广泛关注，为了促进社会的和谐与稳定，对流动人口的管理不仅要依靠政策，还要提升其心理上的归属感。本研究不仅能够为政府提供流动人口管理的决策参考，还将丰富流动人口心理健康的研究成果。

三、研究假设

假设1：不同人口学变量（年龄、受教育程度、婚姻状况、工作年限、薪酬情况、来到城市的时间、城市居住地）上的城市流动人口在文化接纳上存在显著性差异。

假设2：城市流动人口文化接纳程度与其归属感、自我价值观各维度之间均存在显著相关。

四、研究对象

本研究以常州、南京、苏州、无锡等地的流动人口为研究对象，采用网络问卷调查的形式，通过问卷星回收了1 845份问卷，其中有效问卷1 703份，剔除回答时间过长或过短、答案明显不合理、连续选择相同答案（连续10个题目以上）的问卷142份，回收有效率为92.3%。城市流动人口的样本分布情况如表4-1所示。

表4-1 城市流动人口的样本分布情况

变量	类别	人数/人	百分数/%
年龄	25岁及以下	17	1.0
	26~35岁	673	39.5
	36~45岁	895	52.6
	46岁及以上	118	6.9
受教育程度	小学及以下	134	7.9
	初中	799	46.9
	高中/职校/中专/技校	418	24.5
	大专/高职	244	14.3
	本科及以上	108	6.3
婚姻状况	已婚	1 651	96.9
	未婚	11	0.6
	离异	41	2.4

续表

变量	类别	人数/人	百分数/%
工作年限	1 年以下	47	2.8
	1~3 年	136	8.0
	4~8 年	307	18.0
	8 年以上	1 213	71.2
薪酬情况	2 000 元及以下	68	4.0
	2 001~3 000 元	236	13.9
	3 001~4 000 元	380	22.3
	4 001~5 000 元	396	23.3
	5 001~8 000 元	378	22.2
	8 000 元以上	245	14.4
来到城市的时间	4 年以下	82	4.8
	4~8 年	283	16.6
	8 年以上	1 338	78.6
城市居住地	城市中心地带	495	29.1
	城乡接合部	735	43.2
	城镇或城中村	473	27.8

五、研究工具

(一) 城市流动人口文化接纳调查问卷

本研究采用的城市流动人口文化接纳调查问卷，主要在胡书芝研究成果的基础上编制而成，其中包括"语言习俗""价值观念""生活方式""教育理念""管理制度"等 5 个维度，共 21 个测量项目。采用 Likert 五点记分法，从"完全不同意"到"完全同意"分别计 1 分、2 分、3 分、4 分、5 分。本问卷采用计算总均分的方式来评价城市流动人口文化接纳程度的高低，分值越高表示越认同题干的观点，进而表明该维度的影响程度越高。经检验，该问卷的 Cronbach α 系数为 0.90，说明其具有较好的信度。

(二) 归属感调查问卷

本研究采用的城市流动人口归属感问卷共有 6 个测量项目，采用 Likert 五点记分法，从"完全不同意"到"完全同意"分别计 1 分、2 分、3 分、4 分、5 分，分值越高表示越认同题干的观点。经检验，该问卷的 Cronbach α 系数为 0.88，说明其具有较好的信度。

(三) 成年人自我价值观问卷

本研究采用骆艳萍、燕良轼编制的成年人自我价值感问卷，该问卷分为"家庭关系""个人品质""交际关系""身体外形""生活态度""社会关系"等 6 个维度，共 28 个测量项目，采用 Likert 五点记分法，从"完全不同意"到"完全同意"分别计 1 分、2 分、3 分、4 分、5 分，分值越高表示越认同题干的观点。其中第 18~22 题是反向计分题，从"完全同意"到"完全不同意"分别计 1 分、2 分、3 分、4 分、5 分，分值越低表示越认同题干的观点。经检验，该问卷具有较强的内容效度、结构效度、因素效度和效标效度。该问卷的 Cronbach α 系数为 0.899，分半信度系数为 0.840。

六、数据处理

本研究使用 SPSS 17.0 进行数据处理分析，主要采用描述性分析、单因素方差分析、相关分析和回归分析等统计学方法。

第三节　城市流动人口文化接纳及其与归属感、自我价值观关系的研究结果

一、城市流动人口文化接纳、归属感和自我价值观现状

(一) 城市流动人口文化接纳的总体特点

由表 4-2 可知，城市流动人口文化接纳的总均分为 4.11。在城市流动人口文化融入的 5 个维度中，"管理制度"维度的均分最高，其余依次是"教育理念"维度、"价值观念"维度、"生活方式"维度、"语言习俗"维度，这些维度的均分都属于中等偏上水平。从标准差来看，城市流动人口在文化融入 5 个维度上得分的离散程度较低。

表 4-2 城市流动人口文化接纳的描述性分析

维度	M	SD
语言习俗	3.73	0.82
价值观念	4.08	0.74
生活方式	3.79	0.84
教育理念	4.56	0.58
管理制度	4.80	0.41
城市文化接纳总均分	4.11	0.57

(二) 城市流动人口归属感的总体特点

由表4-3可知，城市流动人口归属感的总均分为4.05，标准差为0.77。从标准差来看，城市流动人口在归属感上得分的离散程度偏低。

表 4-3 城市流动人口归属感的描述性分析

因子	M	SD
归属感	4.05	0.77

(三) 城市流动人口自我价值观的总体特点

由表4-4可知，城市流动人口自我价值观的总均分为4.12。在城市流动人口文化融入的6个维度中，"个人品质"维度的均分最高，其余依次是"家庭关系"维度、"生活态度"维度、"社会关系"维度、"身体外形"维度、"交际关系"维度。6个维度的均分都达到了中等偏上水平。从标准差来看，城市流动人口在自我价值观6个维度上得分的离散程度较低。

表 4-4 城市流动人口自我价值观的描述性分析

维度	M	SD
家庭关系	4.47	0.55
个人品质	4.64	0.43
交际关系	3.31	0.94
身体外形	3.84	0.73
生活态度	4.30	0.55
社会关系	3.92	0.76
自我价值观总均分	4.12	0.50

二、城市流动人口文化接纳在人口学变量上的差异分析

(一) 城市流动人口文化接纳在年龄上的差异分析

由表 4-5 的方差分析结果可知，城市流动人口文化接纳总均分在年龄上存在显著性差异（$P<0.001$），在"语言习俗"维度和"价值观念"维度上存在极其显著的差异（$P<0.001$），在"生活方式"维度和"管理制度"维度上存在显著性差异（$P<0.01$）。

表 4-5 城市流动人口文化接纳在年龄上的差异分析

维度	年龄	M	SD	F
语言习俗	25 岁及以下	3.78	0.73	19.64***
	26~35 岁	3.55	0.79	
	36~45 岁	3.83	0.83	
	46 岁及以上	3.95	0.76	
价值观念	25 岁及以下	3.94	1.02	13.64***
	26~35 岁	3.94	0.77	
	36~45 岁	4.16	0.72	
	46 岁及以上	4.24	0.63	
生活方式	25 岁及以下	3.47	1.02	5.18**
	26~35 岁	3.70	0.84	
	36~45 岁	3.85	0.82	
	46 岁及以上	3.83	0.84	
教育理念	25 岁及以下	4.49	1.08	1.42
	26~35 岁	4.52	0.58	
	36~45 岁	4.58	0.56	
	46 岁及以上	4.57	0.66	
管理制度	25 岁及以下	4.55	1.12	4.41**
	26~35 岁	4.77	0.41	
	36~45 岁	4.83	0.39	
	46 岁及以上	4.79	0.43	

续表

维度	年龄	M	SD	F
城市文化接纳总均分	25岁及以下	3.96	0.85	13.34***
	26~35岁	4.01	0.57	
	36~45岁	4.18	0.56	
	46岁及以上	4.21	0.53	

注：** 表示 $P<0.01$，*** 表示 $P<0.001$。

经过事后多重检验发现，在城市文化接纳总均分及"语言习俗"维度、"价值观念"维度，26~35岁流动人口的得分显著低于36~45岁、46岁及以上流动人口的得分，其他组别之间不存在显著性差异。在"生活方式"维度和"教育理念"维度，26~35岁流动人口的得分显著低于36~45岁的，其他组别之间不存在显著性差异。在"管理制度"维度，25岁及以下流动人口的得分显著低于26~35岁、36~45岁、46岁及以上的，26~35岁流动人口的得分显著低于36~45岁的，其他组别之间不存在显著性差异。总体来说，城市流动人口文化接纳随其年龄的增长呈现先平稳、后增长、再平稳的趋势。

（二）城市流动人口文化接纳在受教育程度上的差异分析

根据表4-6的方差分析结果，城市流动人口文化接纳总均分在受教育程度上存在极其显著的差异（$P<0.001$），在"语言习俗"维度、"价值观念"维度和"生活方式"维度存在极其显著的差异（$P<0.001$），在"管理制度"维度上存在显著差异（$P<0.05$）。

表4-6 城市流动人口文化接纳在受教育程度上的差异分析

维度	受教育程度	M	SD	F
语言习俗	小学及以下	3.74	0.87	5.71***
	初中	3.65	0.78	
	高中/职校/中专/技校	3.72	0.84	
	大专/高职	3.90	0.85	
	本科及以上	3.90	0.83	

续表

维度	受教育程度	M	SD	F
价值观念	小学及以下	4.10	0.80	5.83***
	初中	4.02	0.72	
	高中/职校/中专/技校	4.05	0.79	
	大专/高职	4.21	0.70	
	本科及以上	4.29	0.68	
生活方式	小学及以下	3.58	0.97	16.46***
	初中	3.67	0.85	
	高中/职校/中专/技校	3.87	0.78	
	大专/高职	4.00	0.76	
	本科及以上	4.15	0.74	
教育理念	小学及以下	4.52	0.76	0.56
	初中	4.54	0.59	
	高中/职校/中专/技校	4.57	0.55	
	大专/高职	4.56	0.53	
	本科及以上	4.61	0.49	
管理制度	小学及以下	4.70	0.62	2.70*
	初中	4.79	0.40	
	高中/职校/中专/技校	4.81	0.40	
	大专/高职	4.83	0.33	
	本科及以上	4.80	0.34	
城市文化接纳总均分	小学及以下	4.05	0.67	9.12***
	初中	4.05	0.56	
	高中/职校/中专/技校	4.13	0.56	
	大专/高职	4.24	0.54	
	本科及以上	4.31	0.54	

注：* 表示 $P<0.05$，*** 表示 $P<0.001$。

经过事后多重检验发现，在"语言习俗"维度，初中、高中/职校/中专/技校受教育程度流动人口的得分显著低于大专/高职、本科及以上受教育程度的，其他组别之间不存在显著性差异。

在"价值观念"维度，小学及以下受教育程度流动人口的得分显著低于本科及以上受教育程度的；初中、高中/职校/中专/技校受教育程度流动人口的得分显著低于大专/高职、本科及以上受教育程度的，其他组别之间不存在显著性差异。

在"生活方式"维度，小学及以下受教育程度流动人口的得分显著低于初中、高中/职校/中专/技校、大专/高职、本科及以上受教育程度的；初中受教育程度流动人口的得分显著低于高中/职校/中专/技校、大专/高职、本科及以上受教育程度的；高中/职校/中专/技校受教育程度流动人口的得分显著低于本科及以上受教育程度的，其他组别之间不存在显著性差异。

在"管理制度"维度，小学及以下受教育程度流动人口的得分显著低于初中、高中/职校/中专/技校、大专/高职、本科及以上受教育程度的，其他组别之间不存在显著性差异。

在城市文化接纳总均分上，小学及以下受教育程度流动人口的得分显著低于大专/高职、本科及以上受教育程度的；初中受教育程度流动人口的得分显著低于高中/职校/中专/技校、大专/高职、本科及以上受教育程度的；高中/职校/中专/技校受教育程度流动人口的得分显著低于大专/高职、本科及以上受教育程度的，其他组别之间不存在显著性差异。

总体来说，城市流动人口文化接纳程度随其受教育程度的提高而提高。

(三) 城市流动人口文化接纳在婚姻状况上的差异分析

根据表4-7的方差分析结果，流动人口的城市文化接纳总均分、"生活方式"维度得分在婚姻状况上存在显著性差异（$P<0.05$）。

经过事后多重检验发现，在城市文化接纳总均分及"生活方式"维度，未婚流动人口的得分显著低于已婚及离异流动人口的得分，其他组别之间不存在显著性差异。

表 4-7 城市流动人口文化接纳在婚姻状况上的差异分析

维度	婚姻状况	M	SD	F
语言习俗	已婚	3.72	0.82	2.59
	未婚	3.48	0.75	
	离异	3.99	0.83	

续表

维度	婚姻状况	M	SD	F
价值观念	已婚	4.07	0.75	2.93
	未婚	3.67	0.86	
	离异	4.26	0.58	
生活方式	已婚	3.79	0.84	3.02*
	未婚	3.20	1.15	
	离异	3.89	0.74	
教育理念	已婚	4.55	0.58	0.14
	未婚	4.48	1.20	
	离异	4.59	0.56	
管理制度	已婚	4.80	0.40	2.09
	未婚	4.55	1.20	
	离异	4.80	0.43	
城市文化接纳总均分	已婚	4.11	0.57	3.16*
	未婚	3.76	0.82	
	离异	4.24	0.47	

(四) 城市流动人口文化接纳在工作年限上的差异分析

根据表4-8的方差分析结果，流动人口城市文化接纳总均分及"语言习俗"维度、"价值观念"维度和"生活方式"维度得分在工作年限上存在极其显著的差异（$P<0.001$）。

表4-8 城市流动人口文化接纳在工作年限上的差异分析

维度	工作年限	M	SD	F
语言习俗	1年以下	3.37	0.82	12.62***
	1~3年	3.53	0.80	
	4~8年	3.57	0.81	
	8年以上	3.80	0.82	

续表

维度	工作年限	M	SD	F
价值观念	1年以下	3.90	0.77	8.95***
	1~3年	3.86	0.73	
	4~8年	3.97	0.80	
	8年以上	4.13	0.72	
生活方式	1年以下	3.48	0.94	9.84***
	1~3年	3.60	0.88	
	4~8年	3.66	0.89	
	8年以上	3.86	0.80	
教育理念	1年以下	4.50	0.88	2.22
	1~3年	4.50	0.57	
	4~8年	4.50	0.61	
	8年以上	4.58	0.56	
管理制度	1年以下	4.72	0.64	2.02
	1~3年	4.78	0.38	
	4~8年	4.76	0.42	
	8年以上	4.81	0.40	
城市文化接纳总均分	1年以下	3.90	0.62	12.42***
	1~3年	3.96	0.57	
	4~8年	4.01	0.59	
	8年以上	4.16	0.55	

注：*** 表示 $P<0.001$。

经过事后多重检验发现，在城市文化接纳总均分及"语言习俗"维度、"价值观念"维度、"生活方式"维度，工作年限在1年以下、1~3年、4~8年的流动人口的得分显著低于工作年限在8年以上的，其他组别之间不存在显著性差异。

在"教育理念"维度，工作年限在4~8年的流动人口的得分显著低于工作年限在8年以上的，其他组别之间不存在显著性差异。

总体来说，城市流动人口文化接纳程度随其在城市工作年限的增长而提升。

(五) 城市流动人口文化接纳在薪酬上的差异分析

根据表 4-9 的方差分析结果，城市流动人口文化接纳总均分在薪酬情况方面存在极其显著的差异（$P<0.001$），在"价值观念"维度和"生活方式"维度存在极其显著的差异（$P<0.001$），在"语言习俗"维度、"教育理念"维度和"管理制度"维度存在显著性差异（$P<0.05$）。

表 4-9 城市流动人口文化接纳在薪酬上的差异分析

维度	工资薪酬	M	SD	F
语言习俗	2 000 元及以下	3.76	0.79	2.47*
	2 001~3 000 元	3.58	0.86	
	3 001~4 000 元	3.70	0.81	
	4 001~5 000 元	3.78	0.85	
	5 001~8 000 元	3.74	0.80	
	8 000 元以上	3.80	0.79	
价值观念	2 000 元及以下	4.01	0.78	5.05***
	2 001~3 000 元	3.90	0.79	
	3 001~4 000 元	4.04	0.72	
	4 001~5 000 元	4.10	0.74	
	5 001~8 000 元	4.12	0.71	
	8 000 元以上	4.22	0.75	
生活方式	2 000 元及以下	3.58	0.91	14.71***
	2 001~3 000 元	3.49	0.89	
	3 001~4 000 元	3.72	0.81	
	4 001~5 000 元	3.80	0.86	
	5 001~8 000 元	3.87	0.79	
	8 000 元以上	4.09	0.73	
教育理念	2 000 元及以下	4.54	0.69	2.81*
	2 001~3 000 元	4.49	0.67	
	3 001~4 000 元	4.50	0.61	
	4 001~5 000 元	4.57	0.59	
	5 001~8 000 元	4.58	0.52	
	8 000 元以上	4.64	0.48	

续表

维度	工资薪酬	M	SD	F
管理制度	2 000元及以下	4.75	0.62	2.42*
	2 001~3 000元	4.73	0.53	
	3 001~4 000元	4.79	0.39	
	4 001~5 000元	4.79	0.42	
	5 001~8 000元	4.83	0.34	
	8 000元以上	4.84	0.33	
城市文化接纳总均分	2 000元及以下	4.04	0.64	8.58***
	2 001~3 000元	3.94	0.62	
	3 001~4 000元	4.07	0.55	
	4 001~5 000元	4.13	0.58	
	5 001~8 000元	4.16	0.54	
	8 000元以上	4.26	0.52	

注：* 表示 $P<0.05$，*** 表示 $P<0.001$。

经过事后多重检验发现，在"语言习俗"维度，薪酬在2 001~3 000元的流动人口的得分显著低于薪酬在4 001~5 000元、5 001~8 000元、8 000元以上的流动人口，其他组别之间不存在显著性差异。

在"价值观念"维度，薪酬在2 000元及以下流动人口的得分显著低于薪酬在8 000元以上的；薪酬在2 001~3 000元的流动人口的得分显著低于薪酬在3 001~4 000元、4 001~5 000元、5 001~8 000元、8 000元以上的；薪酬在3 001~4 000元的流动人口的得分显著低于薪酬在8 000元以上的；薪酬在4 001~5 000元的流动人口的得分显著低于薪酬在8 000元以上的，其他组别之间不存在显著性差异。

在"生活方式"维度，薪酬在2 000元及以下、2 001~3 000元的流动人口的得分显著低于薪酬在4 001~5 000元、5 001~8 000元、8 000元以上的；薪酬在3 001~4 000元的流动人口的得分显著低于薪酬在5 001~8 000元、8 000元以上的；薪酬在4 001~5 000元的流动人口的得分显著低于薪酬在8 000元以上的；薪酬在5 001~8 000元的流动人口的得分显著低于薪酬在8 000元以上的，其他组别之间不存在显著性差异。

在"教育理念"维度，薪酬在 2 001~3 000 元、3 001~4 000 元的流动人口的得分显著低于薪酬在 5 001~8 000 元、8 000 元以上的，其他组别之间不存在显著性差异。

在"管理制度"维度，薪酬在 2 001~3 000 元的流动人口的得分显著低于薪酬在 5 001~8 000 元、8 000 元以上的，其他组别之间不存在显著性差异。

在城市文化接纳总均分上，薪酬在 2 000 元及以下的流动人口的得分显著低于薪酬在 8 000 元以上的；薪酬在 2 001~3 000 元的流动人口的得分显著低于薪酬在 3 001~4 000 元、4 001~5 000 元、5 001~8 000 元、8 000 元以上的；薪酬在 3 001~4 000 元的流动人口的得分显著低于薪酬在 5 001~8 000 元、8 000 元以上的；薪酬在 4 001~5 000 元的流动人口的得分显著低于薪酬在 8 000 元以上的，其他组别之间不存在显著性差异。

总体来说，城市流动人口的文化接纳程度随其薪酬的增加而提升。

（六）城市流动人口文化接纳在来到城市的时间上的差异分析

根据表 4-10 的方差分析结果，流动人口城市文化接纳总均分及"语言习俗"维度、"生活方式"维度、"价值观念"维度在来到城市的时间上存在显著性差异（$P<0.01$）。

表 4-10 城市流动人口文化接纳在来到城市的时间上的差异分析

维度	来到城市的时间	M	SD	F
语言习俗	4 年以下	3.33	0.73	38.90***
	4~8 年	3.42	0.80	
	8 年以上	3.82	0.81	
价值观念	4 年以下	3.81	0.79	12.98***
	4~8 年	3.94	0.78	
	8 年以上	4.12	0.73	
生活方式	4 年以下	3.60	0.88	6.23**
	4~8 年	3.67	0.86	
	8 年以上	3.82	0.83	
教育理念	4 年以下	4.44	0.65	2.11
	4~8 年	4.54	0.57	
	8 年以上	4.57	0.58	

续表

维度	来到城市的时间	M	SD	F
管理制度	4 年以下	4.76	0.36	0.76
	4~8 年	4.78	0.42	
	8 年以上	4.80	0.41	
城市文化接纳总均分	4 年以下	3.89	0.55	17.41***
	4~8 年	3.98	0.57	
	8 年以上	4.15	0.56	

注：** 表示 $P<0.01$，*** 表示 $P<0.001$。

经过事后多重检验发现，在城市文化接纳总均分及"语言习俗"维度、"价值观念"维度、"生活方式"维度，来到城市的时间在 4 年以下、4~8 年的流动人口的得分显著低于来到城市的时间在 8 年以上的，其他组别之间不存在显著性差异。在"教育理念"维度，来到城市的时间在 4 年以下的流动人口的得分显著低于来到城市的时间在 8 年以上的，其他组别之间不存在显著性差异。

总体来说，城市流动人口的文化接纳程度随着其来到城市时间的延长而提升。

（七）城市流动人口文化接纳在城市居住地上的差异分析

根据表 4-11 的方差分析结果，流动人口的城市文化接纳总均分及"语言习俗"维度、"价值观念"维度、"生活方式"维度、"教育理念"维度在城市居住地上存在极其显著的差异（$P<0.01$）。

表 4-11 城市流动人口文化接纳在城市居住地上的差异分析

维度	城市居住地	M	SD	F
语言习俗	城市中心地带	3.89	0.83	14.34***
	城乡接合部	3.66	0.83	
	城镇或城中村	3.66	0.77	
价值观念	城市中心地带	4.28	0.70	27.95***
	城乡接合部	3.97	0.76	
	城镇或城中村	4.02	0.73	

续表

维度	城市居住地	M	SD	F
生活方式	城市中心地带	4.03	0.79	31.39***
	城乡接合部	3.68	0.82	
	城镇或城中村	3.69	0.86	
教育理念	城市中心地带	4.64	0.52	7.95***
	城乡接合部	4.52	0.59	
	城镇或城中村	4.51	0.61	
管理制度	城市中心地带	4.85	0.36	6.76**
	城乡接合部	4.77	0.44	
	城镇或城中村	4.79	0.41	
城市文化接纳总均分	城市中心地带	4.28	0.53	31.92***
	城乡接合部	4.04	0.58	
	城镇或城中村	4.05	0.56	

注：** 表示 $P<0.01$，*** 表示 $P<0.001$。

经过事后多重检验发现，在城市文化接纳总均分及各构成因子上，居住在城市中心地带流动人口的得分显著高于居住在城乡接合部、城镇或城中村流动人口的得分，其他组别之间不存在显著性差异。

总体来说，城市流动人口的文化接纳程度随着其城市居住地与市中心距离的缩短而提升。

三、城市流动人口文化接纳与归属感、自我价值观的相关分析

（一）城市流动人口文化接纳5个维度与归属感的相关分析

由表4-12可知，城市流动人口文化接纳的"语言习俗""价值观念""生活方式""教育理念""管理制度"等5个维度与归属感均存在密切相关（$P<0.01$），且都是显著的正相关。

表 4-12 城市流动人口文化接纳 5 个维度与归属感的相关分析

维度	语言习俗	价值观念	生活方式	教育理念	管理制度	归属感总分
语言习俗	1					
价值观念	0.64**	1				
生活方式	0.53**	0.71**	1			
教育理念	0.36**	0.52**	0.48**	1		
管理制度	0.26**	0.36**	0.28**	0.58**	1	
归属感总分	0.55**	0.72**	0.68	0.49**	0.35**	1

注：** 表示 $P<0.01$。

（二）城市流动人口自我价值观 6 个维度与归属感的相关分析

由表 4-13 可知，流动人口的"家庭关系""个人品质""交际关系""身体外形""生活态度""社会关系"等 6 个维度与归属感均存在密切相关（$P<0.01$），且都是显著的正相关。

表 4-13 城市流动人口自我价值观 6 个维度与归属感的相关分析

构成维度	家庭关系	个人品质	交际关系	身体外形	生活态度	社会关系	归属感总分
家庭关系	1						
个人品质	0.70**	1					
交际关系	0.18**	0.15**	1				
身体外形	0.44**	0.36**	0.52**	1			
生活态度	0.61**	0.57**	0.45**	0.51**	1		
社会关系	0.63**	0.52**	0.21**	0.38**	0.47**	1	
归属感总分	0.50**	0.48**	0.10**	0.28**	0.40**	0.56**	1

注：** 表示 $P<0.01$。

（三）城市流动人口文化接纳 5 个维度和自我价值观 6 个维度的相关分析

由表 4-14 可知，城市流动人口文化接纳的"语言习俗""价值观念""生活方式""教育理念""管理制度"等 5 个维度与流动人口的"家庭关系""个人品质""交际关系""身体外形""生活态度""社会关系"等 6 个维度均存在密切相关（$P<0.01$），且都是显著的正相关。

表 4-14　城市流动人口文化接纳的 5 个维度和自我价值观 6 个维度的相关分析

构成因子	语言习俗	价值观念	生活方式	教育理念	管理制度	家庭关系	个人品质	交际关系	身体外形	生活态度	社会关系
语言习俗	1										
价值观念	0.64**	1									
生活方式	0.53**	0.71**	1								
教育理念	0.36**	0.52**	0.48**	1							
管理制度	0.26**	0.36**	0.28**	0.58**	1						
家庭关系	0.40**	0.47**	0.44**	0.47**	0.44**	1					
个人品质	0.35**	0.47**	0.42**	0.54**	0.59**	0.70**	1				
交际关系	0.04	0.09**	0.10**	0.11**	0.13**	0.18**	0.15**	1			
身体外形	0.21**	0.27**	0.25**	0.24**	0.23**	0.44**	0.36**	0.52**	1		
生活态度	0.26**	0.36**	0.35**	0.40**	0.39**	0.61**	0.57**	0.45**	0.51**	1	
社会关系	0.44**	0.50**	0.55**	0.37**	0.25**	0.63**	0.52**	0.21**	0.38**	0.47**	1

注：** 表示 $P<0.01$。

四、城市流动人口文化接纳与归属感、自我价值观的回归分析

（一）城市流动人口的归属感对文化接纳的回归分析

由表 4-15 可知，在回归模型中，$F=2379.29$，β 大于 0，归属感对城市流动人口的文化接纳具有正向预测作用。调整后的 R^2 为 0.58，则归属感解释了城市流动人口文化接纳 58% 的变异，其回归方程如下：

城市流动人口文化接纳 = 38.54 + 0.76×归属感

表 4-15 城市流动人口的归属感对文化接纳的回归分析

自变量	B	SE	β	t	R^2	ΔR^2	F
常量	38.54	1.00		38.61***			
归属感总分	2.00	0.04	0.76	48.78***	0.58	0.58	2379.29***

注：*** 表示 $P<0.001$。

(二) 城市流动人口自我价值观 6 个维度对文化接纳的多元逐步回归分析

由表 4-16 可知，当投入 1 个自变量"家庭关系"时，其对于城市流动人口文化接纳变异的解释率为 30%，多元线性模型检验值 F 为 737.79，达到了 $P<0.001$ 的显著性水平。回归系数 β 为 0.55，为正值，且达到显著性水平，因此"家庭关系"能正向预测城市文化的接纳程度。如果再投入 1 个自变量"个人品质"，整体解释率有所增加，并且模型的检验值 F 为 478.43，达到显著性水平，说明"个人品质"对城市文化接纳有显著影响。此时，两个自变量对于因变量的解释率为 36%。如果再投入 1 个自变量"社会关系"，整体解释率同样有所增加，并且模型的检验值 F 为 433.91，达到显著性水平，说明"社会关系"对城市文化接纳有显著影响。此时，3 个自变量对于因变量的解释率为 43%。再投入"交际关系""身体外形""生活态度"等变量时，模型不显著，因此最后的回归方程为：

城市文化接纳 = 15.68+0.13×家庭关系+0.29×个人品质+0.35×社会关系

表 4-16 城市流动人口自我价值观 6 个维度对文化接纳的多元逐步回归分析

模型	自变量	B	SE	β	t	R^2	ΔR^2	F
1	常量	33.06	1.98		16.71***			
	家庭关系	1.71	0.06	0.55	27.16***	0.30	0.30	737.79***
2	常量	12.73	2.51		5.08***			
	家庭关系	0.97	0.08	0.31	11.52***			
	个人品质	1.86	0.15	0.34	12.37***	0.36	0.36	478.43***
3	常量	15.68	2.37		6.62***			
	家庭关系	0.40	0.09	0.13	4.50***			
	个人品质	1.58	0.14	0.29	11.04***			
	社会关系	1.84	0.12	0.35	14.87***	0.43	0.43	433.91***

注：*** 表示 $P<0.001$。

第四节　城市流动人口文化接纳及其与归属感、自我价值观关系研究结果的分析与讨论

一、城市流动人口文化接纳、归属感、自我价值观总体现状分析

研究发现，城市流动人口文化接纳总均分为4.11，表明其文化接纳程度处于较高水平。各维度得分从高到低依次为"管理制度"（4.80）、"教育理念"（4.56）、"价值观念"（4.08）、"生活方式"（3.79）、"语言习俗"（3.73），说明流动人口对城市文化各个方面的接纳意愿相对强烈，这就为其进一步融入城市打下了扎实的基础。

在经济比较发达的长三角地区，城市流动人口在就业机会、养老保险、医疗资源、子女上学等方面有基本制度保障的前提下，"城市边缘人"的尴尬地位得到了较大的改善。例如，早在2011年，江苏苏州就在全市范围内实施流动人口居住证制度，流动人口在劳动、教育、就业、医疗、养老、住房等方面可以享受更多的权益。居住证制度与苏州市户籍准入制度相衔接，这样的制度设计有利于消除不同社会族群之间的身份差别，保障公民居住和迁徙自由的权利。再如，江苏常州通过农民工夜校、新市民公寓、公益性社团组织、社区大学、道德讲堂等场所，开展法治意识、主体意识、社会责任意识等现代公民意识教育，帮助他们了解国家的大政方针，学习在城市生活所必需的知识、技能乃至价值观念。随着公正、平等理念的逐步深入人心，流动人口与城市市民之间的互动逐渐趋于良性循环，城市居民对流动人口的政治排斥、文化排斥、公共服务排斥越来越少，流动人口对其所在城市的心理信任感和文化认同感不断增强，对城市文化中的管理制度、教育模式、价值观念、生活方式、语言习俗都有不同程度的认同与接纳，凡此种种，都为其融入城市生活奠定了良好的基础。

研究发现，城市流动人口归属感的总均分为4.05，标准差为0.77，总体处于中等偏上水平。这表明城市流动人口的归属感较强，这与白薇、张玉静的研究结果相似。城市流动人口的归属感水平较高，其原因在于，随着社会的不断发展，人们的生活水平有了质的飞跃，人们普遍感到美满幸福。根据前人的研究，归属感对幸福感起着最基础的作用，同时幸福感也会反作用于归属感，

二者之间呈正向相关。本研究中的流动人口很大一部分是在城市定居8年以上者，可以做一个大胆的推测，正是因为觉得生活在城市比生活在农村或者家乡的幸福感更强，他们才在流入地城市生活如此长的时间。这类流动人口在城市生活的幸福感预测会较高，其归属感也会呈现一个较高的水平。

研究发现，流动人口自我价值观总体状况均分为4.12，表明其自我价值观处于中等偏上水平，且从各测量维度来看，其"个人品质"维度的得分最高，其次是"家庭关系""生活态度""社会关系""身体外形"，最后是"交际关系"，这6个维度均达到中等偏上水平。这表明，从整体上来看，流动人口的自我价值观水平较高。这和肖亚鑫的研究结果基本一致。社会的迅猛发展催生了具有中国特色的社会群体——流动人口，他们大多追求美好的未来，希望通过付出自己的心血和汗水换取幸福的生活和光明的前途，社会环境的多样性在很大程度上促成了他们对自身复杂而多样的认识。

首先，对于青年流动人口而言，他们怀着一腔热血来到城市工作和生活，不仅对自己抱有较强的自信心，对城市生活也充满期待，这使得他们在对待自我价值观的问题上趋向于较为积极而正面的回答。当然，也会有一部分青年流动人口由于经常受挫而对自己产生怀疑。

其次，在城市工作年限较长、收入较高的中年流动人口，他们在工作和生活中相对来说比较成功，这也从侧面反映了他们对流入地城市的融入程度还是比较高的。这类流动人口目前正处于实现自我价值的阶段，这使得他们在回应自我价值观的问题时，也会趋向于更加积极且正向。

二、城市流动人口文化接纳在人口学变量上的差异分析

（一）城市流动人口文化接纳在年龄上的差异分析

本研究结果表明，年龄变量对城市流动人口文化接纳水平有着显著的影响作用。在城市文化接纳总均分上，26~35岁流动人口的得分显著低于36~45岁、46岁及以上流动人口的得分，其他组别之间不存在显著性差异。总体上来说，城市流动人口文化接纳水平随着年龄的增长呈现出先显著增长再平稳发展的趋势。而卢海阳、梁海兵、钱文荣的研究结果认为，新一代年轻流动人口群体比老一辈流动人口群体的城市文化接纳程度更高，这与本研究所得结论不一致。他们认为，新一代年轻流动人口群体更倾向于接纳新事物、新文化，而二者在文化接纳程度方面的差异主要取决于其对方言的掌握与理解程度。然

而，一方面，在经济发达的苏南地区，由于工作及生活场所的交流都趋向于普通话与当地方言混合使用，而且大多数城市居民与流动人口交流时也倾向于使用普通话，因此，当地方言这一因素对城市流动人口文化接纳的影响相对有限。另一方面，年龄较大的流动人口由于在城市生活的时间较长，受城市文化的熏陶也更多，因此更倾向于认同城市的社会管理制度，赞同城市的文化教育模式，接纳城市的人生价值观念，适应城市的日常生活方式。另外，年龄较大的流动人口多趋向于整个家庭都迁移到城市工作与生活，他们越能接纳城市文化，就越有可能在城市站稳脚跟，从而为实现"城市人"的梦想奠定扎实的心理基础。

(二) 城市流动人口文化接纳在受教育程度上的差异分析

本研究结果表明，流动人口的受教育程度对其城市文化接纳的水平有着显著的影响作用，城市流动人口文化接纳水平随着受教育程度的提高而提高。杨菊华等认为，受教育程度既是人力资本最核心的组成部分，也是获取其他人力资本因素的重要手段，直接影响到流动人口适应新环境、学习新知识、与人沟通及在劳动力市场上议价和竞争的能力。流动人口人力资本的高低与流动人口在城市经济、社会、心理等方面融入程度呈密切正相关。流动人口的人力资本越高，其就业岗位相对就越好，收入也相应越高，这又会促进其经济层面的融入。同时，人力资本越高的流动人口，在工作中越有机会接触流入地城市居民，从而加快其城市融入的建设，也加深其城市融入的程度。就受教育程度与社会融入的关系来看，受教育程度不同的流动人口在社会交往、困难求助和社区参与等方面呈现出明显不同的特征。这表明教育既是流动人口获取更好职业的阶梯，也是其扩展社会关系网络的有力手段，并正向影响流动人口社区参与的积极性。受教育程度较高的流动人口通常较少面临社会排斥，也更有可能获得流入地户籍，找到稳定的工作。高学历流动人口往往有着更为独特的生活经历和城市体验，并在价值取向、行为方式和生活方式等方面与其他流动人口不同。可以说，流动人口的受教育程度与其在城市的经济立足、社会适应和文化接纳呈正向关联。

(三) 城市流动人口文化接纳在婚姻状况上的差异分析

本研究发现，城市流动人口的婚姻状况对其文化接纳的水平有显著的影响作用。在城市文化接纳的总均分上，已婚和离异的流动人口高于未婚的流动人口。学者吴曼的研究表明，婚姻是流动人口融入城市很难逾越的鸿沟之一。吴曼认为,城里人不愿与流动人口结婚,很多流动人口最后会因为婚姻问题回到家乡。然而本研究中的流动人口不仅指从事建筑业、重工业等苦力性职业或餐饮业、家政业等服务性职业的老一代农民工,同时也包括具有广阔职业发展前景的高学历、高收入的流动人口。随着人口的大量迁移,以及婚姻自由观的传播与弘扬,老一辈的封建婚姻观渐渐落幕,对于整个流动人口群体而言,婚姻的自主释放了人性的自由,能进一步提高人的主观幸福感,从而提高其城市文化接纳的水平。同时,城市文化中的婚姻文化也会在一定程度上影响流动人口的婚姻观,相对进步、开明的婚姻观念也会进一步影响流动人口的婚恋行为。

(四) 城市流动人口文化接纳在工作年限上的差异分析

本研究结果表明,城市流动人口在城市的工作年限对其文化接纳的水平有着显著的影响作用,城市流动人口的文化接纳水平在其城市工作年限大于8年后迅速提高。其原因可能在于:一方面,较长的城市工作年限表明其在城市的工作和生活比较顺利,主观幸福感较强;另一方面,较长的城市工作年限表明其在城市生活的时间也较长,也有可能是由于他们对城市文化接纳的程度较高,因此他们愿意在城市工作及生活。

(五) 城市流动人口文化接纳在薪酬上的差异分析

本研究结果表明,城市流动人口的薪酬情况对其文化接纳水平具有显著影响作用,城市流动人口的薪酬越高,其文化接纳程度就越高。张祝平研究认为,收入水平较低的城市流动人口生存焦虑度会更强,其社会认同度、融入度和接纳度相对较低。因此,城市流动人口的薪酬情况与其文化接纳之间具有密切的关联性。学者吴曼的研究结果表明,薪酬较低的城市流动人口经济负担相对较重,生活相对拮据,也就谈不上享受城市文化生活了。还有学者认为,流动人口的城市适应必须具备经济、社会、文化这三个方面的基本适应,即城市流动人口首先必须实现居住场所和职业生活的生存适应,再通过追求和仿效城市生活模式,拓展人际交往圈子,形成与当地人接近的生活方式和处世行为,最后逐渐过渡到与当地人的价值观等同。绝大多数流动人口来到城市的最初愿望就是为了提升自我的发展空间,赚取更多的薪资,改善物质生活条件。由于自身条件及环境因素的制约,有些流动人口在城市从事着最底层的工作,收入微薄,终日为了生存或温饱而奔波忙碌,这类流动人口有可能对自身、对工作单位甚至对城市生活存在怀疑或否定心态。他们的生活焦虑感偏重,对城市的好感度明显偏低,对于城市管理制度、教育模式、价值观念、生活方式、语言习俗等文化要素难以理解、认同与接纳,甚至产生对立的情绪体验。对于薪酬较高的流动人口而言,他们较为充分地达成了离开乡村来到城市工作的初衷,深刻地体验到了城市文明带来的发展机会和上升空间,这类流动人口会更倾向于尊敬城市、热爱城市、感恩城市,对于城市文化的接纳程度也会相应较高。

(六) 城市流动人口文化接纳在来到城市的时间上的差异分析

本研究结果表明,城市流动人口来到城市时间的长短对其文化接纳程度具有显著影响,城市流动人口的文化接纳程度随其来到城市时间的增长而提高。这一研究结果与前研究者胡书芝的观点基本相似,胡书芝认为,被调查移民家庭进城时间不同,在城市融入水平上有差异,表现为在城市生活时间越长,融入水平越高的特点。切茨维克在对美国犹太移民进行研究后认为,移民在迁入地居住的时间越长,就越有可能积累相关的人力资本,也就越有可能获得经济成功。张文宏、雷开春对上海白领移民前的研究结果也表明,伴随着在城市居住时间的增加而增加的人力资本,也会起到与教育年限相同的作用,即职业更加稳定、更加认同本地人身份。究其原因,主要表现在两个方面。一方面,流动人口在城市居住的时间越长,就越有利于其积累城市居民认同的社会生活经验与生存能力,如语言习俗、工作经验、价值观念、职业技能、社会关系网络等,这对促进城市流动人口的文化接纳和文化认同,较好地融入其中具有非常重要的促进作用。另一方面,流动人口来到城市之后,难免会遭遇经济、语言习俗、文化教育、价值观念、社会保障、生活习惯和生存空间等多个方面的社会排斥与冲突。流动人口来到城市的时间越短,在面临文化冲突、社会排斥时,往往越感到无能为力,社会适应性也就越差。随着在城市生活时间的加长,流动人口会逐渐了解、熟悉、认同城市社会的行为规则,逐步调适内心冲突,妥善应对社会排斥,减少心理不适感,逐渐接纳城市文化并融入其中。

(七) 城市流动人口文化接纳在城市居住地上的差异分析

本研究结果表明,流动人口在城市的居住地对其文化接纳有显著性影响。即流动人口居住地离城市中心越近,其文化接纳水平越高。这与韩雨诗、王宇雄的研究结论相似,居住在城中村(或城乡接合部)及城镇地区的流动人口对城市文化的接纳度较低。韩雨诗和王宇雄认为,出现以上现象有两方面原因:一方面是城中村(或城乡接合部)居民自身参与城市生活的热情不高,并且文化素养也相对较低,对城市文化的接纳处于一种被动的状态,从而导致流动人口对城市文化的接纳度不高;另一方面则是典型的城市文化与城中村

（或城乡接合部）文化的生活状态不同，二者甚至会产生文化冲突，这会降低居住在城中村（或城乡接合部）及城镇的流动人口的文化接纳意愿。因此，流动人口居住地越靠近城市的中心，就越能主动适应城市的生产生活方式、行为习惯，认同和接受城市的主流价值观，也越能感受到城市文化的熏陶，从而提升城市文化接纳的程度。

三、城市流动人口文化接纳与归属感、自我价值观的关系分析

本研究结果表明，城市流动人口文化接纳与归属感、自我价值感之间存在显著性正相关。而回归分析的结果则表明，城市流动人口的归属感对其文化接纳的解释率为58%，城市流动人口的自我价值感对其文化接纳的解释率为43%。这与学者雷洪、胡书芝的观点不谋而合。他们认为，城市归属感不仅是移民家庭城市认同程度的重要表现和参照，也是影响城市社会稳定与整合的重要因素。

本研究认为，无论是从归属感入手还是从自我价值观入手，都能够显著提高城市流动人口文化接纳的程度。首先，政府应该有所作为。各级政府应进一步加强对城市流动人口的人文关怀，确保城市流动人口与城市市民平等享受城市基本公共服务，进而提升流动人口对城市的归属感和自我价值观水平。其次，城市流动人口应该主动积极地融入城市文明。城市流动人口不仅要不断提高心理素质，培育市民观念，勇于承担义务，主动融入城市社会，获得城市社会的认同与接纳；还要进一步提升作为新型城市劳动者应具备的能力与素质，在知识储备、文化教养、技术技能、价值观念、行为方式、自我意识、理想志向等方面建立较强的城市归属感，不断提升自身的人力资本，以获得适合的经济地位与职业成就感，从而提高自我价值观水平，增强城市归属感，为接纳城市文化、融入城市社会奠定扎实的基础。

四、研究结论

本研究得出了以下结论：

第一，城市流动人口的文化接纳、归属感及自我价值观总体处于中等偏上水平。

第二，城市流动人口的文化接纳总分及语言习俗、价值观念、生活方式、教育理念、管理制度等的得分在年龄、受教育程度、薪酬情况、婚姻状况、工

作年限、来到城市的时间、城市居住地等人口学变量上均存在显著性差异。

第三，流动人口城市文化接纳总均分及"语言习俗""价值观念""生活方式""教育理念""管理制度"等维度的得分与其归属感得分之间存在显著正相关。

第四，流动人口城市文化接纳总均分及"语言习俗""价值观念""生活方式""教育理念""管理制度"等维度的得分与其自我价值观总均分及"家庭关系""个人品质""交际关系""身体外形""生活态度""社会关系"等6个维度的得分之间均存在显著正相关。

第五，多元回归分析结果表明：（1）城市流动人口的归属感对其文化接纳具有显著的正向预测作用；（2）城市流动人口自我价值观中的"家庭关系""个人品质""社会关系"维度对其文化接纳具有显著正向预测作用。

第五章 城市流动人口文化适应及其与生活满意度、社会公平感的关系

我国经济的飞速发展离不开流动人口做出的巨大贡献。但是，当前我国的流动人口也面临许多挑战。相较于老一代流动人口，新一代流动人口表现出更强的文化适应需求。因此，流动人口能否更好地适应城市文化，对社会的和谐稳定、经济的发展具有重要意义。

已有的大量研究表明，流动人口迁入及融入城市，是他们获取公平就业机会、提升自身和家人生活水平的重要途径。在这个过程中，流动人口可能会面临许多困难和挫折，从而产生心理问题。这些心理问题主要表现在流动人口的社会态度、社会行为等方面。如果这些心理问题得不到有效解决，会给流动人口造成更大的心理压力，也不利于社会的稳定与发展。因此，我们在研究城市流动人口文化融入的过程中，不仅要关注城市流动人口的物质生活，还要关注城市流动人口的生活满意度、社会公平感等心理感受。

当下，国内学者对流动人口的研究多集中在进城农民工群体上，也有一部分学者将新生代农民工作为研究对象，总体上缺少对青年一代流动人口的调查研究，而本研究则将受教育程度相对较高的流动人口群体纳入研究的范围。

本研究的目的是了解城市流动人口的文化适应、生活满意度、社会公平感的现状，深入探讨文化适应与生活满意度、社会公平感之间的关系。对城市流动人口文化适应、生活满意度及社会公平感的研究，有利于剖析城市流动人口的心理发展特点，对城市流动人口的心理健康维护进行理论指导，帮助他们更快、更好地适应城市生活。

第一节 城市流动人口文化适应与生活满意度、社会公平感研究综述

一、主要概念界定

(一) 文化适应的概念界定

张卫枚将农民工的文化适应界定为：农民工在城市文化的影响下不断地进行自我调整，形成适应城市社会的技能、生活方式、价值观念等，使其能够自觉采取符合城市社会要求的行为，达到完全融入城市市民阶层的目的。该定义与本研究对城市流动人口文化适应的理解比较吻合。

(二) 生活满意度的概念界定

人们普遍认为，最早提出"生活满意度"这一概念的是美国学者 D·M.约翰逊（D. M. Johnson），约翰逊认为，生活满意度是个体根据自己的生活标准对自己持续一段时间的生活质量的认知评价，是个体在这段时期或长期以来生活状态的主观体验。此后，国内外有很多学者对生活满意度进行了较为深入的研究。如黄立清、邢占军认为，生活满意度也叫"主观生活质量"。国际上比较常用的一个术语是"subjective well-being"（简作"SWB"），国内学者一般将其翻译成"主观幸福感"，认为是反映民众主观生活质量的核心内容。本研究认为，生活满意度是指个人依照自己选择的标准对自己大部分时间或持续一段时间生活状况的总体性认知评估，它是衡量人们生活质量的重要参数。

(三) 社会公平感的概念界定

袁吕发认为，社会公平感其实是人们感知和评价社会公平程度时产生的一种心理感受，它是人们对社会公平事实"应该如何"和"实际如何"之间关系的看法。本研究将"社会公平感"这一概念界定为社会主体受社会背景、社会阶层和教育程度的影响，在心理上产生的对社会公平现象的一种主观判断。

二、文化适应研究概述

(一) 文化适应的国外研究现状

数百年之前，英国就出现了农民向城市迁移的现象，在这期间出现了许多

与文化接纳、文化适应和文化融入相关的问题。第二次世界大战期间，出现了大规模的移民现象，人们从原生活居住地迁移至一个完全陌生的环境后，产生了一系列的适应问题，这引起了当时西方学者的高度关注。学者们从不同的视角和方面研究文化适应，每个阶段的研究都有不同的侧重点，其理论也不断地丰富和完善。1936 年，美国学者罗伯特·瑞德菲尔德（Robert Redfield）、拉夫·林投（Ralph Lintou）和麦尔维·赫斯科维茨（Melviie Herskovits）等人对"文化适应"做出了比较正式的定义：文化适应是指由个体所组成，且具有不同文化的群体之间发生持续的、直接的文化接触，导致一方或双方原有的文化模式发生改变的现象。1967 年，格拉费斯（Graves）首次从心理学角度对"文化适应"进行了定义：文化适应是指个体由于与其他文化接触或参与其所属群体所正在经历的文化适应而产生的心理和行为上的变化。

上述学者对文化适应的理解多从群体的视角出发，其中心理学家更注重从个体层面强调文化适应对各种心理过程的影响。目前，国外学界关于文化适应的研究重点主要集中在文化适应的分类、影响文化适应的因素、文化适应过程及提高文化适应的对策这四个方面。

(二) 文化适应的国内研究现状

西方学者对文化适应的研究为我国学者研究此类问题提供了重要的参考依据，截至目前，国内学者对流动人口城市适应的研究，主要从社会化视角、文化视角、社会交往视角入手。

在社会化视角方面，朱力等认为，"社会化"和"适应"只是对同一事物的不同表述。新生代农民工进入城市之后，其本身所持有的农村文化特质与城市文化之间的差异给他们的心理带来一定的冲击，他们在适应城市文化的过程中会不断调整自己的生活方式。

在文化视角方面，张卫枚将"城市文化适应"定义为：农民工经由城市文化的影响与自我调整，形成适应城市社会的技能、生活方式、价值观念等，使其能够自觉采取符合城市社会要求的行为，达到完全融入城市市民阶层的目的。

在社会交往视角方面，熊凤水、慕良泽通过研究认为，农民工在城市的适应可以分为两个阶段：一种是低层次阶段，这个阶段主要以生存为特征；一种是高层次阶段，该阶段主要以发展为特征。在不同的适应阶段，农民工需要依靠不同的社会关系网络在城市中生存。

综上所述，国内大多数学者认为，在城市中，主文化是城市文化，亚文化是流动人口群体本身所具有的文化，流动人口群体在城市中生活，受到城市文化的影响较大。主文化与亚文化在相互碰撞的过程中会受到一定程度的影响，从而发生一些改变。

(三) 对文化适应研究的评价

到目前为止，国内学者对"文化适应"的概念界定一直没有形成统一的认识，其研究多根据自己阐释的内涵及外延展开。近年来，文化适应问题受到越来越多心理学家的关注。但西方研究者更多的是从"移民"这一群体入手进行研究，其所提出的文化适应理论具有较强的地域特色，国内学者在借鉴此类理论的时候还必须结合实际情况进行调整。目前，国内关于城市流动人口文化适应的研究还不成熟，有待创新形成具有中国特色的文化适应理论。

三、生活满意度研究概述

(一) 生活满意度的国外研究现状

20 世纪 60 年代，国外学者针对生活满意度，主要从概念界定、理论模型、测量方法、影响因素等方面展开实证研究。

从概念的角度来看，西恩（Shin）和约翰逊（Johnson）认为，生活满意度可以分为一般生活满意度和特殊生活满意度，二者的区别主要在于个体对生活质量的总体评价和个体对特殊生活领域生活质量的评价。

从理论模型角度看，吉尔曼（Gilman）认为，评定生活满意度的量表在理论建构上可分为单维模型和多维模型。测量一般生活满意度经常用单维模型，该理论假设人们评定自己的生活满意度通常是根据自己的感觉来的。与单维模型不同的是，多维模型既可以测量一般生活满意度，也可以测量特殊生活满意度。

从测量方法角度看，纽葛登（Neugarten）和海威赫斯特（Havighurst）认为其可以分为自评和他评这两种方法。国外比较常用的是丹尼尔（Diener）等人在 20 世纪 80 年代编制的生活满意度量表。多数学者的研究结果表明，不同群体的生活满意度都可以借助该量表进行测量，其有良好的测量质量。

从影响因素角度看，国外研究者将影响生活满意度的因素分为主观因素和客观因素。主观因素一般包括个体的自我概念、自身价值观、认知因素等人格因素。彼得（Peter）和安郁（Anu）的研究显示，文化因素对个体具体生活满意度的影响（如积极情感和消极情感）其实并不是很大，主要还是起调节作用。

（二）生活满意度的国内研究现状

国内学者对生活满意度的研究始于20世纪90年代末期，在这之后的20多年里，国内学者引进了西方的生活满意度量表和理论，在生活满意度的研究内容、理论构建、质性研究、量化研究等方面都取得了不少成果。国内学者的生活满意度研究主要聚焦于生活满意度的概念、研究对象这两个方面。

从概念的角度出发，国内学者大多沿用西恩和约翰逊所界定的概念——生活满意度就是人们根据自身所设的标准对生活质量进行的主观评价，并且认为生活满意度和主观幸福感可以不加区分、混合使用。

从研究的对象出发，近年来，我国研究者对农村流动人口的生活满意度进行了研究。如孙文中的研究结果表明，由于受户籍制度、收入水平等的限制，流动人口无法和当地居民享有同等的权利和待遇，面临难以适应城市的问题，因此其生活满意度并不高。刘文对浙江省流动人口的生活满意度进行了调查研究，结果显示，城市流动人口的生活满意度总体水平不高，并呈现出显著的性别差异，女性流动人口的生活满意度高于男性流动人口。

（三）对生活满意度研究的评价

目前学术界对生活满意度的概念界定尚未形成统一的认识。国内关于生活满意度的研究虽取得了一定的成果，但存在的不足也是显而易见的，具体有以下几方面。第一，国内关于生活满意度的研究大多局限在某一领域。虽然也有很多学者致力于研究影响生活满意度的因素，比如有学者将影响因素分为主观因素和客观因素，但深度明显不够。另外，由于研究的对象存在局限性，因此相对应的影响因素也不是很全面。第二，现有的研究大部分仅停留于表面的描述，并没有提出有效的解决办法。在后期的研究中，可以考虑拓展生活满意度的研究对象，深入挖掘影响生活满意度的因素，提出切合实际且操作性强的解决办法。第三，从研究者的角度出发，有研究者认为，国内外研究者之间的协作性严重不足，容易有很多重复性的研究，一些先进的研究方法和成果不能及时在学界分享和推广。

四、社会公平感研究概述

（一）社会公平感的国外研究现状

社会公平感其实是社会公平的一个组成部分，从总体而言，国外有关社会公平感的研究较少，主要局限于组织公平感领域。且主要从维度分析和影响因素这两个方面展开。

从社会公平感的维度来看，社会公平感由"分配""程序""互动"等维度构成。亚当斯（Adams）的公平理论认为，个体通过与他人比较收益/投入比来感知是否公平，即分配公平。如果感受到不公平，就会感到不适并采取措施恢复公平，以降低不适感。锡博特（Thibaut）和沃克尔（Walker）认为，程序公平是指分配资源的程序及方法实施的过程的公平。例如，了解并接受群众意见的程序就是公平的。贝斯（Bies）和莫格（Moag）提出了互动公平，认为在互动过程中，如果上级能够为下属提供比较清晰和完整的描述，下属就能感受到被重视，从而产生公平感。

从影响社会公平感的因素角度来看，冯·登·鲍斯（Van den Bos）通过相关研究发现，在公平判断中，如果信息很模糊、不准确，人们就会更倾向于依赖自己的情绪，以此决定自己对该事件的感觉。显然，这种公平判断是十分主观的，因为它没有根据客观的信息和条件做出判断。

（二）社会公平感的国内研究现状

国内关于社会公平感的研究相对较少，但也取得了一些成果，国内学者主要从社会公平感的概念、研究对象及影响因素等方面开展研究。

从概念来看，刘欣指出，相对剥夺论认为，人们的社会公平感并不取决于客观的社会经济地位，而是来源于其与同类人群的社会比较。如果与自己的过去或参照群体相比较，个体越认为自己的付出与回报合理，就越倾向于认为社会是公平的。和早期研究者对相对剥夺感的认识不同，熊猛认为，相对剥夺感不仅包括认知成分，还包括情感成分，后来的很多学者也都认同这一观点。

从研究对象来看，近些年，国内学者开始关注流动人口群体的社会公平感及其影响因素。有关研究发现，与城市居民相比，流动人口群体的社会公平感不高，甚至还呈现一定的下降趋势，反映出流动人口在城市生活的状况水平并未得到提升。

学者们对社会公平感的影响因素也进行了一定的探索，认为个人特质、参照者接受信息的呈现方式，或者对不平等的容忍程度等，可能会影响个体的社会公平感。如陶梦露认为，影响社会公平感的客观因素主要有社会认同、情境、信息呈现的顺序等。

(三) 对社会公平感研究的评价

国内外学者关于社会公平感的研究还存在一些不足之处。首先，学者们对社会公平感的研究大多采用问卷调查的方式，但是在实际运用中并不存在具有普适性的问卷。当前关于社会公平感调查问卷的内容各不相同，比较混乱。其次，社会公平感是一个比较敏感的话题，被试总量会表现出一定的社会掩饰性，因此，研究的结果和实际情况会存在一定的差异。再次，国内外学者多用实验的方式研究社会公平感，鲜有对当前处在一定社会环境内社会人的社会公平感的研究，因此，研究结果总是会存在一些偏差。最后，调查对象的选取也有一定的局限性。如对农民工社会公平感的研究比较多，而对其他群体社会公平感的研究就比较少，因此研究成果很有可能存在一定程度的重复。在后期的研究中，调查问卷的编制和研究对象的选取都是要慎重对待的问题。

五、文化适应与生活满意度、社会公平感的关系研究概述

(一) 文化适应与生活满意度、社会公平感的关系研究

如今有许多关于文化适应与生活满意度之间关系的研究。娜日对文化适应过程和生活满意度进行了横断研究，结果表明，无论是在哪个领域，选择边缘化策略的人的生活满意度最高，采取同化策略的人的生活满意度最低。丹尼尔等人通过研究发现，个体的自我满意度和整体生活满意度感之间存在显著的文化差异。沃德（Word）提出了文化适应的"ABC"理论，认为在文化适应的过程中个体的变化主要包括三个方面，其中情感视角强调在文化适应中的情绪，即关注个体的幸福感与生活满意度。

学界多通过中介作用来对文化适应与社会公平感进行间接研究，如对生活满意度的研究，当个体感觉自己被公平对待的时候，其生活满意度就高，其文化适应程度也就会高。

关于社会公平感与生活满意度的关系，王亚楠的研究表明，相对剥夺感和生活满意度之间有显著的负相关关系，即相对剥夺感越高，个体的生活满意度越低。很多研究结果已经证明，个体的公平感会影响到其他感受，当个体感觉到自己被公平对待的时候，他们会对社会、社会关系表现出较高的满意度。

(二) 对文化适应与生活满意度、社会公平感关系研究的评价

国内关于文化适应与生活满意度、社会公平感关系的研究比较少，有待更广泛而深入地开展研究。首先，"文化适应"的概念界定并不明确，需要进一

步予以界定。其次，国内学界关于对流动人口文化适应、社会公平感方面问卷的开发明显缺失，应强化深入研究，以编制出质量高、适用性强的本土化测量工具。国外已有比较权威的关于生活满意度的问卷，但要将其用于国内施测，还需根据我国国情做进一步的修订。第三，截至目前，还未有研究者将城市流动人口的文化适应与生活满意度、社会公平感结合起来，对城市流动人口的心理与行为进行研究，以深入细致地剖析这三者之间的关系。

第二节 城市流动人口文化适应及其与生活满意度、社会公平感关系的研究设计

一、研究目标

本研究旨在了解城市流动人口文化适应、生活满意度、社会公平感的现状，深入探讨城市流动人口文化适应及其与生活满意度、社会公平感的关系，为提升城市流动人口的文化适应水平，提高其城市生活满意度，增强其社会公平感提供一定的理论依据。

二、研究意义

（一）理论意义

学界对流动人口的研究更多关注的是社会融合这样一个主动、双向的方面，而对流动人口的社会适应这样一个被动、单向方面的研究较少。学界对社会适应的研究多集中在少数民族、老人和儿童等群体，对流动人口的相关研究相对缺乏。随着人口规模的不断扩大，城市化的迅速发展，流动人口在适应城市文化的同时，也将自身的乡土文化带入了城市。两种文化相互作用，必然会给流动人口带来生理上和心理上的冲击，流动人口的社会态度、社会行为也会随之发生变化，从而影响到他们生活的方方面面，如流动人口的职业选择，以及其所体验到的生活满意度、社会公平感等。

长期以来，流动人口对社会发展的影响是经济学、社会学等学科研究的重点，而学界对流动人口心理健康问题的重视程度相对而言则显得不足。因此，有必要从流动人口社会适应的角度出发，研究城市流动人口的文化适应及其与生活满意度、社会公平感的关系，这样不仅能够丰富心理学的理论知识，还能

够为经济学、社会学、管理学等学科的发展提供动力。

（二）实践意义

其实践意义主要有 5 个方面。

1. 社会层面

栾青霖指出，流动人口是我国全面建成小康社会的生力军，是经济社会转型发展不可或缺的重要力量。改革开放 40 年来，流动人口有效提高了生产要素的分配，加快了我国城镇化和现代化的进程。邢海燕认为，虽然城市的许多行业越来越依赖流动人口，但是流动人口与城镇居民的待遇仍然存在差距。总体来说，流动人口的劳动强度大、工作时间长，但报酬相对较低，这就造成了流动人口在心理上的不适应，进而影响到社会的发展与现代化的进程。

2. 政府管理层面

流动人口是一个庞大的群体，流入地的相关政策对改善流动人口的城市适应性有着非常重要的作用。

3. 社区层面

城镇化建设的落脚点在于人民群众幸福感的提升，流动人口作为新型城镇化建设的主体，其生活满意度的水平必然会成为城镇化质量评价的重要维度。刘晔、天嘉玥等人的研究认为，和谐的社区邻里关系能够直接提升流动人口的生活满意度，反过来，流动人口生活满意度的提升也有助于社区邻里关系的稳定。

4. 家庭层面

贾劝宝的研究指出，流动人口面临的主要问题是转换身份角色难、融入城市难，由此频繁诱发了一系列各种各样的家庭矛盾。众所周知，家庭关系是影响个体心理健康的重要因素，稳定的家庭是流动人口的避风港。

5. 个体层面

流动人口有着非常强烈的社会适应意愿，在维护自身权益的同时渴望社会公平。增强流动人口的社会适应能力，关注其心理层面的适应性，提高其社会公平感，是促进我国社会和谐稳定的重要因应策略。

综上所述，了解城市流动人口的文化适应情况、生活满意度和社会公平感现状，满足其对美好生活的向往，是促进社会和谐稳定、推动经济高质量发展、全面建成社会主义现代化强国的重要基础。

三、研究假设

假设 1：不同人口学变量（性别、年龄、受教育程度、工作年限、薪酬情况、来到城市的时间、城市居住地）上的城市流动人口在文化适应上存在显著差异。

假设 2：城市流动人口的文化适应与生活满意度、社会公平感各个维度之间均存在显著正相关。

四、研究对象

本研究以长三角地区的流动人口为研究对象，采用网络调查的形式，通过问卷星回收了 2 651 份问卷，其中有效问卷 2 214 份，剔除回答时间过长或过短、回答明显不合理、连续选择答案相同（按连续 10 个题目以上）的问卷 437 份，回收有效率 83.5%。具体流动人口的样本分布情况如表 5-1 所示。

表 5-1 具体流动人口的样本分布情况

变量	类别	人数/人	百分数/%
性别	男	757	34.2
	女	1 457	65.8
年龄	35 岁及以下	916	41.4
	36~45 岁	1 098	49.6
	46 岁及以上	200	9.0
受教育程度	小学及以下	239	10.8
	初中	1 169	52.8
	高中/职校/中专/技校	497	22.4
	大专/高职	200	9.0
	本科及以上	109	4.9
工作年限	1 年以下	103	4.7
	1~3 年	256	11.6
	4~8 年	445	20.1
	8 年以上	1 410	63.7

续表

变量	类别	人数/人	百分数/%
薪酬情况	2 000 元及以下	144	6.5
	2 001~3 000 元	313	14.1
	3 001~4 000 元	513	23.2
	4 001~5 000 元	509	23.0
	5 001~8 000 元	463	20.9
	8 000 元以上	272	12.3
来到城市的时间	4 年以下	144	6.5
	4~8 年	415	18.7
	8 年以上	1 655	74.8
城市居住地	城市中心地带	567	25.6
	城乡接合部	780	35.2
	城镇或城中村	867	39.2

五、研究工具

(一) 城市流动人口文化适应调查问卷

本研究借鉴洪秋兰、林媛撰写的《新生代农民工城市文化适应的三维度评估——一份实证调研数据的发现》，选择其中两个维度——"认知适应"和"行为适应"编制调查问卷。"认知适应"维度包括"边缘""分离""同化""融入"等4个因子，"行为适应"维度则包括"生活环境""人际交往""公德意识""社会支持"等4个因子，共35个测试项目。采用Likert 五级评分方法（"1"表示完全不同意/适应/习惯；"5"表示完全同意/适应/习惯）。此时，边缘和分离两个因子正向计分，代表流动人口并不认为自己没有很好地适应城市文化，即流动人口在这两个因子上所得的分数越低，说明其城市文化适应能力越高。因此，在计算"认知适应"维度均分、"行为适应"维度均分及城市文化适应总均分时，需要先将"分离"与"边缘"因子进行反向计分，然后再进行计算。本问卷采用计算总均分的方式来分析城市流动人口文化适应程度的高低，即分值越高表示越认同题干的观点，进而表明该维度的影响程度越高。经检验，该问卷的 Cronbach α 系数为 0.74，说明其具有较好的信度。

(二) 生活满意度调查问卷

本研究采用丹尼尔等人编制的"生活满意度量表（SWLS）"作为流动人口生活满意度调查问卷，共有 5 个测试项目，采用 Likert 七点记分法，从"非常不同意"到"非常同意"分别计 1 分、2 分、3 分、4 分、5 分、6 分、7 分，分值越高表示越认同题干的观点。经检验，该问卷的 Cronbach α 系数为 0.85，说明其具有较好的信度。

(三) 社会感受调查问卷

本研究采用的是蒋庆刚、孙庆民编制的"社会感受调查问卷"，该问卷分为"分配公平""程序公平""互动公平""权利公平""机会公平""弱势公平"等 6 个维度，共 32 个测试项目，采用 Likert 七点记分法，从"非常不符合"到"非常符合"分别计 1 分、2 分、3 分、4 分、5 分、6 分、7 分。其中第 11 题反向计分，分值越高表示越认同题干的观点。经检验，该问卷的 Cronbach α 系数为 0.94，说明其具有较好的测量信度。

六、数据处理

本研究使用 SPSS 22.0 进行数据处理分析，主要采用描述性分析、单因素方差分析、相关分析和回归分析等统计学方法。

第三节　城市流动人口文化适应及其与生活满意度、社会公平感关系的研究结果

一、城市流动人口文化适应现状

(一) 城市流动人口文化适应的总体特点

由表 5-2 可知，城市流动人口文化适应的总均分为 3.65，"认知适应"维度总分高于"行为适应"维度总均分。"公德意识"因子的得分最高，其余依次是"融入""生活环境""社会支持""人际交往""同化""分离""边缘"这几个因子。除"分离"因子与"边缘"因子之外，其他因子的得分均大于中值（3 分），处于较高水平。而"分离"因子与"边缘"因子的得分虽低，但这恰恰表明流动人口的认知适应能力强。因此，可以认为城市流动人口的文化适应水平较高。

表 5-2　城市流动人口文化接纳的描述性分析

维度	分层因子	M	SD
认知适应	边缘	1.99	0.79
	分离	2.50	0.89
	同化	3.15	0.69
	融入	4.05	0.62
	认知适应维度总均分	3.68	0.47
行为适应	生活环境	3.98	0.68
	人际交往	3.19	0.81
	公德意识	4.66	0.50
	社会支持	3.49	0.86
	行为适应维度总均分	3.62	0.62
城市文化适应总均分		3.65	0.47

从标准差来看，流动人口在城市文化适应总均分及"认知适应"维度、"行为适应"维度得分的离散程度均比较小。

(二) 城市流动人口文化适应在人口学变量上的差异分析

1. 城市流动人口文化适应在性别上的差异分析

由表 5-3 可知，城市流动人口文化适应在性别上存在显著差异，在"分离"因子上，男性流动人口的得分均显著高于女性；在"生活环境"因子上，男性流动人口的得分均显著低于女性。在"认知适应"维度均分及城市文化适应总均分上，男性流动人口的得分均显著低于女性流动人口。

表 5-3　城市流动人口文化适应在性别上的差异分析

维度	分层因子	性别	M	SD	t
认知适应	边缘	男	2.02	0.79	1.00
		女	1.98	0.79	
	分离	男	2.64	0.92	5.28***
		女	2.42	0.87	
	同化	男	3.14	0.68	-0.48
		女	3.16	0.70	

续表

维度	分层因子	性别	M	SD	t
认知适应	融入	男	4.02	0.65	-1.31
		女	4.06	0.60	
	认知适应维度总均分	男	3.63	0.49	-3.49***
		女	3.70	0.45	
行为适应	生活环境	男	3.93	0.69	-2.62**
		女	4.01	0.68	
	人际交往	男	3.18	0.81	-0.31
		女	3.19	0.82	
	公德意识	男	4.65	0.51	-0.92
		女	4.67	0.50	
	社会支持	男	3.47	0.88	-1.07
		女	3.51	0.86	
	行为适应维度总均分	男	3.60	0.60	-1.28
		女	3.64	0.61	
城市文化适应总均分	—	男	3.62	0.48	-2.74**
		女	3.67	0.46	

注：* 表示 $P<0.05$，** 表示 $P<0.01$，*** 表示 $P<0.001$。

2. 城市流动人口文化适应在年龄上的差异分析

由表 5-4 可知，城市流动人口文化适应总均分及"同化""人际交往""社会支持"等 3 个因子在年龄上存在极其显著的差异（$P<0.001$）；在"融入""生活环境"这两个因子上存在显著差异（$P<0.05$）。

表 5-4　城市流动人口文化适应在年龄上的差异分析

维度	分层因子	年龄	M	SD	F
认知适应	边缘	35 岁及以下	2.01	0.80	2.92
		36~45 岁	1.96	0.77	
		46 岁及以上	2.09	0.82	

续表

维度	分层因子	年龄	M	SD	F
认知适应	分离	35岁及以下	2.51	0.91	2.39
		36~45岁	2.46	0.87	
		46岁及以上	2.61	0.94	
	同化	35岁及以下	3.08	0.70	8.12***
		36~45岁	3.20	0.66	
		46岁及以上	3.18	0.78	
	融入	35岁及以下	4.01	0.62	3.64*
		36~45岁	4.08	0.58	
		46岁及以上	4.01	0.76	
	认知适应维度总均分	35岁及以下	3.64	0.47	7.70***
		36~45岁	3.72	0.46	
		46岁及以上	3.62	0.51	
行为适应	生活环境	35岁及以下	3.92	0.70	7.15**
		36~45岁	4.03	0.65	
		46岁及以上	4.02	0.79	
	人际交往	35岁及以下	2.98	0.80	51.60***
		36~45岁	3.33	0.80	
		46岁及以上	3.33	0.78	
	公德意识	35岁及以下	4.66	0.51	0.28
		36~45岁	4.66	0.49	
		46岁及以上	4.64	0.54	
	社会支持	35岁及以下	3.34	0.85	24.17***
		36~45岁	3.60	0.85	
		46岁及以上	3.57	0.90	
	行为适应维度总均分	35岁及以下	3.49	0.59	40.41***
		36~45岁	3.72	0.59	
		46岁及以上	3.71	0.62	

续表

维度	分层因子	年龄	M	SD	F
城市文化适应总均分	—	35岁及以下	3.58	0.46	23.29***
		36~45岁	3.72	0.46	
		46岁及以上	3.66	0.49	

注：* 表示 $P<0.05$，** 表示 $P<0.01$，*** 表示 $P<0.001$。

经过事后多重检验发现，在"同化""融入""生活环境"等3个因子上，35岁及以下流动人口的得分均显著低于36~45岁流动人口的得分；在"人际交往""社会支持"这两个因子上，35岁及以下流动人口的得分均显著低于36~45岁、46岁及以上流动人口的得分，其他组别之间不存在显著性差异。

在"认知适应"维度总均分上，36~45岁流动人口的得分均显著高于35岁及以下、46岁及以上流动人口的得分；在"行为适应"维度总均分及城市文化适应总均分上，35岁及以下流动人口的得分均显著低于36~45岁、46岁及以上流动人口的得分；在城市文化适应总均分上，35岁及以下流动人口的得分均显著低于36~45岁流动人口的得分，其他组别之间不存在显著性差异。

总体而言，36~45岁城市流动人口文化适应的程度相较于其他两组来说更高。

3. 城市流动人口文化适应在受教育程度上的差异分析

由表5-5可知，流动人口的城市文化适应总均分及"边缘""分离""生活环境""人际交往""社会支持"等5个因子在受教育程度上存在极其显著的差异（$P<0.001$），在"融入"因子上存在显著性差异（$P<0.05$）。

表5-5 城市流动人口文化适应在受教育程度上的差异分析

维度	分层因子	受教育程度	M	SD	F
认知适应	边缘	小学及以下	2.21	0.84	20.57***
		初中	2.07	0.81	
		高中/职校/中专/技校	1.87	0.72	
		大专/高职	1.75	0.66	
		本科及以上	1.67	0.72	

续表

维度	分层因子	受教育程度	M	SD	F
认知适应	分离	小学及以下	2.71	0.91	21.64***
		初中	2.59	0.89	
		高中/职校/中专/技校	2.38	0.84	
		大专/高职	2.18	0.82	
		本科及以上	2.10	0.89	
	同化	小学及以下	3.15	0.72	1.05
		初中	3.13	0.67	
		高中/职校/中专/技校	3.17	0.68	
		大专/高职	3.16	0.69	
		本科及以上	3.26	0.86	
	融入	小学及以下	4.00	0.68	3.20*
		初中	4.02	0.63	
		高中/职校/中专/技校	4.08	0.54	
		大专/高职	4.12	0.59	
		本科及以上	4.18	0.74	
	认知适应维度总均分	小学及以下	3.56	0.47	25.29***
		初中	3.62	0.47	
		高中/职校/中专/技校	3.75	0.42	
		大专/高职	3.84	0.43	
		本科及以上	3.92	0.49	
行为适应	生活环境	小学及以下	3.94	0.69	9.51***
		初中	3.92	0.70	
		高中/职校/中专/技校	4.02	0.63	
		大专/高职	4.15	0.63	
		本科及以上	4.23	0.69	

续表

维度	分层因子	受教育程度	M	SD	F
行为适应	人际交往	小学及以下	3.09	0.83	31.43***
		初中	3.05	0.79	
		高中/职校/中专/技校	3.30	0.79	
		大专/高职	3.56	0.77	
		本科及以上	3.64	0.78	
	公德意识	小学及以下	4.64	0.51	0.60
		初中	4.66	0.50	
		高中/职校/中专/技校	4.65	0.53	
		大专/高职	4.69	0.43	
		本科及以上	4.72	0.50	
	社会支持	小学及以下	3.43	0.88	40.88***
		初中	3.32	0.84	
		高中/职校/中专/技校	3.67	0.82	
		大专/高职	3.86	0.77	
		本科及以上	4.06	0.81	
	行为适应维度总均分	小学及以下	3.56	0.60	39.03***
		初中	3.51	0.59	
		高中/职校/中专/技校	3.72	0.58	
		大专/高职	3.91	0.56	
		本科及以上	4.01	0.56	
城市文化适应总均分		小学及以下	3.56	0.46	39.44***
		初中	3.57	0.46	
		高中/职校/中专/技校	3.74	0.44	
		大专/高职	3.87	0.42	
		本科及以上	3.96	0.47	

注：* 表示 $P<0.05$，*** 表示 $P<0.001$。

经过事后多重检验发现，在"融入"因子上，小学及以下、初中流动人口的得分均显著低于大专/高职和本科及以上流动人口的得分，其他组别之间不存在显著性差异。

在"边缘"因子上，本科及以上流动人口的得分显著低于小学及以下、初中、高中/职校/中专/技校流动人口的得力，大专/高职、高中/职校/中专/技校流动人口的得分流动人口的得分均显著低于小学及以下和初中流动人口的得分，初中流动人口的得分显著低于小学及以下流动人口的得分，其他组别之间不存在显著性差异。

在"分离"因子上，本科及以上、大专/高职流动人口的得分均显著低于小学及以下、初中、高中/职校/中专/技校流动人口的得分，高中/职校/中专/技校流动人口的得分显著低于小学及以下、初中流动人口的得分，其他组别之间不存在显著性差异。

在"生活环境"因子上，本科及以上、大专/高职流动人口的得分均显著高于小学及以下、初中、高中/职校/中专/技校流动人口的得分，高中/职校/中专/技校流动人口的得分显著高于初中流动人口的得分，其他组别之间不存在显著性差异。

在"人际交往""社会支持"这两个因子上，本科及以上、大专/高职流动人口的得分均显著高于小学及以下、初中、高中/职校/中专/技校流动人口的得分，高中/职校/中专/技校流动人口的得分显著高于小学及以下、初中流动人口的得分，其他组别之间不存在显著性差异。

在"认知适应"维度、"行为适应"维度及城市文化适应总均分上，本科及以上、大专/高职流动人口的得分均显著高于小学及以下、初中、高中/职校/中专/技校流动人口的得分，高中/职校/中专/技校流动人口的得分显著高于小学及以下、初中流动人口的得分，其他组别之间不存在显著差异。

总体而言，城市流动人口文化适应随着其受教育程度的提高而提高。

4. 城市流动人口文化适应在工作年限上的差异分析

由表5-6可知，城市流动人口的城市文化适应总均分及"边缘""生活环境""人际交往""社会支持"等4个因子的得分在工作年限上存在极其显著的差异（$P<0.001$），流动人口在"分离"因子的得分上存在显著性差异（$P<0.05$）。

表 5-6 城市流动人口文化适应在工作年限上的差异分析

维度	分层因子	工作年限	M	SD	F
认知适应	边缘	1 年以下	2.19	0.82	7.16***
		1~3 年	2.15	0.85	
		4~8 年	1.98	0.79	
		8 年以上	1.95	0.77	
	分离	1 年以下	2.67	0.83	2.94*
		1~3 年	2.59	0.86	
		4~8 年	2.44	0.87	
		8 年以上	2.48	0.90	
	同化	1 年以下	3.19	0.74	2.38
		1~3 年	3.16	0.66	
		4~8 年	3.07	0.68	
		8 年以上	3.17	0.70	
	融入	1 年以下	3.94	0.72	2.41
		1~3 年	4.01	0.63	
		4~8 年	4.02	0.62	
		8 年以上	4.07	0.61	
	认知适应维度总均分	1 年以下	3.57	0.48	5.25***
		1~3 年	3.61	0.46	
		4~8 年	3.67	0.48	
		8 年以上	3.70	0.46	
行为适应	生活环境	1 年以下	3.87	0.81	7.60***
		1~3 年	3.88	0.71	
		4~8 年	3.90	0.66	
		8 年以上	4.03	0.67	
	人际交往	1 年以下	3.01	0.86	17.23***
		1~3 年	2.97	0.82	
		4~8 年	3.06	0.78	
		8 年以上	3.28	0.81	

续表

维度	分层因子	工作年限	M	SD	F
行为适应	公德意识	1年以下	4.57	0.57	1.11
		1~3年	4.67	0.48	
		4~8年	4.67	0.49	
		8年以上	4.66	0.51	
	社会支持	1年以下	3.33	0.91	7.11***
		1~3年	3.30	0.89	
		4~8年	3.49	0.83	
		8年以上	3.54	0.86	
	行为适应维度总均分	1年以下	3.47	0.65	14.60***
		1~3年	3.47	0.61	
		4~8年	3.56	0.58	
		8年以上	3.68	0.60	
城市文化适应总均分		1年以下	3.53	0.48	11.35***
		1~3年	3.55	0.46	
		4~8年	3.62	0.47	
		8年以上	3.69	0.47	

注：* 表示 $P<0.05$，*** 表示 $P<0.001$。

经过事后多重检验发现，在"分离"因子上，1 年以下及 1~3 年流动人口的得分均显著高于 4~8 年及 8 年以上流动人口的得分，其他组别之间不存在显著性差异。

在"边缘"因子上，1 年以下流动人口的得分显著高于 4~8 年和 8 年以上流动人口的得分，1~3 年流动人口的得分显著高于 4~8 年流动人口的得分，其他组别之间不存在显著性差异。

在"生活环境""人际交往"这两个因子上，8 年以上流动人口的得分显著高于 1 年以下、1~3 年和 4~8 年流动人口的得分，其他组别之间不存在显著性差异。

在"社会支持"因子上，8 年以上流动人口的得分显著高于 1 年以下、1~3 年流动人口的得分，4~8 年流动人口的得分显著高于 1~3 年流动人口的得分，其他组别之间不存在显著性差异。

在"认知适应"维度的总均分上，8年以上流动人口的得分显著高于1年以下、1~3年流动人口的得分，4~8年流动人口的得分显著高于1年以下的流动人口的得分，其他组别之间不存在显著性差异。

在"行为适应"维度的总均分上，8年以上流动人口的得分显著高于1年以下、1~3年及4~8年流动人口的得分，其他组别之间不存在显著性差异。

在城市文化适应总均分上，8年以上流动人口的得分显著高于1年以下、1~3年及4~8年流动人口的得分，4~8年流动人口的得分显著高于1~3年流动人口的得分，其他组别之间不存在显著性差异。

总体而言，城市流动人口的文化适应程度随着其在城市工作年限的增加而提高。

5. 城市流动人口文化适应在薪酬上的差异分析

由表5-7可知，流动人口的城市文化适应总均分及"边缘""分离""融入""生活环境""人际交往""社会支持"等6个分层因子在薪酬情况上存在极其显著的差异（$P<0.001$），在"融入"因子上存在显著性差异（$P<0.05$）。

表5-7　城市流动人口文化适应在薪酬上的差异分析

维度	分层因子	薪酬	M	SD	F
认知适应	边缘	2 000元及以下	2.28	0.90	18.15***
		2 001~3 000元	2.19	0.82	
		3 001~4 000元	2.09	0.79	
		4 001~5 000元	1.95	0.74	
		5 001~8 000元	1.87	0.73	
		8 000元以上	1.74	0.74	
	分离	2 000元及以下	2.69	0.87	8.79***
		2 001~3 000元	2.68	0.90	
		3 001~4 000元	2.53	0.87	
		4 001~5 000元	2.50	0.87	
		5 001~8 000元	2.41	0.89	
		8 000元以上	2.27	0.90	

续表

维度	分层因子	薪酬	M	SD	F
认知适应	同化	2 000元及以下	3.22	0.72	1.54
		2 001~3 000元	3.14	0.72	
		3 001~4 000元	3.13	0.66	
		4 001~5 000元	3.11	0.69	
		5 001~8 000元	3.16	0.67	
		8 000元以上	3.23	0.75	
	融入	2 000元及以下	3.91	0.70	2.64*
		2 001~3 000元	4.05	0.64	
		3 001~4 000元	4.03	0.60	
		4 001~5 000元	4.03	0.63	
		5 001~8 000元	4.08	0.57	
		8 000元以上	4.12	0.64	
	认知适应维度总均分	2 000元及以下	3.54	0.47	14.50***
		2 001~3 000元	3.58	0.47	
		3 001~4 000元	3.64	0.46	
		4 001~5 000元	3.67	0.45	
		5 001~8 000元	3.74	0.45	
		8 000元以上	3.84	0.48	
	生活环境	2 000元及以下	3.84	0.81	14.80***
		2 001~3 000元	3.82	0.72	
		3 001~4 000元	3.94	0.67	
		4 001~5 000元	3.95	0.67	
		5 001~8 000元	4.07	0.62	
		8 000元以上	4.24	0.66	
	人际交往	2 000元及以下	2.96	0.90	14.50***
		2 001~3 000元	3.04	0.83	
		3 001~4 000元	3.12	0.84	
		4 001~5 000元	3.14	0.73	
		5 001~8 000元	3.30	0.76	
		8 000元以上	3.48	0.83	

续表

维度	分层因子	薪酬	M	SD	F
行为适应	公德意识	2 000 元及以下	4.62	0.55	1.69
		2 001~3 000 元	4.68	0.49	
		3 001~4 000 元	4.65	0.53	
		4 001~5 000 元	4.62	0.53	
		5 001~8 000 元	4.69	0.45	
		8 000 元以上	4.70	0.49	
	社会支持	2 000 元及以下	3.30	0.98	14.01***
		2 001~3 000 元	3.28	0.84	
		3 001~4 000 元	3.42	0.85	
		4 001~5 000 元	3.48	0.80	
		5 001~8 000 元	3.64	0.85	
		8 000 元以上	3.76	0.90	
	行为适应维度总均分	2 000 元及以下	3.45	0.69	19.76***
		2 001~3 000 元	3.48	0.59	
		3 001~4 000 元	3.57	0.62	
		4 001~5 000 元	3.59	0.54	
		5 001~8 000 元	3.73	0.57	
		8 000 元以上	3.87	0.60	
城市文化适应总均分		2 000 元及以下	3.50	0.48	21.48***
		2 001~3 000 元	3.54	0.46	
		3 001~4 000 元	3.61	0.47	
		4 001~5 000 元	3.64	0.44	
		5 001~8 000 元	3.74	0.45	
		8 000 元以上	3.85	0.47	

注：* 表示 $P<0.05$，*** 表示 $P<0.001$。

经过事后多重检验发现，在"融入"因子上，薪酬在 2 000 元及以下流动人口的得分显著低于薪酬在 3 001~4 000 元、4 001~5 000 元、5 001~8 000 元、8 000 元以上流动人口的得分，薪酬在 3 001~4 000 元流动人口的得分显著低于薪酬在 8 000 元以上流动人口的得分，其他组别之间不存在显著性差异。

在"边缘"因子上，薪酬在 2 000 元及以下流动人口的得分显著高于薪酬在 3 001~4 000 元、4 001~5 000 元、5 001~8 000 元、8 000 元以上流动人口的得分，薪酬在 2 001~3 000 元流动人口的得分显著高于薪酬在 4 001~5 000 元、5 001~8 000 元、8 000 元以上流动人口的得分，薪酬在 3 001~4 000 元流动人口的得分显著高于薪酬在 4 001~5 000 元、5 001~8 000 元、8 000 元以上流动人口的得分，薪酬在 4 001~5 000 元及 5 001~8 000 元流动人口的得分均显著高于薪酬在 8 000 元以上流动人口的得分，其他组别之间不存在显著性差异。

在"分离"因子上，薪酬在 2 000 元及以下流动人口的得分显著高于薪酬在 3 001~4 000 元、4 001~5 000 元、5 000~8 000 元、8 000 元以上流动人口的得分，薪酬在 2 001~3 000 元流动人口的得分显著高于薪酬在 3 001~4 000 元、4 001~5 000 元、5 001~8 000 元、8 000 元以上流动人口的得分，薪酬在 3 001~4 000 元流动人口的得分显著高于薪酬在 5 001~8 000 元、8 000 元以上流动人口的得分，薪酬在 4 001~5 000 元、5 001~8 000 元流动人口的得分显著均高于薪酬在 8 000 元以上流动人口的得分，其他组别之间不存在显著性差异。

在"生活环境"因子上，薪酬在 2 000 元及以下流动人口的得分显著低于薪酬在 5 001~8 000 元、8 000 元以上流动人口的得分，薪酬在 2 001~3 000 元流动人口的得分显著低于薪酬在 3 001~4 000 元、4 001~5 000 元、5 001~8 000 元、8 000 元以上流动人口的得分，薪酬在 3 001~4 000 元、4 001~5 000 元流动人口的得分显著低于薪酬在 5 001~8 000 元、8 000 元以上流动人口的得分，薪酬在 5 001~8 000 元流动人口的得分均显著低于薪酬在 8 000 元以上流动人口的得分，其他组别之间不存在显著性差异。

在"人际交往"因子上，薪酬在 2 000 元及以下流动人口的得分显著低于薪酬在 3 001~4 000 元、4 001~5 000 元、5 001~8 000 元、8 000 元以上流动人口的得分，薪酬在 2 001~3 000 元、3 001~4 000 元、4 001~5 000 元流动人口的得分均显著低于薪酬在 5 001~8 000 元、8 000 元以上流动人口的得分，其他组别之间不存在显著性差异。

在"社会支持"因子上，薪酬在 2 000 元及以下流动人口的得分显著低于薪酬在 4 001~5 000 元、5 001~8 000 元、8 000 元以上流动人口的得分，薪酬在 2 001~3 000 元流动人口的得分显著低于薪酬在 3 001~4 000 元、4 001~5 000 元、5 001~8 000 元、8 000 元以上流动人口的得分，薪酬在 3 001~4 000 元和 4 001~5 000 元流动人口的得分均显著低于薪酬在 5 001~8 000 元、8 000 元以上流动人口的得分，其他组别之间不存在显著性差异。

在"认知适应"维度总均分上，薪酬在 2 000 元及以下流动人口的得分显著低于薪酬在 3 001~4 000 元、4 001~5 000 元、5 001~8 000 元及 8 000 元以上流动人口的得分，薪酬在 2 001~3 000 元流动人口的得分显著低于薪酬在 4 001~5 000 元、5 001~8 000 元及 8 000 元以上流动人口的得分，薪酬在 3 001~4 000 元和 4 001~5 000 元流动人口的得分均显著低于薪酬在 5 001~8 000 元和 8 000 元以上流动人口的得分，薪酬在 5 001~8 000 元流动人口的得分显著低于薪酬在 8 000 元以上流动人口的得分，其他组别之间不存在显著性差异。

在"行为适应"维度总均分及城市文化适应总均分上，薪酬在 2 000 元及以下和 2 001~3 000 元流动人口的得分均显著低于薪酬在 3 001~4 000 元、4 001~5 000 元、5 001~8 000 元及 8 000 元以上流动人口的得分，薪酬在 3 001~4 000元和 4 001~5 000 元流动人口的得分均显著低于薪酬在 5 001~8 000 元及 8 000 元流动人口的得分，薪酬在 5 001~8 000 元流动人口的得分显著低于薪酬在 8 000 元以上流动人口的得分，其他组别之间不存在显著性差异。

总体而言，城市流动人口文化适应随着其薪酬的增加而提高。

6. 城市流动人口文化适应在来到城市的时间上的差异分析

由表 5-8 可知，流动人口的城市文化适应总均分及"生活环境""人际关系""社会支持"等 3 个因子的得分在其来到城市的时间上存在极其显著的差异（$P<0.001$），在"边缘""分离""融入"等 3 个因子上的得分存在显著性差异（$P<0.05$）。

表 5-8 流动人口城市文化适应在来到城市的时间上的差异分析

维度	分层因子	工作年限	M	SD	F
认知适应	边缘	4 年以下	2.14	0.78	4.04*
		4~8 年	2.04	0.77	
		8 年以上	1.97	0.79	
	分离	4 年以下	2.50	0.86	3.84*
		4~8 年	2.60	0.89	
		8 年以上	2.47	0.89	
	同化	4 年以下	3.06	0.67	1.92
		4~8 年	3.12	0.67	
		8 年以上	3.17	0.70	
	融入	4 年以下	3.90	0.67	4.22*
		4~8 年	4.06	0.55	
		8 年以上	4.06	0.63	
	认知适应维度总均分	4 年以下	3.58	0.45	6.21***
		4~8 年	3.64	0.47	
		8 年以上	3.70	0.47	
行为适应	生活环境	4 年以下	3.82	0.70	15.42***
		4~8 年	3.85	0.68	
		8 年以上	4.03	0.68	
	人际交往	4 年以下	2.93	0.76	45.88***
		4~8 年	2.90	0.78	
		8 年以上	3.28	0.81	
	公德意识	4 年以下	4.58	0.58	1.88
		4~8 年	4.67	0.46	
		8 年以上	4.66	0.51	
	社会支持	4 年以下	3.26	0.88	12.90***
		4~8 年	3.37	0.85	
		8 年以上	3.55	0.86	

续表

维度	分层因子	工作年限	M	SD	F
行为适应	行为适应维度总均分	4年以下	3.41	0.57	5.11***
		4~8年	3.45	0.59	
		8年以上	3.69	0.60	
城市文化适应总均分		4年以下	3.51	0.42	21.52***
		4~8年	3.56	0.47	
		8年以上	3.69	0.47	

注：* 表示 $P<0.05$，*** 表示 $P<0.001$。

经过事后多重检验发现，在"生活环境""人际交往""社会支持"这3个因子上，来到城市的时间在8年以上流动人口的得分显著高于来到城市的时间在4年以下及4~8年的流动人口的得分，其他组别之间不存在显著性差异。

在"边缘"因子上，来到城市的时间在4年以下流动人口的得分显著高于来到城市的时间在8年以上流动人口的得分，其他组别之间不存在显著性差异。

在"分离"因子上，来到城市的时间在4~8年的流动人口的得分显著高于来到城市的时间在8年以上流动人口的得分，其他组别之间不存在显著性差异。

在"融入"因子上，来到城市的时间在4年以下的流动人口的得分显著低于来到城市的时间在4~8年和8年以上流动人口的得分，其他组别之间不存在显著性差异。

在"认知适应""行为适应""城市文化适应"总均分上，来到城市的时间在8年以上流动人口的得分均显著高于来到城市的时间在4年以下及4~8年流动人口的得分，其他组别之间不存在显著性差异。

总体而言，城市流动人口的文化适应程度随着其来到城市时间的增长而提高。

7. 城市流动人口文化适应在城市居住地上的差异分析

由表5-9可知，城市流动人口的文化适应在城市居住地上存在极其的显著差异（$P<0.001$）。不同居住地的流动人口，除了在"公德意识"因子上不存在显著差异之外，在剩下的7个因子上均存在极其显著的差异（$P<0.001$）。

表 5-9 城市流动人口文化适应在城市居住地上的差异分析

维度	分层因子	在城市的居住地	M	SD	F
认知适应	边缘	城市中心地带	1.84	0.78	15.34***
		城乡接合部	2.02	0.79	
		城镇或者城中村	2.07	0.80	
	分离	城市中心地带	2.24	0.83	34.11***
		城乡接合部	2.54	0.91	
		城镇或者城中村	2.62	0.87	
	同化	城市中心地带	3.27	0.72	11.14***
		城乡接合部	3.11	0.69	
		城镇或者城中村	3.11	0.67	
	融入	城市中心地带	4.15	0.62	10.57***
		城乡接合部	4.02	0.61	
		城镇或者城中村	4.00	0.62	
	认知适应维度总均分	城市中心地带	3.83	0.44	46.02***
		城乡接合部	3.64	0.47	
		城镇或者城中村	3.61	0.46	
行为适应	生活环境	城市中心地带	4.16	0.64	26.20***
		城乡接合部	3.93	0.69	
		城镇或者城中村	3.91	0.69	
	人际交往	城市中心地带	3.53	0.76	73.64***
		城乡接合部	3.12	0.80	
		城镇或者城中村	3.03	0.80	
	公德意识	城市中心地带	4.68	0.51	0.80
		城乡接合部	4.65	0.52	
		城镇或者城中村	4.65	0.49	
	社会支持	城市中心地带	3.84	0.80	68.00***
		城乡接合部	3.41	0.84	
		城镇或者城中村	3.34	0.86	

续表

维度	分层因子	在城市的居住地	M	SD	F
行为适应	行为适应维度总均分	城市中心地带	3.89	0.56	82.84***
		城乡接合部	3.56	0.59	
		城镇或者城中村	3.50	0.59	
城市文化适应总均分		城市中心地带	3.86	0.43	79.90***
		城乡接合部	3.61	0.47	
		城镇或者城中村	3.56	0.46	

注：*** 表示 $P<0.001$。

经过事后多重检验发现，在"边缘""分离"这两个因子上，居住在城市中心流动人口的得分显著低于居住在城乡接合部和城镇或者城中村的流动人口的得分，其他组别之间不存在显著性差异。

在"同化""融入""生活环境""社会支持"这4个因子上，居住在城市中心流动人口的得分均显著高于居住在城乡接合部和城镇或者城中村的流动人口的得分，其他组别之间不存在显著性差异。

在"人际交往"因子上，居住在城市中心流动人口的得分显著高于居住在城乡接合部和城镇或者城中村流动人口的得分，居住在城乡接合部流动人口的得分显著高于居住在城镇或者城中村流动人口的得分。

在"认知适应"维度和"行为适应"维度，居住在城市中心地带流动人口的得分显著高于居住在城乡接合部、城镇或城中村流动人口的得分，其他组别之间不存在显著性差异。

在城市文化适应总均分上，居住在城市中心地带流动人口的得分显著高于居住在城乡接合部、城镇或城中村的流动人口的得分，居住在城乡接合部流动人口的得分显著高于居住在城镇或城中村流动人口的得分。

总体而言，城市流动人口的文化适应程度随着其居住地与市中心距离的缩短而提高。

二、城市流动人口生活满意度现状

由表5-10可知，城市流动人口生活满意度的总均分为3.22，标准差为0.32。由此可见，城市流动人口的生活满意度总均分并不高，低于中值（4分）。

表 5-10 城市流动人口生活满意度的描述性分析

维度	M	SD
生活满意度总均分	3.22	0.32

从标准差来看，城市流动人口在归属感上得分的离散程度较小。

三、城市流动人口社会公平感现状

由表 5-11 可知，城市流动人口社会公平感的总均分为 4.72。从各个维度的得分来看，"程序公平"维度的均分最高，其余依次是"权利公平"维度、"弱势公平"维度、"机会公平"维度、"互动公平"维度、"分配公平"维度，除"分配公平"维度外，其他维度的得分均大于中值（4 分），略高于中等水平。

表 5-11 城市流动人口社会公平感的描述性统计分析

维度	M	SD
分配公平	3.79	0.89
程序公平	5.11	1.01
机会公平	4.87	1.12
权利公平	4.98	1.26
互动公平	4.62	1.18
弱势公平	4.98	1.18
社会公平感总均分	4.72	0.88

从标准差来看，城市流动人口在社会公平感 7 个维度上得分的离散程度均较大。

四、城市流动人口文化适应与生活满意度、社会公平感的相关分析

（一）城市流动人口文化适应 8 个因子与生活满意度总均分的相关分析

由表 5-12 可知，城市流动人口的生活满意度总均分与"边缘""分离""同化""融入""生活环境""人际交往""公德意识""社会支持"等因子均存在显著相关（$P<0.01$），与"边缘""分离"这两个因子呈显著的负相关，即"边缘"或"分离"因子的分数越低，代表流动人口的生活满意度就越高。

表 5-12　城市流动人口文化适应 8 个因子与生活满意度总均分的相关分析

	边缘	分离	同化	融化	生活环境	人际交往	公德意识	社会支持	认知适应维度总均分	行为适应维度总均分	城市文化适应总均分
生活满意度总均分	-0.27**	-0.34**	0.11**	0.16**	0.38**	0.42**	0.15**	0.43**	0.36**	0.49**	0.48**

注：** 表示 $P<0.01$。

城市流动人口的生活满意度总均分与"认知适应"维度、"行为适应"维度、"社会文化"维度的总均分均存在显著相关（$P<0.01$），且都是显著的正相关。

（二）城市流动人口文化适应 8 个因子与社会公平感 6 个维度的相关分析

由表 5-13 可知，城市流动人口的"分配公平""程序公平""机会公平""权利公平""互动公平""弱势公平"等维度及社会公平感总均分与流动人口的"分离""融化""生活环境""人际交往""公德意识""社会支持"等因子均存在显著相关（$P<0.01$），与"认知适应""行为适应"这两个维度的总均分及城市文化适应总均分同样存在显著相关（$P<0.01$），其中"分配公平""程序公平""机会公平""权利公平""互动公平""弱势公平"等维度及社会公平感的总均分与流动人口的"边缘""分离"这两个因子呈显著的负相关，即"边缘"或"分离"这两个因子的分数越低，代表城市流动人口的社会公平感就越高，其余都呈显著的正相关。

表 5-13　城市流动人口文化适应 8 个因子与社会公平感 6 个维度的相关分析

	边缘	分离	同化	融化	生活环境	人际交往	公德意识	社会支持	认知适应维度总均分	行为适应维度总均分	城市文化适应总均分
分配公平	-0.04	-0.15**	0.07**	0.10**	0.24**	0.27**	0.10**	0.30**	0.15**	0.33**	0.26**
程序公平	-0.18**	-0.25**	0.22	0.18**	0.27**	0.26**	0.22**	0.35**	0.26**	0.36**	0.35**

续表

	边缘	分离	同化	融化	生活环境	人际交往	公德意识	社会支持	认知适应维度总均分	行为适应维度总均分	城市文化适应总均分
机会公平	-0.15**	-0.22**	0.04	0.17**	0.28**	0.25**	0.19**	0.32**	0.24**	0.34**	0.32**
权利公平	-0.17**	-0.18**	0.03	0.19**	0.24**	0.24**	0.19**	0.31**	0.23**	0.32**	0.31**
互动公平	-0.14**	-0.21**	0.08**	0.18**	0.26**	0.27**	0.18**	0.34**	0.25**	0.36**	0.34**
弱势公平	-0.15**	-0.20**	0.08**	0.20**	0.29**	0.28**	0.21**	0.33**	0.25**	0.36**	0.34**
社会公平感总均分	-0.17**	-0.25**	0.06	0.20**	0.32**	0.32**	0.23**	0.40**	0.28**	0.42**	0.39**

注：** 表示 $P<0.01$。

五、城市流动人口文化适应与生活满意度、社会公平感的回归分析

（一）城市流动人口生活满意度对文化适应的一元回归分析

由表 5-14 可知，当投入 1 个自变量"生活满意度总均分"时，其对于城市文化适应的变异的解释率为 22.9%，一元回归模型检验值 F 为 659.12，达到了 $P<0.001$ 的显著性水平。回归系数 β 为 0.48，为正值，且达到显著性水平，因此"生活满意度"总均分能正向预测城市流动人口的文化适应。因此最后的回归方程为：

$$城市流动人口的文化适应 = 2.91 + 0.48 \times 生活满意度$$

表 5-14 城市流动人口生活满意度对文化适应的一元回归分析

模型	自变量	B	SE	β	R^2	ΔR^2	t	F
1	常量	2.91	0.03				95.85***	
	生活满意度总均分	0.19	0.01	0.48	0.230	0.229	25.67***	659.12***

注：*** 表示 $P<0.001$。

（二）城市流动人口社会公平感 6 个维度对文化适应的多元逐步回归分析

由表 5-15 可知，当投入 1 个自变量"程序公平"时，其对于城市流动人口文化适应的变异的解释率为 12.0%，多元线性模型检验值 F 为 300.30，达

到了 $P<0.001$ 的显著性水平。回归系数 β 为 0.35，为正值，且达到显著性水平，因此"分配公平"能正向预测城市流动人口的文化适应。如果再投入 1 个自变量"弱势公平"，整体解释率有所增加，并且模型的检验值 F 为 190.25，并达到显著性水平，说明"弱势公平"对城市流动人口的文化适应有显著影响。此时，两个自变量对于因变量的解释率为 14.6%。如果再投入 1 个自变量"分配公平"，模型的检验值 F 为 134.74，达到显著性水平，说明"分配公平"对城市流动人口的文化适应有显著影响。此时，3 个自变量对于因变量的解释率为 15.3%。如果再投入 1 个自变量"权利公平"，模型的检验值 F 为 103.31，达到显著性水平，说明"权利公平"对城市流动人口的文化适应有显著影响。此时，4 个自变量对因变量的解释率为 15.6%。因此最后的回归方程为：

$$城市流动人口的文化适应 = 2.66 + 0.14 \times 程序公平 + 0.17 \times 弱势公平 + 0.10 \times 分配公平 + 0.10 \times 权利公平$$

表 5-15　城市流动人口社会公平感 6 个维度对文化适应的多元逐步回归分析

模型	自变量	B	SE	β	R^2	ΔR^2	t	F
1	常量	2.87	0.05				61.67***	
	程序公平	0.15	0.01	0.35	0.120	0.119	17.33***	300.30***
2	常量	2.75	0.05				57.35***	
	程序公平	0.10	0.01	0.21			8.55***	
	弱势公平	0.08	0.01	0.21	0.147	0.146	8.41***	190.25***
3	常量	2.66	0.05				52.20***	
	程序公平	0.08	0.01	0.18			6.74***	
	弱势公平	0.08	0.01	0.19			7.62***	
	分配公平	0.05	0.01	0.10	0.155	0.153	4.52***	134.74***
4	常量	2.66	0.05				51.98	
	程序公平	0.06	0.01	0.14			4.89	
	弱势公平	0.07	0.01	0.17			6.61	
	分配公平	0.05	0.01	0.10			4.20	
	权利公平	0.03	0.01	0.10	0.158	0.156	2.79	103.31***

注：*** 表示 $P<0.001$。

(三) 城市流动人口生活满意度、社会公平感总均分对文化适应的多元逐步回归分析

由表 5-16 可知，当投入 1 个自变量"社会公平感总均分"时，其对于城市流动人口文化适应的变异的解释率为 22.9%，多元线性模型检验值 F 为 659.12，达到了 $P<0.001$ 的显著性水平。回归系数 β 为 0.48，为正值，且达到显著性水平，因此"社会公平感"总均分能正向预测城市流动人口的文化适应。如果再投入 1 个自变量"生活满意度总均分"，整体解释率有所增加，并且模型的检验值 F 为 428.96，达到显著性水平，说明"生活满意度"总均分对城市流动人口的文化适应有显著影响。此时，两个自变量对于因变量的解释率为 27.9%。因此最后的回归方程为：

$$城市流动人口的文化适应 = 2.44 + 0.39 \times 社会公平感总均分 + 0.24 \times 生活满意度总均分$$

表 5-16 城市流动人口生活满意度、社会公平感总均分对文化适应的多元逐步回归分析

模型	自变量	B	SE	β	R^2	ΔR^2	t	F
1	常量	2.91	0.03				95.85***	
	社会公平感总均分	0.19	0.01	0.48	0.230	0.229	25.67***	659.12***
2	常量	2.44	0.05				51.23***	
	社会公平感总均分	0.15	0.01	0.39			19.74***	
	生活满意度总均分	0.13	0.01	0.24	0.280	0.279	12.39***	428.96***

注：*** 表示 $P<0.001$。

第四节 城市流动人口文化适应及其与生活满意度、社会公平感关系研究结果的分析与讨论

一、城市流动人口文化适应、生活满意度、社会公平感总体现状分析

本研究结果表明，城市流动人口"认知适应"维度的总均分为 3.68、"行为适应"维度的总均分为 3.62，城市文化适应总均分为 3.65，均高于理论中值（3分），表明其文化适应程度处于中等偏上水平。从各个因子来看，"公德

意识"因子的均分最高，其余依次是"融入""生活环境""社会支持""人际交往""同化"等因子，这6个因子的得分均大于中值（3分）。"边缘"因子和"分离"因子的均分虽低，但这两个因子代表城市流动人口并不认为自己没有很好地适应流入地文化，即城市流动人口在这两个因子上所得的分数越低，说明其文化适应能力越高。总体来说，城市流动人口拥有高度的自信，对自己的认识和评价相对较高，能较好地适应流入地文化。这与洪秋兰、林媛的研究结论基本一致，在"认知适应"因子方面，不同人口学特征的流动人口在城市融入度方面的平均值高于在城市同化程度方面的平均值。这说明当前流动人口在其流入地城市中还保持着自身原有的文化习惯，但能够尝试适应流入地城市的生活。而从城市本身的角度来看，当前城市能够接纳外来文化、鼓励多元文化，表现出较强的包容性。另外，城市流动人口在行动上也乐于接受城市的相关规范，适应流入地城市的环境和生活，构建良好人际关系等。城市流动人口从思想到行为都对城市有较积极的适应基础，对城市文化的适应程度较高。

本研究结果表明，城市流动人口生活满意度的总均分为3.22，标准差为0.32，总体低于中值（4分），说明城市流动人口总体上对自己现在的生活满意度不是很高。李国珍的研究表明，城市流动人口的生活满意度并不高，不同流动人口群体在城市中的需求及其生活满意度有着显著的差异。同样，俞林伟、朱宇的研究结果表明，城市流动人口的生活满意度处于较低水平。随着社会经济的快速发展，人们的收入水平有了提升，其对生活质量的要求也在不断提升，但总体而言，人们对理想生活的需求与现实生活状况之间仍然存在一定的差距，这是导致城市流动人口的生活满意度相对较低的根本原因。

对城市流动人口的社会公平感进行研究发现，城市流动人口社会公平感的总均分为4.72，高于理论中值（4分），表明其社会公平感处于中等偏上水平。从各个维度来看，除了"分配公平"维度的得分（3.79）外，其他维度的得分均高于理论中值（4分）。从整体上来讲，城市流动人口的社会公平感水平较高。社会公平感总均分在不同的人口学特征上存在显著差异，除了"工作年限"因子之外。这与方翰青、谭明的研究结果基本一致，说明城市流动人口的社会公平感处于较高水平。这可能有以下几方面原因。第一，从总体上看，城市的社会结构比较稳定，政府制定的政策比较符合人心，流动人口能在城市中凭借自己的能力，利用社会提供的各种机会，去实现自己的愿望，提升自己的社会地位。第二，从城市流动人口本身来说，在城市生活的过程中他们有了明确的价值标准、价值选择和价值参照体系，在与自己或他人比较的过程中，能够比较清楚而准确地为自己定位，不会形成太大的落差感。

二、城市流动人口文化适应在人口学变量上的差异分析

(一) 城市流动人口文化适应在性别上的差异分析

本研究结果表明，城市流动人口文化适应在性别上存在显著性差异，女性的认知适应能力和文化适应水平均高于男性。根据洪秋兰、刘倩的研究，不同性别的流动人口在知识吸收意愿、知识吸收能力及文化差异方面存在显著性差异。女性城市流动人口文化适应的意愿和能力均显著高于男性，她们与本地居民之间关系的质量要优于男性，且与当地居民之间的文化差异和知识差距更小。在当今中国社会，新时代女性角色越来越突出，女性流动人口凭借特有的优势在城市立足。比如在交往能力方面，女性普遍具有感情丰富、与人相处和睦、同理心强等特点，因此，在流入地能够表现出更强的人际交往能力。另外，在一些传统行业，如护理、幼儿教育等，女性具有先天的优势，职业生涯发展潜力更加强劲，职业自我效能感显著高于男性，自我认同感与自我价值感高涨，因此，她们对城市的文化适应能力相对更强。

(二) 城市流动人口文化适应在年龄上的差异分析

本研究结果表明，城市流动人口的文化适应在年龄上存在显著性差异，无论是"认知适应"维度均分、"行为适应"维度均分，还是城市文化适应总均分，36~45岁年龄段城市流动人口的文化适应能力均相对较高。袁琳、刘思佳、卢海阳、梁海兵、钱文荣的研究均得出了类似的结论。他们认为，新一代年轻流动人口群体更倾向于接纳新事物、新文化，即新一代年轻流动人口群体比老一辈流动人口群体的文化适应性更高。此次调查的对象以36~45岁的流动人口居多，且在城市中的工作年限大多在4年以上。他们在最能接受新事物、新文化的年龄进入城市工作和生活，随后又不断积累经验，凭借自己理性而客观的态度和丰富的阅历，持续不断地适应城市文化。

(三) 城市流动人口文化适应在受教育程度上的差异分析

本研究结果表明，城市流动人口的文化适应在其受教育程度上存在显著性差异，呈现出文化适应水平随着受教育程度的提高而递增的趋势。袁琳、刘思佳的研究认为，不同文化程度农民工的恐惧感差异显著，即不同文化程度的农

民工在面对文化适应的压力时存在显著性差异。已有研究表明,小学及以下组得分最低,因为其独立自主意识和对生活的期望相较于其他受教育程度的流动人口要低很多。赵耀的研究结果表明,不同受教育程度流动人口的知识储备存在着较大的差距,较低的受教育程度严重影响了他们对城市文化的适应。本研究的结论与上述学者的观点基本一致。究其原因,有两个方面。一方面,对于受教育程度低的流动人口而言,其职业适应范围相对更狭窄,主要局限于相对低端的工作岗位,这在一定程度上限制了他们接触城市文化的机会,影响了其人际关系网络的拓展和延伸,导致其城市文化适应能力不高。另一方面,对于受教育程度高的流动人口而言,他们在城市中适合的职业范围更宽泛,更有可能从事更体面的职业,能拓宽其人际交往的渠道,接触到更多的城市居民同事,这些都为他们更好地适应城市文化提供了诸多便利条件。这类流动人口群体的社会支持系统更坚实,生活环境与当地居民基本相似,文化同化水平显著提高,他们能够更好地适应城市文化也就理所当然了。

(四)城市流动人口文化适应在工作年限上的差异分析

本研究结果表明,城市流动人口文化适应在工作年限上存在显著性差异,呈现出城市流动人口文化适应水平随其工作年限的增长而提高的趋势。与本研究结果不同的是,袁琳、刘思佳认为,不同工龄的流动人口在文化冲击上存在显著差异,其中1~5年工龄流动人口的得分最低。研究者认为1~5年工龄组群体刚进入城市,对城市的许多事物都非常好奇,处于兴奋的探索阶段,因此该工龄组的流动人口最初并没有明显地感受到文化的冲击,即其文化适应较好。导致本研究结果的原因可能是:一方面在城市工作年限长的流动人口在城市生活的时间也较长,他们对城市的环境、生活习惯、风俗习惯、风土人情、方言俚语等文化特质更加熟悉,从而为适应城市文化奠定了坚实的基础。另一方面,在平时的工作中,他们不断拓宽人际关系网络,强化自己的社会支持系统,获得更多的信息资源,形成自己的生存优势,因此,在城市工作年限越长的流动人口,其城市文化适应能力越强,也越有韧性。

(五)城市流动人口文化适应在薪酬上的差异分析

本研究结果表明,城市流动人口的文化适应在薪酬情况上存在显著差异,城市流动人口的薪酬越高,其文化适应程度也就越高。宋相奎的研究结果认为,家庭经济条件相对较好的流动人口,对城市的文化、工作和生活也表现出较好的适应性。其原因可能是,低收入流动人口的收入不稳定,薪酬增长速度慢,这使得他们觉得自己与城市居民存在天壤之别,差距甚大,由此导致其缺乏心理安全感和城市归属感,从而不能很好地适应城市文化。

(六)城市流动人口文化适应在来到城市的时间上的差异分析

本研究结果表明,城市流动人口的文化适应在其来到城市的时间长短上存在显著性差异,呈现出城市流动人口的文化适应水平随其来到城市时间的增长而提高的趋势。洪秋兰和林媛的研究结果表明,流动人口的入城时间对于生活环境和人际交往适应的总体影响不大。但是,也有研究数据显示,在认识适应方面,入城时间最短和最长这两个群体的城市融入状况更好。在行为适应方面,入城时间在半年以下的流动人口对城市拥有较强的好奇心和新鲜感,因此其行为适应能力程度相对较好。入城时间在10年以上的流动人口,可能早已习惯了城市生活和文化,也更容易接受城市规范、获得足够的社会支持,因此其文化适应能力也比较强。

(七)城市流动人口文化适应在城市居住地上的差异分析

本研究结果表明,城市流动人口的文化适应在城市居住地方面存在显著性差异,城市流动人口的文化接纳水平随着其居住地与市中心距离的缩短而提高。韩雨诗、王宇雄认为,城中村居民自身参与城市文化活动的热情不高,文化素养也较低,对于城市文化的接纳、适应处于一种被动的状态。原因可能有两个方面:第一,相比较城乡接合部及城镇或城中村,城市中心地带的文化更丰富。生活在城市中心地带的流动人口身处相对具有代表性的城市文化中,随时随地被同化,潜移默化地受到影响;第二,生活在城市中心地带的流动人口,其经济实力相对比较强,在满足了日常生活必需之后,更有条件参与城市文化活动,从而不断提升自己的城市文化适应能力。

三、城市流动人口文化适应与生活满意度、社会公平感的关系分析

本研究结果表明,城市流动人口的文化适应与生活满意度、社会公平感之间存在显著相关,从多元回归结果来看,生活满意度对文化适应具有预测效应;社会公平感的各个维度对文化适应的预测作用,从大到小依次为"程序公平""弱势公平""分配公平""权利公平"。因此,不管从生活满意度入手还是从社会公平感入手,都能够显著提高城市流动人口文化适应的程度。在提升流动人口的社会公平感时,应更加重视程序公平、弱势公平、分配公平和权利公平。下面就提高城市流动人口的文化适应提出几点具体的建议。

第一，从生活满意度角度来看，根据韩艳的研究，提高城市流动人口的文化适应可以从提高其生活满意度入手。从政府和社会的角度出发，可以采取以下三方面措施。一是在提高城市流动人口收入水平的同时，注重实现流动人口与城市居民的"三同"，即同工、同时、同酬。二是加大教育投资的力度，提高流动人口的受教育水平。流入地政府应尽可能为流动人口提供职业技能培训、公益性继续教育、生活知识讲座等，完全开放图书馆、体育馆等公共资源，切实提高他们的文化素质和身心健康水平。三是促使城市居民改变对受教育程度低的流动人口的认知，克服对他们的刻板印象。从流动人口本身的角度出发，流动人口自身也应多参加社会举办的各项公益活动，学会在困难情境中调整自己，提高自己的人际交往能力，加深对流入地城市的了解。同时，还要正确认识自己，在出现心理不适时，积极寻求心理援助，以提高自身的生活满意度。

第二，从社会公平感角度入手。程序公平是指人们对决策程序所产生的公平性知觉。政府应该为流动人口营造有利的生活环境，让流动人口感受到社会决策的公平，降低其不安全感。政府在制定政策及法律法规的时候，应考虑到流动人口群体的特殊性，切实维护流动人口的合法权益，尽量消除他们对生活事件的不确定性。同时，要积极调查流动人口的生活现状，听取其意见，让流动人口适当参与决策，让他们感受到流入地城市的温暖，从而对城市产生主人翁的归属感。

第三，从弱势公平角度入手。政府和社会组织应该关心和保护流动人口中弱势群体的利益。在分配教育资源时，政府应考虑流动人口中弱势群体的特殊性。如在教育模块，政府可以调整相关资金的支出结构，加大对流动人口中弱势群体教育的支付力度。同时，加强基础设施建设，帮助流动人口中的弱势群体自主创业和就业，努力缩小阶层差距，提高其社会公平感。

第四，从分配公平角度入手。政府、企业要保证流动人口个体在收入、社会资源、自然环境方面不受侵害。在同一个城市中，流动人口群体本应享受与该城市居民一样的社会资源，按照按劳分配的原则获得应有的报酬。只有让流动人口感觉到被尊重、被理解，他们的社会公平感才会显著提高，从而有效提升其文化适应能力。

第五，从权利公平入手。政府应该保证城市流动人口在政治、经济、文化各个领域的平等权益，保证每个流动人口个体都有同等的机会参与社会生活。

同时，应严格按照法定程序办理各项社会性事务，从而保障流动人口合法的权利，提升其社会公平感。

四、研究结论

本研究得出以下结论：

第一，城市流动人口的文化适应及社会公平感总体处于中等偏上水平，其生活满意度总体处于中等偏下水平。

第二，城市流动人口的文化适应在性别、年龄、受教育程度、工作年限、薪酬、来到城市的时间、城市居住地等人口学变量上存在显著差异。

第三，城市流动人口文化适应的"认知适应"维度总均分、"行为适应"维度总均分、城市文化适应总均分均与"生活满意度"总均分存在显著的正相关。城市流动人口文化适应的"边缘"因子、"分离"因子与"生活满意度"总均分均存在显著负相关。

第四，城市流动人口文化适应的"认知适应"维度总均分、"行为适应"维度总均分、城市文化适应总均分与"社会公平感"总均分存在显著正相关。

第五，多元回归分析结果表明：（1）城市流动人口的生活满意度对文化适应具有正向的预测作用；（2）流动人口"社会公平感"中的"程序公平""弱势公平""分配公平""权利公平"等因子对其文化适应具有正向的预测作用；（3）流动人口的"社会公平感"总均分及"生活满意度"总均分对其文化适应具有正向的预测作用。

第六章 城市流动人口文化融合及其与主观幸福感、心理和谐的关系

在流入城市生活一段时间之后,流动人口和流入地居民之间在文化融合方面依然存在一定问题。陈觅在对宁波流动人口进行文化融合方面的探析中发现,大约有61.60%的流动人口即使选择在宁波长期居住,也依然会保持自己原来的生活习惯。流动人口这一特殊群体要想真正实现与流入地城市的文化融合还是要面临许多考验。

由于社会体制及相关政策的影响,进入城市的流动人口处于弱势地位,这就使得其与流入地居民之间的融合会面临一些问题。一方面,流动人口本身所固有的传统观念、生活习俗、价值观念等社会心理特征决定了其在城市工作和生活将面临文化和心理的冲击,其社会适应过程有可能会很漫长,甚至充满痛苦。另一方面,随着时代的发展,流入地居民的思想逐渐开放,他们对流动人口的包容性在不断增强,但是在无形之中还是会表现出一定的排斥。在此背景下,流动人口的诸多心理问题也就随之而来,并引起了学界的广泛关注。陈朋月等在研究中发现,流动人口的心理健康水平呈现出低于城市本地人口的趋势。邱培媛等的研究表明,流动人口的心理问题可能会对社会造成巨大的负担。同时,康来云的研究表明,部分流动人口在流入地城市工作和生活时无法接纳城市文化,心理上处于自我隔离或孤立的状态。究其原因,是流动人口在异地因自己的身份认同问题而感到自卑,甚至刻意回避与城市本土居民的沟通。这将降低流动人口群体的主观幸福感,破坏他们的心理和谐,不利于社会的和谐稳定。反过来,流动人口难以融合城市社会,又对其心理健康产生消极的影响。

本研究的目的是了解城市流动人口文化融合的现状,深入探讨其文化融合与主观幸福感、心理和谐之间的关系,剖析城市流动人口的内部心理状态,指导城市流动人口的心理健康工作,帮助其更快、更好地融入城市生活,从而促进社会的和谐发展。

第六章 城市流动人口文化融合及其与主观幸福感、心理和谐的关系

第一节 城市流动人口文化融合与主观幸福感、心理和谐研究综述

一、主要概念界定

（一）文化融合的概念界定

大多数学者认为，文化融合是社会融合的一个子指标，但对其内涵的理解各有不同。悦中山认为，文化融合是指来自不同文化环境的群体或个人在经历了一定时间的文化碰撞与接触后，群体或个体之间的文化特征相互渗透、相互影响进而发生改变的现象。田丽在研究乡土文化时指出，文化融合表现为不同文化之间的交融结合，在这个过程中，不同文化之间会产生冲突、碰撞，但是终究会相互渗透，最终达到一个微妙的文化平衡点，呈现出互为表里的文化态势，融为一体。杨菊华从语言、风俗等视角出发看待文化融合，认为不同个体或群体之间存在的文化融合现象在实际生活中大多表现在语言文化、风俗习惯、婚丧嫁娶等方面，不同背景的文化以此为载体，彼此结合并相互吸收，进而形成不同于传统但是又包含了原有文化元素的新文化，并在不同个体或群体之间得到广泛认同。吴玉锋等人将文化融合定义为：流动人口对流入城市的语言、生活方式和社会风俗的熟悉与遵循程度，会讲普通话或当地方言有助于对当地文化风俗的理解和遵循。综合国内学者的研究，本研究认为，文化融合中的"融合"是双向的，即流动人口本身的文化与流入地文化相互渗透，进而融合在一起，形成一种新的文化体系。

（二）主观幸福感的概念界定

早期的心理学家大多认为自己扮演的是"医生"角色，为了解决人们的心理疾病，他们将研究的焦点集中在焦虑、沮丧等负面情绪方面。当时心理学界普遍认为，如果能够减轻负面情绪的影响，就可以减少心理疾病的发生。随着社会与经济的发展，心理学家们发现，仅仅减少心理疾病的发生已经不能满足时代的需求，人们需要主动追求积极的心理状态，因此，以乐观、幸福为代表的积极性情绪逐渐在研究中崭露头角，并受到越来越多的关注。国外学者对于主观幸福感的研究起步较早，丹尼尔率先提出，主观幸福感是个体在社会环境中生存时的情绪状态和对生活满意程度的一种综合性评价，主观幸福感本质上是一种可以有效反映个体心理质量的综合性指标。而在国内，以邢占军为代

表的心理学研究者则提出，个体的主观幸福感主要包括生活满意度、情感快乐体验、个人价值感等三个因素，这三个因素之间存在相互联系的内在关系，它们是人们在受到客观条件和需求价值工作的制约时，针对自身状态所产生的积极心理体验。目前，大多数心理学研究者认同丹尼尔关于主观幸福感的定义，而国内学者邢占军对流动人口主观幸福感的概念界定更适合我国国情。

（三）心理和谐的概念界定

"心理和谐"是我国学者在构建和谐社会的背景下提出的一个概念。王登峰等学者认为，心理和谐是个体对自己各个方面表现与自身期望之间的和谐。陶欣欣用拆词法来对心理和谐的内涵进行定义：心理和谐是个体从不同角度对客观现实中不同部分及某一部分中各要素产生的多样性反应的一种相互印证、相互补充、相互支持的状态。黄希庭则从人格的角度指出，心理和谐是个体对自己各个方面的表现和自己所期望的表现之间呈现协调一致的状态。石国兴认为，心理和谐是指心理及直接影响心理的各要素之间协调统一、相对稳定的关系。本研究沿用黄希庭所提出的定义。

二、文化融合研究概述

（一）文化融合的国外研究现状

西方工业革命在推动社会转型的过程中，不可避免地出现了各种各样的矛盾和问题，如贫穷、失业、行为缺少约束等，对社会形成了巨大的挑战。在此背景下，众多学者提出要构建一种合乎新型社会的道德规范体系。到了19世纪，这种道德规范体系便成为一种重要的范式，即社会融合。社会融合立足于整个社会，它所涉及的群体包括流动人口或者移民，其作用主要是使整个社会统一，充满人文关怀。

国外关于移民或者流动人口文化融合的研究主要有两种价值取向，即美国的全面融合价值取向和欧洲的半融合价值取向。

1. 美国的全面融合价值取向

为了应对族群间文化冲突及社会融合的问题，学者们逐渐完善了族群融合理论。在研究流动人口或者移民与主流人群之间文化关系的过程中，美国学者形成了三种模式。第一种是同化模式，具体是指流动人口或者移民为了迎合主流文化放弃了自己所拥有的文化；第二种是熔炉模式，具体是指流动人口或者移民与主流文化之间经过相互沟通，在此基础上形成新的文化；第三种是多元文化模式，具体是指鼓励不同文化相互尊重，和平共存，各自保留特色。

2. 欧洲的半融合价值取向

在经济全球化与欧盟一体化背景下，欧洲移民潮的规模更大、速度更快。此潮流引发了众多的社会问题，进而冲击着欧洲国家的福利体系。面对诸多问题，在政府政策的指导下，社会融合被认为是当时社会的理想状态。20世纪后期，多样化文化成为欧洲社会的主流，其中的文化融合主要是指政策的接纳，而不是指文化的吞并。

对比以上两种价值取向，作为移民国家，美国重点突出的是同化、融合、渗透等方面，强调的是移民或者流动人口与流入地文化的相互交融；而欧洲更加突出社会统合，尤其是接纳、凝聚等方面，强调的是政策的保护与包容。

（二）文化融合的国内研究现状

随着社会的发展，流动人口对我国经济、社会等多个方面有着越来越重要的影响，许多学者分别从不同学科、不同研究领域对流动人口群体进行了研究。在此基础上，学界也得出了诸多较为经典的研究结论。在研究的最初阶段，国内学者关注的焦点是流动人口的定义、基本特征等。伴随着我国城市化进程的不断加快及经济社会的迅速发展，特别是在国家针对流动人口群体出台了一系列政策以后，学者们更多地把研究重心放在宏观层面，如新时代流动人口的市民化、流动人口的代际关系、流动人口的心理健康问题及影响因素、流动人口在异地的社会与文化融合等。目前大多数学者侧重于研究流动人口的社会融合状况，而且在大多数的研究中，文化融合被看作社会融合的一个子指标，很少有学者单独对它进行分析。杨菊华在研究社会融合时指出，文化融合是特定群体之间在语言、习俗、婚丧等方面进行的文化交流，或是不同地域的文化或文化特质经过相互交汇和彼此渗透，最终形成了融合而又包含原有文化特定元素的新文化，这一新文化形成与产生的过程便是文化融合。其中，国内学者对于文化融合的理解，主要是指流入地和流出地的文化相互融通，从而形成一种具有新意的文化体系。另外，国内学者认为，融合还代表着平等的关系。

目前，学者对流动人口文化融合的研究主要是综合分析社会融合的内容，通过划分维度来阐述文化融合的内容，分析影响流动人口文化融合的因素，揭示文化融合的困境。

1. 文化融合的指标体系

张文宏与雷开春在对上海新移民的文化融合进行分析时指出，文化融合主要体现在对本地价值观的接受程度、对本地语言的掌握程度及对当地风俗的熟悉程度等方面。杨菊华认为，社会融入有四个维度，其中的文化接纳维度，具体指流动人口对流入地的社会思想、风俗习惯、文化等的理解，主要指标包括人文理念、价值观念等。任远和乔楠通过研究发现，可以将影响流动人口社会融合的因素分为四个维度，即对异乡城市的态度、对社会整体环境的态度、与城市本地人口的正常交流互动、流动人口在异乡对自己身份的认同，这四个维度可以较好地反映文化融合的情况，外来流动人口的社会融合需要从这四个方向寻求多维度平衡。黄匡时和嘎日达从城市层面和个体层面推导出农民工城市融合的多层次模型，并指出，文化融合主要包括生活习惯的适应程度、对流入地语言的掌握程度及对流入地市民价值取向的接受程度等。周皓对已有的社会融合测量维度进行了总结，并提出了流动人口社会融合指标体系的重构，认为文化融合的研究主要包括饮食、居住时间、语言等方面。悦中山等学者认为，文化融合包括社会规范、价值观、服装、语言等方面。余运江等学者通过探索性空间数据分析的方法，得出衡量文化融合的指标主要有对本地语言的了解程度及对本地风俗习惯的熟悉程度。

2. 影响流动人口文化融合的因素

国内学者主要从三个方面来阐述影响流动人口文化融合的因素。第一，国家政策方面，即义务教育；第二，社区方面，即社区文化平台；第三，流动人口方面，即职业、生活习惯及收入等。

3. 文化融合的困境

文化融合中的"融合"是指流入地文化与流出地文化的交融。陈觅的研究认为，当前流动人口实现文化融合的主要困境在于流动人口原有文化与流入地文化的冲突，与流动人口文化融合相关的政策和制度还需进一步完善，流入地相关部门对流动人口的服务理念还是有所欠缺等。

流动人口是我国社会发展中的一个重要群体，也是随着城市化进程不断发展壮大的群体。尽管当前学者已经对流动人口做出了客观、全面且系统的剖析，得出了很多具有普适性的结论，但是由于社会经济的高速成长，流动人口的规模、流动频率、流动方向也在以前所未有的速度快速发展，因此流动人口问题仍然值得我们做进一步更深层次的研究。本研究主要着眼于城市流动人口文化融合及其与主观幸福感、心理和谐的关系，突出流动人口本身的特点，在借鉴前人研究成果的基础上进行深入剖析与探索。

(三) 对文化融合研究的评价

国内外学界关于文化融合的研究成果，对我们开展城市流动人口文化融合研究极具参考价值与启发意义，具体主要有以下三个方面。(1) 从理论角度看，国外学者在文化方面所提出的相关理论，如同化理论、多元理论和多向分层同化理论，对我们研究城市流动人口文化融合具有重要的指导意义。(2) 从实践意义看，国内学者从我国国情出发，以流动人口为研究对象展开研究，有助于我们从流动人口的视角探讨方针政策、社会环境、人际交往等对城市流动人口文化融合的影响。(3) 从研究成果来看，国外学者关于文化融合的研究，有助于我们从不同视角对文化融合的概念、价值取向等有一定的了解。

但是，国内学界对于文化融合的研究还存在一些不足，有待进一步的探索。首先，国内目前关于文化融合的理论都是基于西方移民的同化理论、多元理论和多向分层同化理论，缺少本土化的理论指导。其次，国内关于文化融合的研究大多是基于社会融合展开的，在已有的研究中，文化融合基本上被作为社会融合的子指标之一，以证明流动人口完全融入城市生活。最后，对国内文化融合的测量方法需要进行深入的研究，编制更加完善的测量工具，已成为当务之急。

三、主观幸福感研究概述

(一) 主观幸福感的国外研究现状

国外对幸福感的研究最早出现在20世纪50年代，在长达70年的研究过程中，产生了极其丰富的研究成果。如丹尼尔提出，主观幸福感主要由认知评价和情感体验构成。主观幸福感的认知评价就是生活满意度，情感体验则是个人的情绪，包括积极和消极两类。其他学者也认为，主观幸福感应当包含个体内心积极的情绪与快乐。

对于居民的幸福感，国外学者主要是在经济学、心理学、社会学等领域开展研究，而对流动人口主观幸福感的研究则主要是从移民的角度出发。德容 (De Jong) 等学者在对泰国国内移民的幸福感进行研究后发现，移民经过迁移之后，他们的幸福感呈现下降的趋势。除此之外，国外学者还关注移民流动方向对其主观幸福感的影响。巴特拉姆 (Bartram) 在对从瑞士、比利时等较为发达的国家迁向希腊、西班牙、葡萄牙等国家的移民进行研究后发现，他们的幸福感比没有发生迁移的当地居民要低。

1999年，心理学家丹尼尔经过研究后得出结论，主观幸福感基本上具有三个鲜明的特征：（1）主观性，个体完全以自己的主观感受去判断幸福，不受外部环境或他人的影响；（2）稳定性，个体的主观幸福感在相当长的一段时间内大多处于稳定状态；（3）整体性，个体对主观幸福感的评价主要从整体的角度入手，主要应用于认知判断和情感评估。

（二）主观幸福感的国内研究现状

20世纪80年代，国内学者开始关注主观幸福感的相关问题。很多学者探讨了城市老龄人口、农村老龄人口及高校学生等特定群体的主观幸福感，客观上为研究流动人口这一特殊社会群体的主观幸福感及其相关内容奠定了基础，指明了方向。林晓娇在对流动人口主观幸福感的现状进行考察时发现，已经有一定数量的流动人口在心理方面出现了不良症状。当他们遭遇逐渐严重的心理问题时，如果得不到社会提供的专业性心理援助，容易出现精神障碍，甚至对社会造成危害。吴静在对浙江农民工的幸福感进行调查研究后发现，相较于其他群体，流动人口的主观幸福感更低，呈现随着流动人口新生代的出现逐渐降低的趋势。

当前，国内外学者对流动人口主观幸福感的研究主要集中在探讨其影响因素、准确测量的方法，以及提高其主观幸福感的方法上。

1. 主观幸福感的影响因素

总体而言，城市流动人口主观幸福感的影响因素可以分为四个维度。第一，社会维度，主要包括性别、文化程度、户口性质等。张华初在对广州的流动人口进行主观幸福感分析时发现了性别和文化程度对流动人口幸福感的影响：在性别方面，男性流动人口的主观幸福感整体高于女性流动人口；流动人口的主观幸福感随着其文化程度的提高呈现显著降低的趋势。第二，经济因素。张波通过对陕西省新生代流动人口进行调查发现，收入的公平感及收入层次等经济因素对提高流动人口的主观幸福感有积极作用。第三，社会融合等因素。戴宏伟运用回归模型对京、津、冀流动人口进行分析发现，流动人口与当地居民的交往程度、融入城市生活的意愿等对提高其主观幸福感具有重要的正向预测作用。第四，心理因素，主要包括归属感、对所在城市的喜爱程度等。朱海琳和白薇对北京市流动人口的城市归属感和主观幸福感及二者的关系进行了研究，在将流动人口的城市归属感与主观幸福感数值化后发现，二者表现出显著正相关关系。许世存对黑龙江省流动人口的研究结果表明，流动人口在异地城市长期居住的意愿等因素与其主观幸福感之间呈正相关关系。

2. 主观幸福感的测量方法

国内有学者结合我国实际情况和流动人口的流向,搭建了主观幸福感理论模型,编制了符合我国国情的主观幸福感量表,概括起来有3类问卷,即生存型主观幸福感问卷、发展型主观幸福感问卷和超越型主观幸福感问卷。其中有代表性的是苗元江和邢占军所编制的关于主观幸福感的量表。苗元江等编制的"综合幸福问卷"包括主观幸福感与心理幸福感两个模块。该量表包括50个项目,以7个等级进行评分。总分越高,表明主观幸福感水平越高。邢占军通过因素分析和普遍性人口逻辑,编制了"中国城市居民主观幸福感量表",该量表共有54个项目,从其中选出20个项目形成"中国居民主观幸福感量表"简本,分为目标价值体验、社会信心体验、家庭氛围体验等10个维度。量表被多次用于不同年龄段及不同群体的主观幸福感测量,具有良好的信效度。

3. 提高主观幸福感的方法

国内有学者研究认为,提高流动人口主观幸福感主要可从4个方面入手。第一,流动人口方面,鼓励流动人口多参加社区的文化活动,多与本地市民交流。第二,本地居民方面,相关部门应对本地居民做好接受流动人口的宣传工作,做好本地居民的心理建设,让流动人口更加喜欢所在城市及市民。第三,政策方面,政府应当为流动人口创造更多的就业机会,保障流动人口基本生活质量,打消其在城市工作和生活的顾虑。第四,宏观层面,加大公共安全方面的措施,从安全方面提升流动人口的主观幸福感。

(三) 对主观幸福感研究的评价

流动人口或者移民迁移到城市之后,衡量其与迁入地城市的融合状况,主观幸福感无疑是一个重要指标。通过梳理国内外相关研究可以发现:(1)从研究工具看,国内外学者均从本国国情出发,探索适合本国国情的主观幸福感量表。(2)从研究内容看,国内外学者都对影响流动人口或者移民主观幸福感的因素进行了深入的探讨,总结起来主要有经济、文化程度、政策、制度及性别等方面因素。(3)从实际意义看,国内外学者都意识到,流动人口或者移民的主观幸福感对其心理健康具有重要影响,对其能否积极参与城市化进程具有重要意义,且均试图提出提高流动人口或者移民主观幸福感的方法与策略。

国内学者关于城市流动人口主观幸福感的研究已取得一定的成果,但也存在一些不足。首先，国内学者的研究大多以国外的相关理论为基础，缺乏本土化的理论体系。其次，从研究背景来看，随着对流动人口排斥因素的增多，以及城乡的不断发展，需要在以往研究的基础上结合时代发展的因素，进一步探究城市流动人口的主观幸福感，为提升城市流动人口的主观幸福感提供理论依据。

四、心理和谐研究概述

(一) 心理和谐的国外研究现状

"心理和谐"一词是基于我国构建和谐社会的背景及传统文化的特点提出的，对多元化文化而言，心理和谐也被赋予了特殊的意义。国外的相关研究虽然对"心理和谐"一词并没有确切的定义，但是关于"和谐"的问题，古希腊是最先开展研究的国家。古希腊人特别关注和谐的发展，他们注重对称及比例等的和谐。而马克思则认为，在理想的社会中存在这两种和谐，即人和自然的和谐、人和人的和谐，前者是有机体存在的基础，后者则是有机体和社会互为存在。马克思所阐述的和谐思想主要从人和自然、人和社会、人和人这三个角度出发。

柏拉图提出了"公正就是和谐"的观念。F. H. 奥尔波特（F. H. Allport）在对偏见及态度等进行研究后认为，许多偏见均源自权力对剥削的合理化，这一观点对于研究影响心理和谐的因素具有深远意义。除此之外，不少国家还通过开展丰富多彩的心理健康建设活动，如心理健康教育、心理咨询与辅导等，促进健康社会心态的建设与发展。与此相对应，心理学家的最终目标也是寻求人类达到心理和谐的路径与策略。

(二) 心理和谐的国内研究现状

当前国内关于心理和谐的研究主要有三个方面。一是对心理和谐的定义进行研究；二是聚焦于心理和谐的维度划分；三是期望寻找到合适的心理和谐的测量工具。

1. 心理和谐的定义

中国科学院心理和谐研究项目组从体验说角度出发，将"心理和谐"定义为社会个体在处理自身、家庭成员及社会大环境问题的过程中所产生的主观体验和整体感受。林崇德从关系的角度出发指出，个体的心理和谐与社会和谐并不处于分割状态，二者是保持一致的，和谐社会应当包括自我关系、人际关系、人与社会的关系等三个方面。黄希庭从人格的角度出发，认为健全的人格不仅是心理和谐的关键部分，更是保证心理和谐的核心条件之一；心理和谐其实是个体各方面表现与自身期望之间的协调。

2. 心理和谐的维度

黄希庭的研究认为，心理和谐可以分为自我和谐、人与自然和谐和人际和谐。与大多数学者类似，石国兴认为，心理和谐同样是由三个部分组成，这三个部分分别是人际心理和谐、个体自身心理和谐、人事心理和谐。许燕则认为，心理和谐的主要构成部分是人格和谐、身心和谐等。

3. 心理和谐的测量工具

测量心理和谐的代表性工具有以下几种。2008年，中国科学院心理研究项目组采用语词联想、访谈等方式编制了"国民心理和谐状态问卷"。该问卷分为四个维度，即社会态度、家庭氛围、自我状态及人际关系，对国民的心理和谐状态进行测量。2013年，石国兴采用"主观幸福感量表""自我和谐量表"对心理和谐进行测量。此外，李辉编制的"中国农民心理和谐问卷"也是常用测量工具之一。该问卷由18个项目组成，分为个体状态、社会环境、生存环境和人际交往环境等4个维度。许慧采用访谈法、问卷调查法等方法编制了适用于16岁以上中国公民的和谐心理量表，该量表共有27个项目，包括社会和谐、情绪和谐、意志和谐、认知和谐、人际和谐、人格和谐及自然和谐等7个维度，采用五分等级评定。该量表的信效度较高，应用范围广。

（三）对心理和谐研究的评价

关于心理和谐的理论研究为心理和谐的实践研究奠定了基础，与此同时，对心理和谐测量工具的研究也取得了一定的成果。针对不同群体而编制的心理和谐问卷信效度较高。这为目前开展流动人口的心理和谐研究提供了一定的基础。

心理和谐作为我国本土化的概念，是基于构建和谐社会的背景提出来的，因此国外学者对心理和谐的深入研究较少。由于"心理和谐"一词出现的时间较晚，国内学者的研究成果依然有待丰富。首先，关于心理和谐的理论体系尚不完善。其次，前人编制的心理和谐问卷大多面向农民工、残障人士等群体，几乎没有专门针对城市流动人口的问卷，但是城市流动人口问题是当前我国研究的热点问题，在今后的研究中应多加关注。

五、文化融合与主观幸福感、心理和谐关系研究概述

（一）文化融合与主观幸福感、心理和谐的关系研究

积极心理学认为，主观幸福感和心理和谐是反映人们积极心理层面的重要指标，两者在理论与逻辑方面都存在着密切联系。段建华的研究认为，主观幸福感是心理和谐的心理指标。但是在实际研究过程中，大多数心理学研究者认为两者之间具有相互预测的关系。林崇德的研究表明，近些年来，为了响应和谐社会的构建，不少城市如北京、深圳等，均在研究和谐社会与幸福感之间的关系。

李艳艳的研究认为，心理和谐共包含四个方面的和谐，心理和谐的人大多可以做到人际心理和谐、人与自然相处和谐、个体内部心理和谐和人事心理和谐，而这四个方面的和谐均与主观幸福感呈正相关。石国兴等在研究石家庄市民的个体和谐、主观幸福感与心理和谐三者的关系时得出的结论是，居民的主观幸福感与心理和谐之间呈现出显著性正相关。

（二）对文化融合与主观幸福感、心理和谐关系研究的评价

本研究通过梳理国内关于文化融合与主观幸福感、心理和谐的研究成果发现，这三者对流动人口的心理健康有重要影响。首先，主观幸福感与心理和谐均属于积极心理学范畴，国内学者也在两者关系的研究上取得了一些成果，为本研究的开展奠定了基础。其次，在探讨主观幸福感和心理和谐关系的基础上，融入"文化融合"这一变量，将为研究流动人口这一特殊群体增添色彩。

总体而言，当前国内学界对城市流动人口文化融合与主观幸福感、心理和谐的关系缺乏更为深入和广泛的研究，主要体现在如下三个方面。（1）需要进一步明确城市流动人口文化融合的定义。（2）国内关于城市流动人口文化融合方面的研究，还没有公信力高、代表性强的量表，因此还需要多加探讨，研究编制出适合性强的测量工具。（3）目前学者较少探讨主观幸福感与心理和谐两者的关系，也鲜有学者将城市流动人口的文化融合与主观幸福感、心理和谐结合在一起，来探索流动人口的心理和行为表现及其规律。

第二节　城市流动人口文化融合及其与主观幸福感、心理和谐关系的研究设计

一、研究目标

本研究的主要目的是了解城市流动人口文化融合的现状，深入探讨城市流动人口文化融合与主观幸福感、心理和谐的关系，为提高城市流动人口的文化融合程度和主观幸福感，促进城市流动人口的心理和谐提供一定的理论依据。

二、研究意义

（一）理论意义

本研究的理论意义主要有以下四个方面。

第一，从文化心理学角度来看，人能否感受到幸福主要与个人、他人和社会环境这三个因素是否和谐共生有关。本研究从文化融合的角度探讨流动人口主观幸福感与心理和谐的关系，可以有效提高中国传统文化心理学在现代社会的普适性。

第二，从社会心理学角度来看，流动人口和城市居民在互动过程中产生的心理和行为表现及其变化规律，是当今学术研究面临的重大课题。流动人口是极具中国特色的一个新兴群体，从社会心理学角度对流动人口个体和社会群体进行研究，不仅能够验证流动人口在社会中工作和生活的心理机制，而且能够进一步丰富和发展社会心理学的理论体系。

第三，从心理健康教育的角度来看，研究城市流动人口这一特殊群体的文化融合状况，对构建现代社会心理健康体系具有重要意义。从全新的视角分析探讨包括流动人口在内的全社会心理健康问题，在一定程度上将社会特殊群体纳入心理健康教育研究范畴，丰富了心理健康教育的内涵。

第四，从管理心理学的角度来看，关注流动人口在城市的生活与工作状况，关注流动人口的心理发展，可以更好地了解其行为背后的原因，并采取措施来改变其态度和行为，进而更好地促进流动人口在城市的成长与发展。

（二）实践意义

本研究的实践意义主要有以下 5 个方面。

第一,从社会层面来看,人口流动是自古以来便存在的一种客观现象,且多为不发达地区居民主动前往发达地区谋求生存。对于这一现象应当以辩证的眼光来看待,流动人口的大量输入无疑可以增加流入地的劳动力,但大规模的人口流动在客观上会影响社会秩序,待业的流动人口在一定程度上可能会成为社会治安的隐患。如何因势利导、因地制宜地引导和管理流动人口,尽可能发挥他们作为宝贵劳动力的经济生产优势,是政府乃至整个社会应该重点关注的问题。而关注并提升流动人口的主观幸福感和心理和谐,可以更好地促进社会的和谐和稳定。

第二,从政府管理层面来看,流动人口初入城市陌生环境时,在家乡形成的生活经验一般难以应对可能遭遇的问题,这无疑会给流动人口的心理健康造成影响,也给政府管理带来了一定的难度。本研究从分析流动人口的现状出发,通过了解流动人口的心理需求,提出符合我国现阶段流动人口管理的对策,具有较强的现实意义。

第三,从社区层面来看,无论是流动人口还是城市本地人,他们都渴望居住在和谐的居住区。关注流动人口的心理健康,一方面是为了改善流动人口的民生状况,另一方面也有利于促进社区更好地包容流动人口,提高流动人口主观幸福感,从而创造更加美好和谐的社会。

第四,从流动人口家庭层面来看,与城市本地居民相比,流动人口家庭需要面对如何适应新的城市环境、如何找到稳定的工作、如何保障家乡亲人的扶养及自己子女的教育等各类问题,这些问题必然对其家庭环境产生干扰作用,从而冲击流动人口的心理,甚至导致其精神出现状况。本研究试图探讨影响流动人口心理健康的内部因素,为社会出台提高流动人口主观幸福感的措施提供理论依据,以保障这一庞大社会群体的心理健康。

第五,从流动人口个体层面来看,他们离开家乡来到城市,是为了寻找更好的发展机会,获得更好的经济报酬。对其文化融合、主观幸福感及心理和谐进行研究,有利于剖析流动人口的心理现状,对流动人口的心理健康进行指导,帮助他们更好地在城市工作与生活。

三、研究假设

假设1:不同人口学变量(性别、年龄、受教育程度、工作年限、薪酬情况、来到城市的时间、城市居住地)上的城市流动人口在文化融合上存在显著差异。

假设2:城市流动人口文化融合与主观幸福感、心理和谐之间均存在显著的正相关,且主观幸福感、心理和谐对文化融合具有显著的预测效应。

四、研究对象

本研究以常州的流动人口为研究对象,通过问卷星平台发放问卷,最终回收问卷 2 678 份,有效问卷 2 317 份,剔除回答时间过长或过短、回答明显不合理及连续选择答案相同(连续 10 个题目以上)的问卷 361 份,有效回收率 86.5%。具体流动人口的样本分布情况如表 6-1 所示。

表 6-1 具体流动人口的样本分布情况

变量	类别	人数/人	百分数/%
性别	男	854	36.9
	女	1 463	63.1
年龄	35 岁及以下	929	40.1
	36~45 岁	1 126	48.6
	46 岁及以上	262	11.3
受教育程度	小学及以下	280	12.1
	初中	1 244	53.7
	高中/职校/中专/技校	474	20.5
	大专/高职	211	9.1
	本科及以上	108	4.7
工作年限	1 年以下	127	5.5
	1~3 年	267	11.5
	4~8 年	467	20.2
	8 年以上	1 456	62.8
薪酬情况	2 000 元及以下	176	7.6
	2 001~3 000 元	357	15.4
	3 001~4 000 元	547	23.6
	4 001~5 000 元	487	21.0
	5 001~8 000 元	491	21.2
	8 000 元以上	259	11.2

续表

变量	类别	人数/人	百分数/%
来到城市的时间	4年以下	147	6.3
	4~8年	454	19.6
	8年以上	1 716	74.1
城市居住地	城市中心地带	646	27.9
	城乡接合部	758	32.7
	城镇或城中村	913	39.4

五、研究工具

(一) 城市流动人口文化融合调查问卷

本研究采用的城市流动人口文化融合调查问卷，主要参考了张文宏和雷开春编制的调查工具，其中包含"城市语言掌握""城市风俗习惯""城市价值观""城市行为适应"等4个维度，共20个测量项目。问卷采用 Likert 五点记分法，从"完全不同意"到"完全同意"分别计1分、2分、3分、4分、5分。本问卷采用计算总均分的方式来测量城市流动人口文化融合程度的高低，即分值越高表示越认同题干的观点。其中第5题为反向计分，从"完全同意"到"完全不同意"分别计1分、2分、3分、4分、5分，分值越低表示越认同题干的观点。经检验，该问卷的 Cronbach α 系数为0.810，说明其具有较好的信度。

(二) 中国城市居民主观幸福感量表简本

本研究采用邢占军编制的"中国城市居民主观幸福感量表简本"，其中包含"目标价值体验""身体健康体验""知足充裕体验""心理健康体验""成长进步体验""心态平衡体验""社会信心体验""人际关系体验""自我接受体验""家庭氛围体验"等10个维度，共有20个测量项目。采用 Likert 六点记分法，从"很不同意"到"非常同意"分别计1分、2分、3分、4分、5分、6分，分值越高表示越认同题干的观点。其中第2题、第3题、第4题、第7题、第8题、第11题、第12题、第15题、第16题、第17题、第18题和第20题为反向计分，从"非常同意"到"很不同意"分别计1分、2分、3分、4分、5分、6分，分值越低表示越认同题干的观点。按照邢占军的观点，取中值3.5分作为参照值，分值越高代表越幸福，其中4.5分以上为高水平，2.5分以下为低水平。经检验，"中国城市居民主观幸福感量表简本"的Cronbach α系数为0.842，说明其具有较好的信度。

（三）和谐心理量表

本研究采用的测量工具是许慧的"和谐心理量表"，该问卷分为"人格和谐""情绪和谐""人际和谐""社会和谐""意志和谐""自然和谐""认知和谐"等7个维度，共27个测试项目。其计分方法采用Likert五点记分法，从"完全不符合"到"完全符合"分别计1分、2分、3分、4分、5分，分值越高表示越认同题干的观点。其中"情绪和谐"维度和"认知和谐"维度是反向计分题，从"完全符合"到"完全不符合"分别计1分、2分、3分、4分、5分，分值越低表示越认同题干的观点。

经检验，各维度及总问卷的内部一致性系数依次为0.748、0.726、0.698、0.646、0.653、0.637、0.602和0.838，各维度及总量表的重测信度依次为0.578、0.652、0.649、0.634、0.556、0.496、0.558和0.680，构念效度和内部结构效度良好。

六、数据处理

本研究使用SPSS 17.0进行数据处理分析，主要采用描述性分析、单因素方差分析、相关分析和回归分析等统计学方法。

第三节 城市流动人口文化融合及其与主观幸福感、心理和谐关系的研究结果

一、城市流动人口文化融合现状

（一）城市流动人口文化融合的总体特点

由表6-2可知，城市流动人口文化融合的总均分为3.85。从各个维度的得分来看，"城市价值观念"维度均分最高，其余由高到低依次是"城市行为适应"维度、"城市风俗习惯"维度、"城市方言掌握"维度。其中"城市方言掌握"维度处于较低水平，低于理论中值；"城市风俗习惯"维度接近中等水平，表现出其对城市风俗习惯印象模糊；"城市行为适应"维度处于较高水

平；"城市价值观念"维度处于高水平。

表6-2 城市流动人口文化融合的描述性分析

维度	M	SD
城市方言掌握	2.65	1.20
城市风俗习惯	3.02	1.08
城市价值观念	4.31	0.45
城市行为适应	3.94	0.55
城市文化融合总均分	3.85	0.45

从标准差来看，城市流动人口在文化融合的"城市行为适应"维度和"城市价值观念"维度得分的离散程度较低，"城市方言掌握"维度和"城市风俗习惯"维度得分的离散程度较高。

(二) 城市流动人口文化融合在人口学变量上的差异分析

1. 城市流动人口文化融合在性别上的差异分析

根据表6-3的独立样本 t 检验结果，城市流动人口文化融合总均分及"城市行为适应"维度得分在性别上存在极其显著的差异（$P<0.001$），在"城市方言掌握"维度和"城市风俗习惯"维度存在显著差异（$P<0.05$）。

表6-3 城市流动人口文化融合在性别上的差异分析

维度	性别	M	SD	t
城市方言掌握	男	2.71	1.08	1.98*
	女	2.62	1.10	
城市风俗习惯	男	3.09	1.03	2.57**
	女	2.97	1.20	
城市价值观念	男	4.29	0.47	-1.80
	女	4.33	0.43	
城市行为适应	男	4.03	0.54	5.95***
	女	3.89	0.55	
城市文化融合总均分	男	3.90	0.46	3.67***
	女	3.82	0.45	

注：* 表示 $P<0.05$，** 表示 $P<0.01$，*** 表示 $P<0.001$。

经过独立样本 t 检验发现，在城市文化融合总均分及"城市方言掌握"维度、"城市风俗习惯"维度和"城市行为适应"维度，男性流动人口的得分均显著高于女性流动人口的得分。

2. 城市流动人口文化融合在年龄上的差异分析

根据表 6-4 的方差分析结果，城市流动人口文化融合总均分及"城市方言掌握"维度、"城市风俗习惯"维度、"城市适应"维度的得分在年龄上均存在极其显著的差异（$P<0.001$）。

表 6-4 城市流动人口文化融合在年龄上的差异分析

维度	年龄	M	SD	F
城市方言掌握	35 岁及以下	2.30	0.95	86.82***
	36~45 岁	2.87	1.11	
	46 岁及以上	2.97	1.20	
城市风俗习惯	35 岁及以下	2.72	1.01	65.93***
	36~45 岁	3.20	1.06	
	46 岁及以上	3.30	1.20	
城市价值观念	35 岁及以下	4.29	0.46	2.36
	36~45 岁	4.33	0.44	
	46 岁及以上	4.30	0.45	
城市行为适应	35 岁及以下	3.85	0.54	23.56***
	36~45 岁	4.00	0.54	
	46 岁及以上	4.03	0.57	
城市文化融合总均分	35 岁及以下	3.74	0.43	52.60***
	36~45 岁	3.92	0.45	
	46 岁及以上	3.95	0.47	

注：*** 表示 $P<0.001$。

经过事后多重检验发现，在"城市方言掌握"维度、"城市风俗习惯"维度和"城市适应"维度，35 岁及以下流动人口的得分均显著低于 36~45 岁、46 岁及以上流动人口的得分，其他组别之间不存在显著性差异。在"城市价值观念"维度，35 岁及以下流动人口的得分显著低于 36~45 岁流动人口的得分，其他组别之间不存在显著性差异。在城市文化融合总均分上，36~45 岁、

46岁及以上流动人口的得分明显高于35岁及以下流动人口的得分，其他组别之间不存在显著性差异。总体而言，城市流动人口文化融合随其年龄的增长呈现增长的趋势。

3. 城市流动人口文化融合在受教育程度上的差异分析

根据表6-5的方差分析结果，城市流动人口文化融合总均分及"城市语言掌握"维度、"城市风俗习惯"维度、"城市价值观念"维度、"城市行为适应"维度的得分在受教育程度上存在极其显著的差异（$P<0.001$）。

表6-5 城市流动人口文化融合在受教育程度上的差异分析

维度	受教育程度	M	SD	F
城市方言掌握	小学及以下	2.46	1.00	31.35***
	初中	2.49	0.98	
	高中/职校/中专/技校	2.89	1.17	
	大专/高职	3.11	1.31	
	本科及以上	3.15	1.22	
城市风俗习惯	小学及以下	2.90	1.07	23.02***
	初中	2.87	1.02	
	高中/职校/中专/技校	3.18	1.09	
	大专/高职	3.41	1.12	
	本科及以上	3.53	1.08	
城市价值观念	小学及以下	4.23	0.46	6.95***
	初中	4.29	0.45	
	高中/职校/中专/技校	4.36	0.42	
	大专/高职	4.39	0.44	
	本科及以上	4.41	0.47	
城市行为适应	小学及以下	3.82	0.62	17.32***
	初中	3.89	0.53	
	高中/职校/中专/技校	4.05	0.52	
	大专/高职	4.05	0.52	
	本科及以上	4.16	0.50	

续表

维度	受教育程度	M	SD	F
城市文化融合总均分	小学及以下	3.74	0.47	31.40***
	初中	3.79	0.43	
	高中/职校/中专/技校	3.95	0.44	
	大专/高职	4.01	0.46	
	本科及以上	4.08	0.45	

注：*** 表示 $P<0.001$。

经事后多重检验发现，在"城市语言掌握"维度、"城市风俗习惯"维度及城市文化融合总均分上，小学及以下、初中流动人口的得分显著低于高中/职校/中专/技校、大专/高职、本科及以上流动人口的得分，高中/职校/中专/技校流动人口的得分显著低于大专/高职、本科及以上流动人口的得分，其他组别之间不存在显著性差异。

在"城市价值观念"维度和"城市行为适应"维度，小学及以下流动人口的得分显著低于初中、高中/职校/中专/技校、大专/高职、本科及以上的流动人口的得分，初中的流动人口的得分显著低于高中/职校/中专/技校、大专/高职、本科及以上流动人口的得分，其他组别之间不存在显著性差异。

总体而言，城市流动人口的文化融合随其受教育程度的增加而提高。

4. 城市流动人口文化融合在工作年限上的差异分析

根据表6-6的方差分析结果，城市流动人口的工作年限在文化融合总均分上存在极其显著的差异（$P<0.001$），在"城市方言掌握"维度、"城市风俗习惯"维度、"城市价值观念"维度和"城市行为适应"维度均存在极其显著的差异（$P<0.001$）。

表6-6 流动人口城市文化融合在工作年限上的差异分析

维度	工作年限	M	SD	F
城市方言掌握	1年以下	2.39	1.01	39.17***
	1~3年	2.26	0.96	
	4~8年	2.38	1.00	
	8年以上	2.84	1.11	

续表

维度	工作年限	M	SD	F
城市风俗习惯	1年以下	2.80	1.08	25.25***
	1~3年	2.68	1.07	
	4~8年	2.82	1.01	
	8年以上	3.16	1.07	
城市价值观念	1年以下	4.21	0.46	6.46***
	1~3年	4.27	0.43	
	4~8年	4.27	0.44	
	8年以上	4.34	0.45	
城市行为适应	1年以下	3.69	0.61	21.18***
	1~3年	3.84	0.55	
	4~8年	3.88	0.58	
	8年以上	4.00	0.52	
城市文化融合总均分	1年以下	3.65	0.46	35.52***
	1~3年	3.72	0.43	
	4~8年	3.76	0.45	
	8年以上	3.92	0.44	

注：*** 表示 $P<0.001$。

经过事后多重检验发现，在"城市方言掌握"维度、"城市风俗习惯"维度、"城市价值观念"维度，工作年限在1年以下、1~3年、4~8年流动人口的得分显著低于工作年限在8年以上流动人口的得分，其他组别之间不存在显著性差异。

在"城市行为适应"维度，工作年限在1年以下流动人口的得分显著低于工作年限在1~3年、4~8年、8年以上流动人口的得分；工作年限在1~3年、4~8年流动人口的得分显著低于工作年限在8年以上流动人口的得分，其他组别之间不存在显著性差异。

在城市文化融合总均分上，工作年限在1年以下、1~3年、4~8年流动人口的得分显著低于工作年限在8年以上流动人口的得分；工作年限在1年以下流动人口的得分显著低于工作年限在4~8年流动人口的得分，其他组别之间不存在显著性差异。

总体而言，城市流动人口的文化融合程度在其工作年限大于8年后迅速提高。

5. 城市流动人口文化融合在薪酬上的差异分析

根据表6-7的方差分析结果，城市流动人口的薪酬情况在文化融合上存在极其显著的差异（$P<0.001$），即在"城市方言掌握""城市风俗习惯""城市价值观念""城市行为适应"等4个维度均存在极其显著的差异（$P<0.001$）。

表6-7 城市流动人口文化融合在薪酬上的差异分析

维度	薪酬	M	SD	F
城市方言掌握	2 000元及以下	2.32	1.12	13.45***
	2 001~3 000元	2.41	1.01	
	3 001~4 000元	2.60	1.10	
	4 001~5 000元	2.68	1.05	
	5 001~8 000元	2.83	1.13	
	8 000元以上	2.94	1.09	
城市风俗习惯	2 000元及以下	2.69	1.15	13.86***
	2 001~3 000元	2.80	1.08	
	3 001~4 000元	2.96	1.20	
	4 001~5 000元	3.06	0.99	
	5 001~8 000元	3.14	1.04	
	8 000元以上	3.37	1.04	
城市价值观念	2 000元及以下	4.22	0.45	7.26***
	2 001~3 000元	4.23	0.46	
	3 001~4 000元	4.31	0.43	
	4 001~5 000元	4.33	0.43	
	5 001~8 000元	4.34	0.47	
	8 000元以上	4.42	0.44	

续表

维度	薪酬	M	SD	F
城市行为适应	2 000元及以下	3.72	0.61	18.48***
	2 001~3 000元	3.81	0.55	
	3 001~4 000元	3.91	0.54	
	4 001~5 000元	3.98	0.50	
	5 001~8 000元	4.01	0.53	
	8 000元以上	4.13	0.52	
城市文化融合总均分	2 000元及以下	3.65	0.48	25.58***
	2 001~3 000元	3.72	0.44	
	3 001~4 000元	3.83	0.45	
	4 001~5 000元	3.88	0.41	
	5 001~8 000元	3.92	0.46	
	8 000元以上	4.04	0.43	

注：*** 表示 $P<0.001$。

经过事后多重检验发现，在"城市方言掌握"维度，薪酬在2 000元及以下流动人口的得分显著低于薪酬在3 001~4 000元、4 001~5 000元、5 001~8 000元、8 000元以上流动人口的得分，薪酬在2 001~3 000元流动人口的得分显著低于薪酬在3 001~4 000元、4 001~5 000元、5 001~8 000元、8 000元以上流动人口的得分，薪酬在3 001~4 000元流动人口的得分显著低于薪酬在5 001~8 000元、8 000元以上流动人口的得分，薪酬在4 001~5 000元流动人口的得分显著低于薪酬在5 001~8 000元、8 000元以上流动人口的得分，其他组别之间不存在显著性差异。

在"城市风俗习惯"维度，薪酬在2 000元及以下流动人口的得分显著低于薪酬在3 001~4 000元、4 001~5 000元、5 001~8 000元、8 000元以上流动人口的得分，薪酬在2 001~3 000元流动人口的得分显著低于薪酬在3 001~4 000元、4 001~5 000元、5 001~8 000元、8 000元以上流动人口的得分，薪酬在3 001~4 000元流动人口的得分显著低于薪酬在5 001~8 000元、8 000元以上流动人口的得分，薪酬在4 001~5 000元流动人口的得分显著低于薪酬在8 000元以上流动人口的得分，薪酬在8 000元以上流动人口的得分显著高于薪酬在 5 001~8 000 元流动人口的得分，其他组别之间不存在显著性差异。

在"城市价值观念"维度，薪酬在 2 000 元及以下流动人口的得分显著低于薪酬在 3 001~4 000 元、4 001~5 000 元、5 001~8 000 元、8 000 元以上流动人口的得分，薪酬在 2 001~3 000 元流动人口的得分显著低于薪酬在 3 001~4 000 元、4 001~5 000 元、5 001~8 000 元、8 000 元以上流动人口的得分，薪酬在 3 001~4 000 元流动人口的得分显著低于薪酬在 8 000 元以上流动人口的得分，薪酬在 4 001~5 000 元流动人口的得分显著低于薪酬在 8 000 元以上流动人口的得分，薪酬在 5 001~8 000 元流动人口的得分显著低于薪酬在 8 000 元以上流动人口的得分，其他组别之间不存在显著性差异。

在"城市行为适应"维度，薪酬在 2 000 元及以下流动人口的得分显著低于薪酬在 3 001~4 000 元、4 001~5 000 元、5 001~8 000 元、8 000 元以上流动人口的得分，薪酬在 2 001~3 000 元流动人口的得分显著低于薪酬在 3 001~4 000 元、4 001~5 000 元、5 001~8 000 元、8 000 元以上流动人口的得分，薪酬在 3 001~4 000 元流动人口的得分显著低于薪酬在 5 001~8 000 元、8 000 元以上流动人口的得分，薪酬在 4 001~5 000 元流动人口的得分显著低于薪酬在 8 000 元以上流动人口的得分，薪酬在 5 001~8 000 元流动人口的得分显著低于薪酬在 8 000 元以上流动人口的得分，其他组别之间不存在显著性差异。

在城市文化融合总均分上，薪酬在 2 000 元及以下流动人口的得分显著低于薪酬在 3 001~4 000 元、4 001~5 000 元、5 001~8 000 元、8 000 元以上流动人口的得分，薪酬在 2 001~3 000 元流动人口的得分显著低于薪酬在 3 001~4 000 元、4 001~5 000 元、5 001~8 000 元、8 000 元以上流动人口的得分，薪酬在 3 001~4 000 元流动人口的得分显著低于薪酬在 4 001~5 000 元、5 001~8 000 元、8 000 元以上流动人口的得分，薪酬在 4 001~5 000 元流动人口的得分显著低于薪酬在 8 000 元以上流动人口的得分，薪酬在 4 001~5 000 元流动人口的得分显著低于薪酬在 8 000 元以上流动人口的得分，薪酬在 5 001~8 000 元流动人口的得分显著低于薪酬在 8 000 元以上流动人口的得分，其他组别之间不存在显著性差异。

总体而言，流动人口城市文化融合随着薪酬情况的增加而提高。

6. 城市流动人口文化融合在来到城市的时间上的差异分析

根据表 6-8 的方差分析结果，城市流动人口文化融合总均分及"城市语言掌握"维度、"城市风俗习惯"维度和"城市行为适应"维度的得分在其来到城市的时间上存在极其显著的差异（$P<0.001$），在"城市价值观念"维度存在显著性差异（$P<0.05$）。

表6-8 城市流动人口文化融合在来到城市的时间上的差异分析

维度	来到城市的时间	M	SD	F
城市方言掌握	4年以下	1.96	0.85	109.23***
	4~8年	2.17	0.91	
	8年以上	2.84	1.20	
城市风俗习惯	4年以下	2.46	1.00	69.36***
	4~8年	2.63	0.98	
	8年以上	3.17	1.06	
城市价值观念	4年以下	4.22	0.45	5.00**
	4~8年	4.29	0.46	
	8年以上	4.33	0.45	
城市行为适应	4年以下	3.78	0.60	15.16***
	4~8年	3.86	0.56	
	8年以上	3.98	0.54	
城市文化融合总均分	4年以下	3.62	0.41	53.513***
	4~8年	3.72	0.43	
	8年以上	3.91	0.45	

注：** 表示 $P<0.05$，*** 表示 $P<0.001$。

经过事后多重检验发现，在"城市语言掌握"维度和"城市风俗习惯"维度，来到城市4年以下、4~8年流动人口的得分显著低于来到城市8年以上流动人口的得分，来到城市4年以下流动人口的得分显著低于来到城市4~8年流动人口的得分，其他组别之间不存在显著性差异。

在"城市价值观念"维度，来到城市4年以下流动人口的得分显著低于来到城市8年以上流动人口的得分，其他组别之间不存在显著性差异。

在"城市行为适应"维度，来到城市4年以下、4~8年流动人口的得分显著低于来到城市8年以上流动人口的得分，其他组别之间不存在显著性差异。

在城市文化融合总均分上，来到城市的时间在4年以下流动人口的得分显著低于来到城市的时间在 4~8 年、8 年以上流动人口的得分，其他组别之间不存在显著性差异。

总体而言，城市流动人口的文化融合随其来到城市时间的增长而提高。

7. 城市流动人口城市文化融合在城市居住地上的差异分析

根据表 6-9 的方差分析结果，城市流动人口文化融合总均分及"城市方言掌握"维度、"城市风俗习惯"维度、"城市价值观念"维度和"城市行为适应"维度的得分在城市居住地方面存在极其显著的差异（$P<0.001$）。

表 6-9 城市流动人口文化融合在城市居住地上的差异分析

维度	城市居住地	M	SD	F
城市方言掌握	城市中心地带	3.09	1.16	74.80***
	城乡接合部	2.54	1.03	
	城镇或城中村	2.45	1.01	
城市风俗习惯	城市中心地带	3.40	1.07	58.76***
	城乡接合部	2.87	1.04	
	城镇或城中村	2.87	1.04	
城市价值观念	城市中心地带	4.36	0.40	6.24***
	城乡接合部	4.30	0.47	
	城镇或城中村	4.28	0.46	
城市行为适应	城市中心地带	4.08	0.53	31.13***
	城乡接合部	3.90	0.53	
	城镇或城中村	3.88	0.55	
城市文化融合总均分	城市中心地带	4.01	0.43	61.18***
	城乡接合部	3.80	0.44	
	城镇或城中村	3.78	0.45	

注：*** 表示 $P<0.001$。

经过事后多重检验发现，在城市文化融合总均分及"城市语言掌握"维度、"城市风俗习惯"维度、"城市价值观念"维度和"城市行为适应"维度，居住在城市中心地带流动人口的得分均显著高于居住在城乡接合部、城镇或城中村流动人口的得分，其他组别之间不存在显著性差异。

总体而言，城市流动人口文化融合随着其居住地与市中心距离的缩短而提高。

二、城市流动人口的主观幸福感现状

由表 6-10 可知，城市流动人口主观幸福感的总均分为 4.44。从各个维度的得分来看，"社会信心体验"维度的均分最高，其他维度的得分从高到低依次为"成长进步体验"维度、"目标价值体验"维度、"家庭氛围体验"维度、"心态平衡体验"维度、"人际关系体验"维度、"自我接受体验"维度、"身体健康体验"维度、"知足充裕体验"维度、"心理健康体验"维度。其中"知足充裕体验"维度和"心理健康体验"维度处于中等偏上水平；"身体健康体验"维度、"心态平衡体验"维度、"人际关系体验"维度和"自我接受体验"维度则处于较高水平；"目标价值体验"维度、"成长进步体验"维度、"社会信心体验"维度和"家庭氛围体验"维度处于高水平。

表 6-10　城市流动人口主观幸福感的描述性结果

维度	M	SD
目标价值体验	4.71	0.82
身体健康体验	4.15	1.25
知足充裕体验	3.96	1.11
心理健康体验	3.91	1.15
成长进步体验	4.87	0.78
心态平衡体验	4.46	1.01
社会信心体验	5.01	0.76
人际关系体验	4.31	1.07
自我接受体验	4.27	0.94
家庭氛围体验	4.71	0.87
主观幸福感总均分	4.44	0.64

从标准差来看，城市流动人口主观幸福感中的"目标价值体验"维度、"成长进步体验"维度、"社会信心体验"维度、"自我接受体验"维度和"家庭氛围体验"维度的标准差低于 1，说明这几个维度得分的离散程度较低；而"身体健康体验"维度、"知足充裕体验"维度、"心理健康体验"维度、

"心态平衡体验"维度和"人际关系体验"维度的标准差高于1,说明这几个维度得分的离散程度较高。

三、城市流动人口的心理和谐现状

由表6-11可知,城市流动人口心理和谐的总均分为4.00。其中,"自然和谐"维度的均分最高,其他维度的得分从高到低依次为"人格和谐"维度、"意志和谐"维度、"社会和谐"维度、"人际和谐"维度、"认知和谐"维度、"情绪和谐"维度。其中"情绪和谐"维度接近中等水平,略高于理论中值;"人际和谐"维度和"认知和谐"维度处于中等偏上水平,高于理论中值;"人格和谐"维度、"社会和谐"维度、"自然和谐"维度和"意志和谐"维度处于高水平。

从标准差来看,城市流动人口在心理和谐7个维度上得分的离散程度均较低。

表6-11 城市流动人口心理和谐的描述性结果

维度	M	SD
人格和谐	4.21	0.55
情绪和谐	3.18	0.94
人际和谐	3.69	0.69
社会和谐	4.03	0.62
意志和谐	4.19	0.55
自然和谐	4.39	0.64
认知和谐	3.54	0.95
心理和谐总均分	4.00	0.45

四、城市流动人口文化融合与主观幸福感、心理和谐的相关分析

(一)城市流动人口文化融合与主观幸福感的相关分析

由表6-12可知,城市流动人口"风俗习惯"维度、"价值观念"维度、"行为适应"维度与"目标价值体验"维度、"身体健康体验"维度、"知足

充裕体验"维度、"心理健康体验"维度、"成长进步体验"维度、"心态平衡体验"维度、"社会信心体验"维度、"人际关系体验"维度、"自我接受体验"维度、"家庭氛围体验"维度都具有非常显著的正相关（$P<0.01$）；城市流动人口"方言掌握"维度与"身体健康体验"维度存在显著的正相关（$P<0.05$）。城市流动人口"文化融合"总均分与主观幸福感各维度及总均分之间均存在极其显著的正相关（$P<0.01$）。

表6-12　城市流动人口文化融合与主观幸福感的相关分析

	身体健康体验	知足充裕体验	心理健康体验	成长进步体验	心态平衡体坛	社会信心体验	人际关系体验	自我接受体验	家庭氛围体验	主观幸福感总均分
方言掌握	0.05*	0.16**	0.07**	0.12**	0.07**	0.06**	0.11**	0.12**	0.07**	0.14**
风俗习惯	0.11**	0.17**	0.13**	0.20**	0.14**	0.17**	0.16**	0.19**	0.13**	0.24**
价值观念	0.14**	0.14**	0.15**	0.30**	0.16**	0.30**	0.18**	0.17**	0.22**	0.30**
行为适应	0.15**	0.25**	0.15**	0.39**	0.16**	0.32**	0.17**	0.24**	0.24**	0.35**
文化融合总均分	0.17**	0.27**	0.18**	0.39**	0.19**	0.33**	0.22**	0.26**	0.23**	0.38**

注：*表示$P<0.05$，**表示$P<0.01$。

（二）城市流动人口文化融合与心理和谐的相关分析

由表6-13可知，城市流动人口的"方言掌握"维度、"风俗习惯"维度、"价值观念"维度、"行为适应"维度与流动人口的"人格和谐"维度、"情绪和谐"维度、"人际和谐"维度、"社会和谐"维度、"意志和谐"维度、"自然和谐"维度、"认知和谐"维度都保持密切的相关（$P<0.01$），说明城市流动人口的"方言掌握"维度、"风俗习惯"维度、"价值观念"维度、"行为适应"维度与流动人口的"人格和谐"维度、"情绪和谐"维度、"人际和谐"维度、"社会和谐"维度、"意志和谐"维度、"自然和谐"维度、"认知和谐"维度均存在密切相关，且都是显著的正相关。

表 6-13 城市流动人口文化融合与心理和谐的相关分析

	人格和谐	情绪和谐	人际和谐	社会和谐	意志和谐	自然和谐	认知和谐	心理和谐总均分
方言掌握	0.14**	0.09**	0.27**	0.10**	0.12**	0.08**	0.13**	0.20**
风俗习惯	0.22**	0.13**	0.32**	0.19**	0.17**	0.17**	0.18**	0.30**
价值观念	0.41**	0.10**	0.32**	0.32**	0.31**	0.36**	0.17**	0.41**
行为适应	0.54**	0.08**	0.50**	0.42**	0.40**	0.42**	0.19**	0.53**
文化融合总均分	0.52**	0.13**	0.53**	0.40**	0.39**	0.41**	0.24**	0.55**

五、城市流动人口文化融合与主观幸福感、心理和谐的回归分析

（一）城市流动人口的主观幸福感对文化融合的多元逐步回归分析

由表 6-14 可知，当投入 1 个自变量"成长进步体验"时，其对于城市流动人口文化融合的变异的解释率为 15%，一元回归模型检验值 F 为 420.17，达到了 $P<0.001$ 的显著性水平。回归系数 β 为 0.39，为正值，且达到显著性水平，因此"成长进步体验"能正向预测城市流动人口的文化融合。如果再投入 1 个自变量"目标价值体验"，整体解释率有所增加，并且模型的检验值 F 为 267.04，达到显著性水平，说明"目标价值体验"对城市流动人口的文化融合有显著影响。此时，两个自变量对于因变量的解释率为 19%。如果再投入 1 个自变量"知足充裕体验"，整体解释率同样有所增加，并且模型的检验值 F 为 202.18，达到显著性水平，说明"知足充裕体验"对城市流动人口的文化融合有显著影响。此时，3 个自变量对于因变量的解释率为 21%。再投入 1 个自变量"社会信心体验"，整体解释率同样有所增加，并且模型的检验值 F 为 161.54，达到显著性水平，说明"社会信心体验"对城市流动人口的文化融合有显著影响。4 个自变量对于因变量的解释率为 22%。当再投入"身体健康""心理健康""人际关系"等时，模型不显著。因此最后的回归方程为：

城市流动人口的文化融合=2.23+0.21×成长进步体验+0.17×目标价值体验+0.14×知足充裕体验+0.12×社会信心体验

表 6-14 城市流动人口的主观幸福感对文化融合的多元逐步回归分析

模型	自变量	B	SE	β	R^2	ΔR^2	t	F
1	常量	2.74	0.06				49.82***	
	成长进步体验	0.23	0.01	0.39	0.15	0.15	20.50***	420.17***
2	常量	2.45	0.06				41.26***	
	成长进步体验	0.17	0.01	0.29			13.75***	
	目标价值体验	0.12	0.01	0.21	0.19	0.19	9.83***	267.04***
3	常量	2.38	0.06				39.20***	
	成长进步体验	0.15	0.01	0.26			11.87***	
	目标价值体验	0.11	0.01	0.20			9.21***	
	知足充裕体验	0.06	0.01	0.15	0.21	0.21	7.69***	202.18***
4	常量	2.23	0.07				33.63***	
	成长进步体验	0.12	0.01	0.21			8.91***	
	目标价值体验	0.10	0.01	0.17			8.10***	
	知足充裕体验	0.06	0.01	0.14			7.10***	
	社会信心体验	0.07	0.01	0.12	0.22	0.22	5.62***	161.54***

注：*** 表示 $P<0.001$。

(二) 城市流动人口的心理和谐对文化融合的多元逐步回归分析

由表 6-15 可知，当投入 1 个自变量"人际和谐"时，其对于城市流动人口文化融合的变异的解释率为 28%，多元线性模型检验值 F 为 885.43，达到了 $P<0.001$ 的显著性水平。回归系数 β 为 0.53，为正值，且达到显著性水平，因此"人际和谐"能正向预测城市文化融合。如果再投入 1 个自变量"人格和谐"，整体解释率有所增加，并且模型的检验值 F 为 667.73，达到显著性水平，说明"人格和谐"对城市流动人口的文化融合有显著影响。此时，两个自变量对于因变量的解释率为 37%。如果再投入 1 个自变量"社会和谐"，整体解释率同样有所增加，并且模型的检验值 F 为 480.24，达到显著性水平，说明"社会和谐"对城市流动人口的文化融合有显著影响。此时，3 个自变量对于因变量的解释率为 38%。再投入"自然和谐"，整体解释率同样有所增加，并且模型的检验值 F 为 375.75，达到显著性水平，说明"自然和谐"对城市流动人口的文化融合有显著影响。4 个自变量对于因变量的解释率为

39%。再投入"认知和谐",整体解释率同样有所增加,并且模型的检验值 F 为303.94,达到显著性水平,说明"认知和谐"对城市流动人口的文化融合有显著影响。5个自变量对于因变量的解释率为40%。当再加入"情绪和谐"和"意志和谐"时,模型不显著,因此最后的回归方程为:

城市流动人口文化融合 = 1.43+0.30×人际和谐+0.24×人格和谐+0.12×社会和谐+0.12×自然和谐+0.06×认知和谐

表6-15 城市流动人口的心理和谐对文化融合的多元逐步回归分析

模型	自变量	B	SE	β	R^2	ΔR^2	t	F
1	常量	2.57	0.04				58.48***	
	人际和谐	0.35	0.01	0.53	0.28	0.28	29.76***	885.43***
2	常量	1.78	0.06				29.65***	
	人际和谐	0.24	0.01	0.36			18.91***	
	人格和谐	0.29	0.02	0.34	0.37	0.37	18.05***	667.73***
3	常量	1.59	0.06				24.99***	
	人际和谐	0.22	0.01	0.33			17.38***	
	人格和谐	0.24	0.02	0.29			14.40***	
	社会和谐	0.11	0.01	0.15	0.38	0.38	8.19***	480.24***
4	常量	1.47	0.07				22.38***	
	人际和谐	0.21	0.01	0.32			16.77***	
	人格和谐	0.20	0.02	0.25			11.73***	
	社会和谐	0.09	0.01	0.12			6.50***	
	自然和谐	0.09	0.01	0.12	0.39	0.39	6.17***	375.45***
5	常量	1.43	0.07				21.40***	
	人际和谐	0.20	0.01	0.30			15.49***	
	人格和谐	0.20	0.02	0.24			11.73***	
	社会和谐	0.09	0.01	0.12			6.45***	
	自然和谐	0.08	0.01	0.12			6.00***	
	认知和谐	0.03	0.01	0.06	0.40	0.40	3.36***	303.94***

注:*** 表示 $P<0.001$。

(三) 城市流动人口的主观幸福感和心理和谐对文化融合的多元逐步回归分析

由表6-16可知，当投入1个自变量"心理和谐"时，其对于城市流动人口文化融合的变异的解释率为30%，多元线性模型检验值 F 为1007.42，达到了 $P<0.001$ 的显著性水平。回归系数 β 为0.55，为正值，且达到显著性水平，因此"心理和谐"能正向预测城市流动人口的文化融合。当再加入"主观幸福感"时，模型不显著，因此最后的回归方程为：

$$城市文化融合 = 1.68 + 0.55 \times 心理和谐总分$$

表6-16 城市流动人口的主观幸福感和心理和谐对文化融合的多元逐步回归分析

模型	自变量	B	SE	β	R^2	ΔR^2	t	F
1	常量	1.68	0.07				24.30***	
	心理和谐总均分	0.56	0.02	0.55	0.30	0.30	31.74***	1 007.42***

注：*** 表示 $P<0.001$。

第四节 城市流动人口文化融合及其与主观幸福感、心理和谐关系研究结果的分析与讨论

一、城市流动人口文化融合、主观幸福感、心理和谐总体现状分析

本研究结果表明，城市流动人口的文化融合程度处于中等偏上水平，城市流动人口文化融合的整体状况均分为3.85，高于理论中值（3分）。以往研究大多认为城市流动人口的文化融合处于偏低的水平，陈觅在对宁波流动人口的文化融合进行研究后发现，流动人口这一特殊群体在文化融合程度方面表现出较低水平，要融入宁波的社会文化还需要克服很多困难。

本研究发现，城市流动人口的"方言掌握"维度与"风俗习惯"维度相较于"行为适应"维度与"价值观念"维度而言处于较低水平。原因在于，从"方言掌握"角度来看，方言是历经漫长的历史阶段，在特定地域或特定人群中产生的不同于国家通用标准语言的语言体系，方言具有极强的特殊性和一定的排外性。流动人口来到陌生的城市，由于流入地方言与其家乡方言的区

别，以及官方标准语言的特殊性，他们中的很多人在相当长的时间内都无法理解与掌握流入地方言，这使得城市流动人口"方言掌握"维度的得分处于较低水平。从"风俗习惯"维度来看，一座城市的风俗习惯是在悠久的历史进程中逐渐形成并不断加以巩固的，流动人口接触流入地城市风俗习惯的时间较短，也没有深刻感受，他们面临陌生的风俗习惯时往往有说不清道不明的感觉。不过由于城市流动人口可以感受到普遍存在的市民生活习惯，因此其"风俗习惯"维度的得分略高于其"方言掌握"维度的得分，与理论中位数相近，但整体上他们对城市的风俗习惯仍然表现出较难适应的状态。

对于流动人口来说，由于较长时间与城市人进行沟通与接触，他们的生活已经渐渐被城市居民同化，对城市文化能够逐步认同与适应，能够接纳甚至还能应用，因此，他们更愿意在城市中生活，这不仅有薪资和社会地位提升的原因，很有可能还包括流入地城市给他们带来的舒适感，即城市文化给他们带来的舒适感。生活在城市中，他们有自信能和城市里的本地人一样，因此其文化融入也将处在较高的水平。

本研究结果表明，城市流动人口主观幸福感的得分为 4.44，标准差为 0.64，高于理论中值（3.5 分），总体处于较高水平，即城市流动人口整体上拥有较高水平的主观幸福感，而这一结果与黄嘉文的研究结果相吻合。城市流动人口的主观幸福感不仅没有像大多数人简单认为的那样远低于城市本地人口的主观幸福感，恰恰相反，二者之间在主观幸福感上甚至没有出现太大的差距，并且在实际生活中，多数城市流动人口也表示生活得很幸福。其原因在于，城市流动人口没有过高的物质期待，他们认为当前的生活水平达到了自己的理想目标，因此，他们对生活的感受相对来说是美满幸福的。此外，李路等学者研究发现，倘若流动人口能够在城市中获得更多向上发展的就业机会和更加丰富的生活资源，他们就不易产生负面情绪或受到负面情绪的影响，从而保持良好的心理健康状态，进而提升其主观幸福感。

本研究结果表明，城市流动人口心理和谐的得分为 4.00，标准差为 0.45，远高于理论中值（3 分），总体处于较高水平。本研究也发现，城市流动人口心理和谐各因子的得分是不平衡的，其"认知和谐""人际和谐""情绪和谐"这 3 个维度比其他方面要处于相对不和谐状态。其原因在于，从情绪和谐角度来看，流动人口从家乡来到城市，自身所拥有的人力资本较低，文化素质与城市本地人相差较远，沟通交流能力相对较差。在寻找工作的过程中，他们往往被流入地城市的居民所排斥。面对种种挫折与不顺，城市流动人口通常存在焦虑、急躁、自卑等情绪问题，在情绪和谐方面处于较低水平。从认知和谐角度来看，尽管每个人的认知存在很大的主观因素，但归根到底是个人的文化素质在影响其判断。人口的流动大多表现为从欠发达地区流向发达地区，地区发展的不平衡直接导致了大部分流动人口在受教育程度、择业方向、工作酬劳等多方面低于流入地市民，这在很大程度上导致了大部分流动人口与流入地市民之间社会阶层的差异。再加上流动人口自身文化与异地城市文化之间的矛盾冲突，最终形成了流动人口与流入地市民认知不一致的局面，进而使流动人口表现出认知较不和谐的现象。从人际和谐角度来看，人际关系是个体在与他人相处时所感受到的双方之间的心理距离，大多直接表现为人与人之间关系的亲疏。作为城市里的外来人员，流动人口与流入地市民之间并没有太多的人际交集，其在方言、风俗习惯、生活方式等方面与城市居民存在差异。此外，人口流动表现出一定的地域性，相比于融入流入地市民群体，部分流动人口更倾向于与老乡抱团取暖。因此，城市流动人口存在人际关系不和谐的情况。

　　本研究发现，城市流动人口的心理和谐处于较高水平，这与樊飞燕的研究有所不同。樊飞燕的研究发现，移民的心理和谐处于一般水平，与较高水平的心理和谐还有一段距离。其原因在于，城镇化进程的快速推进，时代和环境的迅猛发展，使得流动人口能够前往发展更加现代化、就业机会更多的城市谋求发展，在此过程中他们所付出的努力与收获成正比，内心较为和谐。段建华研究发现，主观幸福感与心理和谐均属于积极心理学的范畴，是互为预测的指标。根据本研究的结果，如果城市流动人口的主观幸福感指数处于较高水平，其在城市中工作和生活的心理和谐也会呈现出较高的水平。流动人口能够清晰感受到社会环境发展所表现出的多样性，这在很大程度上铸就了他们对自身复杂而多样的认识。总体而言，城市流动人口所表现出来的行为与他们自己所期望表现出来的行为协调一致，处于较高的心理和谐的状态。

二、城市流动人口文化融合在人口学变量上的差异分析

（一）城市流动人口文化融合在性别上的差异分析

　　本研究结果表明，文化融合在城市流动人口的性别方面表现出明显的差异，即男性城市流动人口在文化融合得分显著高于女性流动人口。这与李平等学者的研究结果不同。李平通过对山东省的流动人口进行调研发现，相对于男

性而言，女性的文化融合程度要高。这主要是因为身处异地时女性会比男性更为内敛，男性在行为适应方面较为外向。除此之外，中国有句俗语："男主外，女主内。"相对而言，女性流动人口与流入地居民的交流比男性流动人口少，所以对流入地方言掌握和风俗习惯方面的关注度相对较低，自然掌握程度也就较低。

（二）城市流动人口文化融合在年龄上的差异分析

本研究结果表明，城市流动人口对文化融合在年龄上存在显著性差异，且随着其年龄的增长而递增。这与陆淑珍对城市流动人口的研究有所不同，陆淑珍的研究认为，年龄对流动人口文化融合的影响是一种非线性的关系，具体是指当达到某一个年龄阶段之后，流动人口文化融合反而呈现下降的趋势。究其原因，主要是"70后"的流动人口融入城市文化时在社会阅历、社会适应能力、沟通交流能力方面拥有比"80后""90后"流动人口更大的优势，即拥有更丰富的社会阅历、更强的社会适应能力和更强烈的与流入地居民沟通交流的愿望，凭借这些优势条件，他们可以更快地熟悉流入地的方言和风俗习惯，并在较短时间内融入流入地的文化，最终适应流入地城市。基于以上分析，流动人口中"70后"的文化融合程度超过"80后""90后"也就不足为奇了。

（三）城市流动人口文化融合在受教育程度上的差异分析

本研究结果表明，城市流动人口文化融合在受教育程度上存在显著性差异，呈现出城市流动人口文化融合的程度随着其受教育程度的提高而递增的趋势。这与何晨晓的研究结果一致，即流动人口受教育程度对文化融合有显著的正向影响作用。其主要原因可能是流入地居民将受教育程度视为评价流动人口综合素质、文化素养及身份高低的标准。如果流动人口拥有更高的受教育程度，流入地居民通常更容易认为流动人口有较高的道德素养，也就更容易接纳流动人口。就这一点而言，在其他条件相同的情况下，受教育程度越高的流动人口越容易融入流入地居民的生活，也更容易被流入地居民接纳，也因此更容易感受到城市带给他们的温暖，这一情况更加促进了他们融入城市的意愿。如果流动人口的受教育程度较低，他们中的大多数由于在城市找不到社会评价相对较高的工作，在生活中可能还被当地居民排斥，融入城市的意愿和文化融合的程度也就偏低。

（四）城市流动人口文化融合在工作年限上的差异分析

本研究结果表明，城市流动人口文化融合在工作年限上存在显著性差异，城市流动人口的文化融合水平随着其工作年限的增长而迅速提高。陆淑珍通过对城市外来人口的研究发现，城市外来人口的工作年限越长，其社会融合程度就越高。这与本研究的结果相似。由于在城市工作时间长，流动人口对城市的工作节奏比较适应，熟悉城市的工作和生活环境，基于这些优势，他们与城市之间存在较高的文化融合。相反，对于工作年限短的城市流动人口而言，由于缺少在城市的工作经验，没有在城市中积累足够的社会资本，难以建立良好的社会关系，因此他们的文化融合程度较低。

（五）城市流动人口文化融合在工资薪酬上的差异分析

本研究结果表明，城市流动人口文化融合在薪酬水平上存在显著差异，城市流动人口的薪酬水平越高，其文化融合程度就越高。这与李平等学者的研究结果一致。李平的研究认为，流动人口的收入水平越高，就越能促进他们的文化融合。这反映了工资薪酬是衡量流动人口文化融合程度的一项重要指标。

（六）城市流动人口文化融合在来到城市的时间上的差异分析

本研究结果表明，城市流动人口文化融合在其来到城市的时间上存在显著性差异，城市流动人口的文化融合程度随着其来到城市时间的增长而提高。这与陆淑珍的研究结果一致，即流动人口来到城市的时间对其文化融合的正向影响是较为显著的。这可能有两方面原因。一方面，流动人口在城市生活的时间越长，其与自己家乡的联系就越少，有些流动人口逢年过节都选择留在城市，或者直接将留守在老家的亲人接来城市共同生活，这类流动人口对城市的生活更加熟悉与习惯，其文化融合程度相对较高。另一方面则是因为部分流动人口在城市中只是暂时性地生活与工作，这类流动人口大多不会愿意在流入地城市花费大量时间和精力去积累社会资本，以至于他们的文化融合程度相对较低。

（七）城市流动人口文化融合在城市居住地上的差异分析

本研究结果表明，城市流动人口的文化融合在城市居住地上存在显著性差异，流动人口的居住地越靠近城市中心，其文化融合水平就越高。这与杨继平对长株潭城市群流动人口的研究结果一致，即越靠近市中心的流动人口的文化融合程度就越高。究其原因，可能是流动人口的居住地越靠近市中心，他们就越有机会寻找到薪酬较高的工作，拥有更好的经济基础，其工作和生活的环境也越有利于其与流入地城市居民沟通交流，接触和了解流入地城市的文化，构建良好的社会关系网络，这类流动人口融入流入地城市的意愿通常比较强，其文化融入程度也比较高。也就是说，居住地越靠近市中心，流动人口越有能力和机会融入城市文化，而且他们也希望在融入流入地城市的过程中获得更好的发展机会。而居住在距离市中心较远区域如城乡接合部、城镇或城中村的流动人口，由于与流入地市民的文化沟通相对较少，对流入地城市的文化缺乏一定的了解，因此其文化融合程度相对较低。

三、城市流动人口文化融合与主观幸福感、心理和谐的关系分析

本研究结果表明，城市流动人口文化融合与主观幸福感、心理和谐之间存在显著的正相关。由此可以推断，主观幸福感和心理和谐是影响城市流动人口文化融合的重要因素，是城市流动人口融入异地文化的基础。在实际社会环境中，强烈的主观幸福感和稳健的心理和谐都可以有效提升城市流动人口的文化融合程度。从主观幸福感角度来讲，主观幸福感的"成长进步体验"维度、"目标价值体验"维度、"知足充裕体验"维度、"社会信心体验"维度对城市流动人口文化融合的解释率为22%，意味着这4个维度对文化融合均存在影响。从心理和谐角度来讲，心理和谐对城市流动人口文化融合的回归系数为0.55，回归系数处于中等偏上，意味着心理和谐对城市流动人口文化融合的影响较大，其中"人际和谐"的回归系数>"人格和谐"的回归系数>"社会和谐"的回归系数>"自然和谐"的回归系数>"认知和谐"的回归系数，意味着"人际和谐"对城市流动人口文化融合的影响大于"人格和谐"，"人格和谐"的影响又大于"社会和谐"，"社会和谐"的影响又大于"自然和谐"，"自然和谐"的影响又大于"认知和谐"。

本研究根据上述结果获得启示：促进城市流动人口的文化融合可以从主观幸福感入手，并且在主观幸福感中要更加重视促进"成长进步"、提高"目标价值"、满足"知足充裕"及提高"社会信心"；也可以从心理和谐入手，并且在心理和谐中要更加重视提高"人际和谐""人格和谐""社会和谐""自然和谐""认知和谐"诸因子。下面就提高城市流动人口文化融合提出几点具体的建议和意见。

从成长进步体验的层面来看，应切实保障城市流动人口的文化权益，加强城市流动人口文化融合的外部制度和社会环境保障。具体措施主要有：针对流动人口这一特殊群体出台扶持与优惠政策，加强社会公共服务体系及基础设施建设，为流动人口群体建立图书馆、健身广场等公共场所，满足他们的精神文化需求，切实让流动人口群体在异乡感受到温暖，鼓励流动人口主动融入城

文化，为城市发展做出贡献。

从目标价值体验的层面来看，流动人口离开家乡来到城市，无非是为了寻求更好的工作机会，希望在异地实现自己的价值，针对流动人口大多受教育程度较低的现实状况，相关部门应加强对流动人口劳动技能的培训，以有效提高流动人口的劳动能力，确保其就业质量，使其在择业过程中有更多的选择空间，最终找到合适的工作，实现自己的价值。流动人口只有明确自身的价值，才能更好地融入城市。

从知足充裕体验的层面来看，政府要适当增加财政投入，不断提高流动人口经费配置的比例、基本收入、主观幸福感，促进其切实提升文化融合。

从社会信心的层面来看，新闻媒体应及时并积极地传达党和国家关于流动人口的方针政策，让流动人口充分感受到党和国家对他们的重视，从而提升其社会信心，积极融入城市生活。

从人际和谐的层面来看，流入地居民要用开阔的胸怀去接纳流动人口，给予他们更多的支持和帮助，增进其融入城市的意愿。

从人格和谐的层面来看，为了更好地建设和谐社会，流动人口在城市工作或生活难免会有不良情绪，相关部门应当鼓励社区、流动人口相对密集的工厂企业设置心理辅导室，为有不良心理状况的流动人口提供专业的心理辅导服务，帮助其克服困难。

从社会和谐的层面来看，群团组织应发挥自身的社会优势，动员社会各方面的力量，针对流动人口加强社会主义核心价值观的宣传，教育引导其与流入地居民和谐共处，最终实现共同发展。

从自然和谐的层面来看，相关部门应当进一步美化城市环境，做好绿化防护，净化城市空气，提升城市整体的美感，从而吸引和留住更多的流动人口。

从认知和谐的层面来看，社区应加强流动人口文化知识方面的培训，通过文艺演出、讲座等形式提高流动人口的文化素质，使他们了解城市文化，从而融入城市文化，成为城市文化的一分子。

四、研究结论

本研究得出以下结论：

第一，城市流动人口的文化融合处于中等偏上水平，城市流动人口的主观幸福感和心理和谐总体处于较高水平。

第二，流动人口的性别、年龄、受教育程度、工作年限、薪酬情况、来到城市的时间、城市居住地等人口学变量对城市文化融合总均分及"方言掌握""风俗习惯""行为适应"等维度均有显著影响。

第三，城市流动人口文化融合总均分及各维度得分与主观幸福感总均分及各维度得分存在显著正相关。

第四，城市流动人口文化融合总均分及各维度得分与心理和谐总均分及各维度得分存在显著性正相关。

第五，多元回归分析结果表明：（1）城市流动人口主观幸福感中的"成长进步体验""目标价值体验""知足充裕体验""社会信心体验"诸因子对其文化融合具有显著的正向预测作用；（2）流动人口心理和谐中的"人际和谐""人格和谐""社会和谐""自然和谐""认知和谐"等维度对其文化融合具有显著的正向预测作用；（3）城市流动人口的心理和谐对其文化融合具有显著的正向预测作用。

第七章 城市流动人口文化融入的特点和实现路径

据《中国流动人口发展报告2021》显示，2020年，我国流动人口有3.76亿，占总人口（14.12亿）的26%，与2010年相比，增长了69.73%。改革开放后，大量流动人口来到城市务工，成为推动城市发展的重要力量。城市流动人口在促进经济高速发展的同时，由于其文化融入水平相对较低，也带来了一定的社会性问题。随着时代的变迁，新生代城市流动人口不愿意长期处于漂泊不定的状态，更向往安逸而稳定的城市新生活。城市流动人口希望能够定居流入地，融入流入地城市文化，随着其在城市生活时间的延长，这种内在的心理需求也愈来愈强烈。

《国家新型城镇化规划（2014—2020）》指出，要有序推进城市流动人口市民化，推进农民工融入企业、子女融入学校、家庭融入社区、群体融入社会，建设包容性城市。但由于经济、文化等因素的影响，城市流动人口较难以开放的心态真正融入流入地城市社会。根据社会融合理论，社会融入需要经历经济、人际、文化这三个层面的适应，其中经济基础是社会融入的前提，人际关系是社会融入的基础，文化认同是社会融入的关键。只有三个层面全部融入，才能说明城市流动人口完全融入了城市社会。城市流动人口要真正融入城市社会，从"外地人"转变为市民，从"过客"转变为主人，除了实现经济权益、政治权益、社会权益以外，更为根本的是由文化认同、文化接纳带来的文化融入。城市流动人口只有真正摒弃"过客"心态，切实融入城市文化，才能真正成为城市的一分子。本章内容着重关注城市流动人口文化融入的基本特点、影响因素和实现路径等问题，以切实提高城市流动人口的文化融入水平，不断提升城市流动人口的市民化水平。

第一节 城市流动人口文化融入的基本特点

乡村劳动力为了更充分地就业,也为了过上更美好的生活,离开户籍所在地到流入地城市打拼,这就是城市流动人口群体的由来。作为不同于城市本地居民的特殊人群,城市流动人口文化融入有其自身的特点,具体论述如下。

一、相对于经济融入程度而言,城市流动人口的文化融入水平更低

(一)城市流动人口经济融入程度渐次提升

我国城市流动人口多以务工、经商为生,经济融入是其立足于城市的基础。流动人口离开家乡来到城市打拼,主要是为了获得更好的工作机会,从而为家庭带来更优渥的物质条件,同时,他们也希望自身在各个方面都能获得良性发展。一般情况下,城市流动人口只有找到稳定的工作,获得满意的收入,拥有比较舒适的居住条件,享有基本的社会保障,才会关注到自身精神文化层面需求的满足,从而真正融入流入地城市。

杨菊华曾采用2005年全国1%人口抽样调查数据,运用因子分析法,选择劳动就业、社会保障、住房条件等多个指标,综合地考察城市流动人口的经济融入水平。结果表明,城市流动人口的经济融入水平越高、在流入地城市的时间越长,其经济融入程度就越深入。

老一代城市流动人口受教育程度不高,主要作为建筑、制造、运输及商业服务等行业的体力劳动者参与城市的经济活动。新生代城市流动人口的受教育程度显著提高,他们具有较高的工作积极性,也具有一定的职业适应性,主要从事制造业、高端服务业等行业的工作。新生代城市流动人口以专业技术人员身份就业的比例增速较快,他们甚至参与所在城市的金融等更高层次的经济活动,承担更加重要的工作职责。相应地,城市流动人口的经济融入程度也在渐次提升。

(二)相对于经济融入而言,城市流动人口文化融入的难度更大

城市流动人口的融入程度在经济、人际、文化等3个维度存在差异。李国柱、刘美晨的研究结果表明,我国城市流动人口的文化融入水平整体较低,融入质量不高,与其他维度的融入水平存在显著差异。其中经济融入状况较好,人际适应和文化融入水平相对较低。

经济融入主要通过社会实践活动达成，而文化融入则涉及价值观、行为模式等诸多方面。文化融入是城市流动人口对以工商业文明为核心的城市文化从认同、接纳、适应到融合的过程，在此过程中会产生积极的归属感体验和较强的自我价值感。城市流动人口文化融入是建立在经济融入和行为适应基础上的更高层次的深度融入，需要经历更长时间并通过精神层面的交流与互动才能完成。

城市流动人口为了获取更多的经济收益，经常处于超负荷的工作状态，休闲生活时间明显不足，这导致他们较少有机会参与城市文化活动，难以实现文化融入。离开了熟悉的乡村成长环境，流动人口在流入地城市缺少亲朋故友的心理支持，人际互动相对较少，从精神层面获得的融入资源相对匮乏。城市流动人口在流入地城市的生活以经济活动为主，没有充足的时间和精力参与社区文化活动，也较少与当地人进行文化的交流与沟通，这也是城市流动人口文化融入程度相对较低的原因。

二、城市流动人口对流入地文化熟悉度不够，融入积极性不高

（一）城市流动人口对流入地文化的熟悉度不够

由于历史的原因，城乡地缘文化之间存在比较明显的结构性差异，相当一部分城市流动人口对流入地文化的熟悉程度较低。曹子坚、殷杰的调查结果表明，城市流动人口"很熟悉"流入地风俗习惯的比例仅为5.3%，加上"大部分熟悉"的比例，也只有22%。大部分城市流动人口对流入地风俗习惯不熟悉，缺乏融入的内在推力，从而阻碍了其对流入地文化的认同感。该研究结果还表明，28.3%的城市流动人口很少去公共文化场所，他们最常去的业余活动场所是文化广场和公园（占比为19%），其次是图书馆（占比为10.5%）。这说明城市流动人口参与流入地文化活动的形式相对单一，与流入地文化互动的机会较少。相当数量的城市流动人口并未真正参与流入城市的文化活动，成为影响其社会融入程度的重要原因。因此，为城市流动人口熟悉流入地文化开辟有效的路径，是城市社会及社区需要共同努力的方向。

（二）城市流动人口文化融入的积极性不高

城市流动人口文化融入的动机强度，决定了他们在这方面付诸行动力度的大小。城市流动人口由于与流入地居民在文化观念、生活习惯等方面存在显著差异，无法真正深度融入流入地城市生活，因此其文化融入的积极性不高。孙

涛、赵岩、翟磊的研究发现，流动人口文化融入、心理融入的意愿偏低，他们更倾向于保留原本地域的文化传统和生活方式。不少城市流动人口虽然离开家乡来到城市工作，但人际交往对象还是以同乡为主，在生活观念和饮食习惯等方面保留了家乡特色，他们更愿意说家乡话、吃家乡菜、遵守家乡的风俗习惯。

目前，城市流动人口以成年劳动力为主，他们在进入城市之前就已经完成了社会化过程，形成了自己看待社会、为人处世的基本理念，且根深蒂固，难以改变。而流动人口进入城市工作和生活必然会遭遇流入地城市文化和乡村原生文化的碰撞，也必然在一定程度上改变原本的生活惯性和行事风格。这种心理冲击会部分地消解城市流动人口融入流入地文化的意愿，影响其文化融入的积极性。

三、城市流动人口文化融入存在地域性差异

省域之内城市流动人口的文化融入程度相对较高，一般来说，同一省份的人具有基本相近的自然环境和历史背景，文化上一脉相承，具有较高的相通性和相似性。在省域内流动不仅较少有方言障碍，相近的饮食文化、风俗习惯等也会使文化融入相对更加容易。省域内流动人口选择放弃跨省流动，转而选择到省会或省内经济发达城市工作生活，主要考虑的正是文化趋同这一因素。

跨省城市流动人口的文化融入程度相对较低，原因是流动区域的跨度越大，其所感受到的文化差异所带来的冲击越大，文化融入的难度也就越大。跨省城市流动人口在"居留意愿""入籍意愿""融入流入地""本地人身份认同"等方面的程度较省内流动人口低得多。基于地缘关系，城市流动人口与家乡的距离越近，在流入地的社会资本可能越丰富。虽然跨省流动人口具有较强的"自主选择性"，但是这一特征仍难以抵挡省内流动人口的"内部优势"。因此，在控制其他变量的情况下，省内城市流动人口的文化融入程度比跨省城市流动人口的文化融入程度更高。

四、城市流动人口的迁移模式不断变化，其文化融入需求随之发生改变

段成荣等研究者把流动人口迁移模式的发展分为4个阶段：第一阶段，流动人口利用农闲季节外出务工，以短距离流动为主，没有脱离家庭生活；第二阶段，随着流动范围的扩大，跨省、跨区域流动成为主要特征，流动人口基本

脱离农业生产，不少家庭中夫妻双方均外出务工或经商，子女则成为留守儿童；第三阶段，流动人口在外地站稳脚跟后，安排子女随迁，并在流入地生活、就学；第四阶段，核心家庭在流入地稳定下来之后，青壮年流动人口进一步将父母列入随迁人员的考虑范围。

（一）改革开放初期的人口流动模式以个体迁移为主

改革开放以来，以追求经济利益为导向的人口流动这一社会现象逐步形成并得以发展，特别是进城务工的农业人口数量逐年增多。扈新强、赵玉峰的研究结果表明，1980—1990 年，尽管城市人口的流动强度与规模有了明显提升，但仍以个体流动为主，举家流动的规模并不是很大。张航空的研究结果表明，改革开放初期的人口流动模式主要是家中的男性劳动力脱离农业生产活动到城市务工。到 1990 年，流动人口的举家迁移比例仅为 7.44%。

（二）2000 年之后流动人口举家迁移的比例快速增长

2000 年之后，我国人口流动逐渐由分散的跑单帮式的流动向家庭型迁移转变，人口流动呈现明显的"家庭化"趋势。何亚萍的研究结果表明，2000 年城市流动人口举家迁移的比例提升至 46.06%。当前流动人口举家迁移、长期居留城市的趋势明显，成为改善民生状况的重点人群。许多外来务工人员选择带着配偶及子女在流入地城市居住生活。外地迁移人口成为流入地城市家庭户的重要组成部分，被称为"流动家庭"。

2009 年，国家计生委对北京、上海、太原、成都、深圳等 5 个城市流动人口的监测调查发现，城市流动人口与配偶或子女一起居住的比例达到 67.4%，劳动年龄人口平均在现居住地停留时间为 5.3 年。2017 年城市流动人口动态监测调查数据表明，超过 90%的外来务工人员与至少 1 名家庭成员一起流动且共同居住，其中 3 人共同流动的比例最高，为 57.26%。

与个人流动模式相比较，与家庭成员共同流动的城市流动人口的各方面需求发生了较大的变化，逐渐表现出新的特点。他们不仅大大增加了关乎教育、医疗等社会保障方面的需求，提高了居住面积和生活环境方面的硬件需求，更希望自己及家人能像真正的城里人一样享受城市文明带来的生活愉悦感，不断提升自己的生活幸福感指数。

五、差异性累积之下，城市流动人口文化融入表现出分层性特征

城市流动人口本身所拥有的积极心理品质或消极心理品质都会在他们身上

得到积累，并外化为城市流动人口文化融入的具体行为表现。城市流动人口个体成长环境和教育背景的差异性比较显著，他们的认知水平、人生观念、态度体验、自我意识、人格特征等各不相同，这些方面对其文化融入水平的影响也显而易见，最终导致城市流动人口的文化融入水平表现出分层化特征。有的城市流动人口对流入地文化更为熟悉，在后天的生活过程中，他们的文化融入水平越来越高，最终真正实现"市民化"。有的城市流动人口对流入地文化认同度不高，接纳度偏低，更局限于与同乡交往，愿意停留在即有的生活舒适区，倾向于保留原有的乡村文化特质，始终难以提高自身的城市文化融入水平。

第二节 城市流动人口文化融入的影响因素

城市流动人口的文化融入程度会受到城市社会环境和个体自身发展等因素共同作用的影响。从城市社会环境角度来看，城市文化与原生文化的差异、城市方言的认同度及方言使用的多样性、城市公共服务水平、住房可得性等因素会影响城市流动人口的文化融入水平。从个体自身发展角度来看，年龄、学历、经济条件、融入意愿和迁移模式等因素会影响城市流动人口的文化融入水平。只有准确探析影响城市流动人口文化融入的根本因素，才能因势利导，有的放矢，有效提升城市流动人口的文化融入水平。

一、城市社会环境因素

（一）城市文化与原生文化的差异

城市流动人口大多来自农村，其原生文化归属于乡村文化。城市文化与原生文化的激烈碰撞，可能会加大城市流动人口文化融入的难度。农村与城市有着不同的社会经济环境，有着不同的价值观念及生活方式，城市文化与乡村文化具有较大的质的区别。流动人口进入城市生活之后，其本身拥有的原生文化不可避免地会遭遇城市文化的剧烈冲击。由于与城市原居民在认知方式、价值观念、处世态度、人生追求、生活模式等方面存在显著差异，在城市中心主义语境下，有的城市流动人口可能会比较深切地感受到城市文化对乡村文化的偏见、排斥，感受到自己被城市文明边缘化，有的城市流动人口甚至会产生心理鸿沟和利益冲突。

(二) 城市方言的认同度及方言使用的多样性

语言载体的呈现样式构成了文化传播的语言生态，这也是实现文化传播的基础。语言载体不充分，传播广泛性就不足。只有在语言交流载体认同的背景之下，文化才能顺利传播。城市方言是城市原居民即本地人约定俗成的语言交流载体，城市流动人口对流入地方言这一交流载体的认同度越高，越有利于其提升文化融入水平。

还有研究结果表明，方言使用的多样性会影响城市流动人口的文化融入水平。一方面，流入地方言使用越多样，语言环境就越复杂，交流障碍也就越大，信息的传递效率就越低，就越会增加城市流动人口与流入地居民的交流难度。另一方面，城市区域内方言使用的种类越繁杂，原居民对城市流动人口的信任度越低，越容易将他们视为"外来族群"，这反过来又会降低城市流动人口的归属感。在方言使用多样性越高的地区，城市流动人口越不认同自己属于该地区，对自身的原生文化也就越认同。

(三) 城市公共服务水平

城市公共服务指的是城市公共部门面向城市公众提供的公共产品和服务，包括城市基础设施的投资和维护，提供和强化就业岗位、社会保障服务，兴办和支持教育、科技、文化、医疗卫生、体育等公共事业，及时发布相关社会信息，为社会公众生活质量的提高和参与公共事务提供有力的保障和创造相关的条件等。城市公共服务水平既是影响城市居民生活质量的重要因素，也是影响城市流动人口选择流入地的重要因素。公共服务是传递城市温度的重要窗口，相关部门应从教育、医疗、科技、体育、交通等各个方面给予城市流动人口实质性帮助，以提升其城市归属感，增强其城市融入意愿。城市公共服务水平不仅影响流动人口的定居意愿，更影响其对城市的认可程度。对城市流动人口而言，享受公共服务的过程也是他们感受城市文化魅力的过程。因此，城市公共服务应在解决城市流动人口生活后顾之忧的同时传播流入地城市文化，从而不断提升城市流动人口的文化融入水平。

(四) 城市住房的可得性

住房可得性是指居民有房住、拥有房产的可能性。城市流动人口与本地居民的居住空间存在隔离现象，这必然会对其社会融合产生一定的影响。国人历来重视安居乐业，房子是住家的前提，是幸福源泉，是社会稳定和发展的基础，对于城市流动人口而言亦是如此。城市流动人口如果拥有在流入地购房的意愿及能力，就意味着其有更大的可能性在该城市长久定居，同时也标志着其文化融入处于较高的水平。

二、个人自身发展因素

（一）人口学变量

1. 年龄

年龄的增长往往意味生活经验的增长，但同时也可能意味着生活习惯和思想观念的固化。卢海阳等认为，年龄变量对城市流动人口的文化接纳水平有着显著的影响作用。城市流动人口文化接纳水平的发展趋势是，先随着年龄的增长而显著增长，然后再平稳发展。不同年龄的城市流动人口具有不同的人生阅历、思维习惯和追求目标，这些因素可能会影响他们对自己未来在城市发展的判断，进而影响其文化融入水平。

2. 性别

性别角色观念影响着两性对社会角色分工、性别关系模式的认同，以及受此影响的性别分工实践，这一观念也会对城市流动人口的文化融入程度产生一定的影响。性别角色观念影响文化融入的中介因素是流动模式，城市流动人口的性别角色观念会影响其流动模式，而流动模式又势必会影响其文化融入水平。如独自流动的女性劳动者与和丈夫等家庭成员一起流动的女性劳动者，在城市劳动力市场中的行为逻辑具有很大的差异性。独自流动的女性劳动者只需面对城市劳动力市场并运用市场逻辑进行决策，而非独自流动的女性劳动者则既要面对城市劳动力市场又要顾及家庭，除了需要运用市场逻辑进行决策之外，还要受到性别角色观念的深刻影响。

3. 学历

城市流动人口的受教育程度对其城市文化接纳的水平有着显著的影响作用，流动人口城市文化接纳水平随其受教育程度的提高而提高。有研究者认为，受教育程度既是人力资本最核心的组成部分，也是获取其他人力资本因素的重要手段，直接影响流动人口适应新环境、学习新知识、有效人际沟通及在劳动力市场上议价和竞争的能力。初中及以下学历城市流动人口的社会融入水平低于整体平均水平，这种差异在东部发达地区城市更为明显。长时间的外出流动、更长的受教育年限，对城市流动人口的文化融入具有显著的积极影响。其原因是，城市流动人口的学历是其在城市谋求工作的敲门砖，学历水平越高越有利于获得称心如意的工作,也越有利于积累丰富的城市生活经验,从而不断提升其文化融入水平。

(二)融入意愿

城市流动人口文化融入的意愿主要表现在以下两个方面。

1. 是否愿意与本地人沟通、参与社区文化活动

城市流动人口的主观意愿对其文化融入程度有着直接的影响。经常与本地人沟通、积极参与社区文化活动是城市流动人口文化融入的重要方式。城市流动人口如果与本地居民交往频率高,则可以扩大其异质化人际交往圈,从而更有利于其了解当地文化风俗,消除因相互不了解而产生的隔阂。

但是,由于文化层次、居住场所、身份认同等原因,不少城市流动人口的社会交往更加局限于自己较为熟悉的"老乡"小团体,而不愿意主动融入崭新的城市人际交往圈,这使得他们与本地人的社会距离日益增大,这类流动人口通常缺乏对流入地城市的归属感。社会交往是人与人之间相互往来,进行物质和精神交流的社会活动,也是文化认同的一个侧面反映。如果城市流动人口不主动与当地居民交往,对当地文化的了解会更少。如果城市流动人口经常与本地人一起享受休闲娱乐时光,共同免费使用城市文化场所及设施,积极参与社区或企业组织的各种文化活动,主动关注社区管理工作,则更有利于其文化融入水平的提高。

2. 是否愿意接纳和学习流入地城市方言

有研究表明,掌握一定的方言技能不仅能够增强城市流动人口的社会认同、减少被歧视,也有利于其参与流入地城市经济社会活动。还有研究结果表明,接纳流入地方言对城市流动人口的归属感有显著的正向影响作用。方言作为一种特别的文化因素,是对流入地城市的文化传统、价值观念、道德伦理、心理意识、思维方式、行为模式、风俗习惯、情感表达等社会文化体系的综合反映,潜移默化地影响着人们的认知、情感与行为。会讲流入地城市的方言,对城市流动人口的文化认同、文化适应等具有强有力的推动作用,也为其文化融入提供了可能性及便捷性。

但是,对于大多数城市流动人口而言,学习流入地城市的方言客观上存在一定的困难,加上工作、生活压力大,势必影响其学习方言的积极性,方言掌握得不熟练,会在一定程度上阻碍他们与本地人的沟通与交流,从而影响他们的文化融入水平。

(四)经济因素

1. 收入水平

人口流动本身就是劳动力优化配置的过程,经济基础决定上层建筑。拥有较高而稳定收入的城市流动人口,在满足基本生活需求之余,会更加注重满足自身的精神文化需求,在不知不觉之中提高自身的文化融入水平。但是,有研究结果表明,城市流动人口的文化融入程度与其收入水平并不是正相关关系,在超过阈值水平后,收入水平对文化融入存在显著的消极影响,每增加1%的收入,文化融入感降低24%。随着收入的提升,新生代城市流动人口的文化认同感和行为参与度呈显著降低趋势。然而,新生代流动人口能够获得比较丰富的社会资源,这将对其经济融入产生积极影响,从而推动其文化融入水平的提高。

2. 居住条件

城市流动人口的居住条件与文化融入水平具有较大的关联性,居住条件越好,文化融入水平越高。一般来说,社区居住环境越好,城市文化氛围越浓厚,住户之间的文化交流机会越多,越能促进城市流动人口的文化融入。

但是,大多数城市流动人口认为自己是城市的"过客",普遍具有较强的自卑感,这也会在一定程度上影响其文化融入的水平。

(五)迁移模式

我国流动人口的迁移模式随着时代的发展不断发生变化,当代城市流动人口明显呈现出工作地长期化和迁移模式家庭化的趋势,这也正是城市经济社会发展水平不断提高的重要标志。

城市流动人口的迁移模式不同,其文化融入程度也不同。有研究结果表明,迁移模式对城市流动人口的市民化存在以下影响:第一,相对于单独流动而言,只与子女一起迁移,只与父母一起迁移,与配偶和子女一起迁移,与配偶和父母一起迁移,与配偶、子女和父母一起迁移,等等,对流动人口个体的市民化均有显著正向影响,其中,与配偶、子女和父母一起迁移对流动人口市民化的正向影响最大。第二,只与子女一起迁移、与配偶和子女一起迁移这两种迁移模式,对年轻流动人口个体、女性流动人口个体和高中以上学历流动人口个体的市民化程度影响不显著。对于上述3个群体,与父母一起迁移在其市民化程度方面的积极影响仍然存在,且边际影响更大。

第三节　城市流动人口文化融入的实现路径

要不断提升城市流动人口的文化融入水平，就必须探寻科学有效的实现路径。前文已述，影响城市流动人口文化融入的因素比较复杂，因此，需要运用多样化手段促进其实现文化融入。下面主要从国家、地方、社区、个人等层面探索适合的有效路径，以促进城市流动人口不断提高其文化融入水平，使其在城市生活中拥有更多的获得感和更强的认同感。

一、国家宏观政策支持

（一）优化户籍管理制度

党和国家制定的关乎城市流动人口的管理政策，对其文化融入具有全局性的指导意义。改革开放以来，大规模人口流动势不可挡，无论是城市还是农村，都收获了人口流动带来的红利。而形成于计划经济体制之下、带有明显"二元制"身份色彩的户籍管理制度，与市场经济体制之下频繁的人口流动需求已经极其不相适应。因此，需要从制度层面进行优化变革，为城市流动人口的文化融入提供制度性支持。

比如，科学调整户籍涵盖的权益，适当放宽松户籍制度，变"户籍制"为"居住地制"，打破制度屏障，不断促进户籍平等化，帮助城市流动人口更好地融入流入地社会生活，切实提高其文化融入水平，使其从心理上真正把自己当作流入地城市的一分子，接纳流入地文化，提升城市归属感。

（二）保障流动人口基本权益

要促使城市流动人口真正融入流入地生活，让他们在积极参与工业化、城镇化建设发展的同时，也能分享到城市文明带来的舒适和快乐。相关部门应加强城市流动人口的管理和服务，运用系统思维来重新构建管理体制和制度框架，有序推进分类管理，通过政策激励引导理性流动，并强化法律制度建设，切实保障流动人口的基本权益，实现人口流动的最大效益。当城市流动人口能充分享受到流入地的政策红利时，其文化融入水平必将得到较大幅度的提高。

具体而言，城市公共服务均等化的最大意义在于促进流动人口家庭团聚，减少出现各类留守人员。它主要有两方面的作用。一方面，能够为城市流动人口完善家庭功能提供支持，促进社会稳定与和谐；另一方面，能够为城市流动人口消除后顾之忧，实现更高程度的剩余劳动力转移，而这又会进一步促使城市流动人口家庭更加完整化。具体主要有以下4方面的措施：（1）切实保障城市流动人口及其家庭在流入地能够享受平等居住权；（2）保障城市流动人口家庭子女在城市平等受教育的权利；（3）保障城市流动人口及其家庭成员享受平等的医疗健康权；（4）在保障农民土地财产权的基础上，完善农村土地流转制度，保证流动人口在享受土地增值收益的同时，避免因维系农活而产生的流动阻碍等。

二、地方政府强力引领

（一）切实提升公共服务水平

当前，我国城市流动人口管理制度发生了根本性变化，越来越多的政府职能部门如公安、卫生、教育、财政、劳动等，参与城市流动人口的管理服务，具体主要从硬件和软件两个方面着手。硬件方面，加强城市配套设施供给，提升社区公共服务能力，建立城市更新公共服务保障机制，强制规划一定比例的公益性用地，用于建设城市流动人口服务中心、人才公寓、绿地公园等。软件方面，从政策上优化公共资源配置，提升配套服务保障，供给主体主动将工作重心与服务资源下移。

（二）挖掘城市文化资源，丰富特色文化活动

每座城市都有其地域性文化优势，或者说都有其独具特色的文化内涵。因此，城市流动人口流入地政府一方面要重视保护自身的文化优势，守护地方特色文化；另一方面还要充分挖掘地方文化资源，打造特色文化名片。城市流动人口流入地政府应主动牵头举办地方特色文化活动，承担起丰富民间文化活动、促进地方文化发展的责任，在保留自身文化特色的同时，促进本地文化多元化发展。只有把当地文化资源充分挖掘并调动起来，形成浓厚的地方文化氛围，才有可能吸引并留住城市流动人口，促进其文化融入。

（三）改善城市流动人口的居住条件

城市流动人口流入地政府可以从以下几个方面改善城市流动人口的居住条件，如：支持和鼓励城市流动人口比较集中的企业建职工宿舍；在城区合适地段或闲置厂房建立简易式城市流动人口公寓，以廉租房的形式提供给城市流动人口居住；对在市区工作并交纳社保达到一定年限的城市流动人口，予以申请廉租房、公租房的政策支持；完善住房供应体系，规范私房租赁市场，满足中

低收入城市流动人口家庭的住房需求；定期开展城市流动人口居住情况调查，为完善城市流动人口住房的相关政策、改善其居住条件提供依据。安居才能乐业，乐业才能增强流动人口融入流入地城市的愿望，才能使其感受到自己是城市的一分子，从而真正实现心理融入和文化融入。

三、社区工作助力

社区是流动人口在城市生活的落脚点，社区环境影响城市流动人口的社会融入水平。社区在提高居住环境生态品质、提高公共服务设施服务水平、促进邻里相互交往、发展地域特色文化、展示城市风貌等方面，都发挥着无可替代的作用。城市流动人口的社区参与是影响其社区融合的重要因素。社区工作者应科学使用专业方法，激发城市流动人口参与社区活动的热忱，促进城市流动人口主动融入社区。社区工作者要充分利用社区内的各种文化资源，积极策划活动，为城市流动人口与社区原居民搭建互动平台，增加彼此了解的机会，提升两大社会群体彼此之间的认同感，进而拓展城市流动人口的社会关系网络，不断提升他们对城市社区的归属感，促进城市流动人口的社区融合。另外，社区教育要融入地域文化。将地域文化融入社区教育的价值在于提高社区教育的文化效应，促使城市流动人口不断提升自身的文化和心理融入水平。

四、个人主动发展

（一）努力提升文化水平和专业技能

城市流动人口来到城市打拼，不仅仅是为了获得更高的薪水，追求物质生活的满足，还渴望了解并融入当地文化，追求精神生活的满足，更希望通过自身的发展获得源源不断的主观幸福感。因此，城市流动人口应该主动参加文化知识学习和职业技能培训，努力提升自身的学识水平和专业技能。从学习求知的角度来说，城市流动人口应始终保持开放性和主动性，以提升自身素养，提升城市生活适应性，提升文化融入水平。

（二）主动参与流入地城市文化活动

城市流动人口的流动模式随时代的发展而不断变化，目前相当一部分城市流动人口不再是短期停留，而是长期居留在流入地。城市流动人口要想真正变成"城里人"，就必须真正实现文化融入，从心理上感受到自己是城市的一分子。城市流动人口必须摒弃"局外人"心态，主动参与流入地文化活动，感受和享受当地文化的独特韵味。城市流动人口应积极了解流入地文化习俗，主动遵守当地的行为规范，不断更新理念，跨越文化沟壑，实现文化互补、互惠、交融、相融。另外，提倡城市居民主动适应城市发展规律，理解文化的多元性，包容文化的差异性，与城市流动人口彼此认同，守望相助，共同建设多元、温暖、特色鲜明的现代城市文明。

（三）适当学习流入地方言，减少沟通障碍

方言作为重要的文化要素，其形成与当地风俗习惯、风土人情紧密相连，因此，同一方言区内的文化环境往往趋同。方言能够产生"认同效应"，人们对讲相同方言的人更容易产生认同感和信任感。学习流入地方言，可以帮助城市流动人口更快地融入流入地社会，从而强化他们的永久迁移意愿。城市流动人口应适当学习流入地方言，主动把流入地方言运用到日常生活和社会交往当中。实践证明，城市流动人口哪怕只是学会几个简单的方言短语，也能够迅速拉近与流入地居民的距离，打开沟通窗口。城市流动人口学习与应用流入地方言，能够更好地感知流入地城市的文化风格，与流入地城市文化有更深层次的接触，从而不断提升自身的文化融入水平。

附 录

城市流动人口文化融入调查人口学变量问卷

1. 您的年龄

   (1) 25 岁及以下　　　　　　　(2) 26~35 岁

   (3) 36~45 岁　　　　　　　　(4) 46~55 岁

   (5) 56 岁及以上

2. 您的受教育程度

   (1) 小学及以下　　　　　　　(2) 初中

   (3) 高中/职校/中专/技校　　　(4) 大专/高职

   (5) 本科及以上

3. 您的婚姻状况

   (1) 已婚　　　　(2) 未婚　　　(3) 离异

4. 您的工作年限

   (1) 1 年以下　　(2) 1~3 年　　(3) 4~8 年　　(4) 8 年以上

5. 您的薪酬情况

   (1) 2 000 元及以下　　　　　　(2) 2 001~3 000 元

   (3) 3 001~4 000 元　　　　　　(4) 4 001~5 000 元

   (5) 5 001~8 000 元　　　　　　(6) 8 000 元以上

6. 您来到城市的时间

   (1) 1 年以下　　(2) 1~3 年　　(3) 4~8 年　　(4) 8 年以上

7. 您在城市的居住地

   (1) 城市中心地带　　　　　　　(2) 城乡接合部

（3）城镇或者城中村
8. 你认为自己是
（1）城市人　　　　　　　　（2）既是城市人也是农村人
（3）农村人　　　　　　　　（4）既不像城市人也不像农村人
（5）说不清楚

城市流动人口文化认同与身份认同调查问卷

第一部分

该部分的计分方法是：1分，完全不同意；2分，比较不同意；3分，不确定；4分，比较同意；5分，完全同意。

1. 我喜欢所在城市的方言，听起来蛮舒服的。
2. 我喜欢所在城市特有的风土人情。
3. 我尊重与认同所在城市的礼节或者习俗等。
4. 与乡土文明相比，我更喜欢城市文明。
5. 与乡村价值观念相比，我更认同城市价值观念。
6. 城市文化生活观念更符合我的内在精神需求。
7. 我认为社区举办的一些文体活动很有意义。
8. 我想通过学历教育或者职业技能培训提升自己，以改善工作和生活条件。
9. 我喜欢城里人的休闲娱乐方式，可以愉快地度过业余时间。
10. 我认同城市的人际交往方式，以朋友和同事为主要交往对象。
11. 我所在的城市交通便捷，出行方便。
12. 我所在城市的建筑物美观大气，颇具特色。
13. 我所在城市的教育资源丰富，条件优越。
14. 我愿意学习城里人教育子女的基本方法。
15. 我对子女教育投资的愿望跟城里人一样。
16. 我希望自己的孩子通过读书，将来能跟城里人的孩子一样有出息。
17. 我认同所在城市社会管理的法规与制度。
18. 我认同所在城市的社区管理规范与模式。

19. 我认同工作单位所制定的劳动纪律。

第二部分

该部分的计分方法是：1 分，完全不同意；2 分，比较不同意；3 分，不确定；4 分，比较同意；5 分，完全同意。

1. 我认为自己是这座城市的一分子。
2. 我认为自己与城市居民没有差别。
3. 我对自己现在的城市生活状况感到很满意。
4. 我不曾体会到出外打工、漂泊、寂寞、受人歧视的消极情绪，相反很充实、很快乐。
5. 我想放弃农村户口，获得目前所在城市的非农村户口，继续在这座城市生活。
6. 我认为这座城市的居民对我很热情。
7. 我觉得这座城市的居民已经把我当做这里的市民。
8. 我不在乎这座城市的居民如何看待我，别人的闲言碎语影响不了我。
9. 我能够体验到与这座城市的居民和睦相处的乐趣。
10. 我经常与周围的城市居民共同出去游玩。
11. 我关心这座城市发展的好坏，我愿意为这座城市的建设贡献自己的力量。

城市流动人口文化接纳、归属感、自我价值观调查问卷

第一部分

该部分的计分方法是：1 分，完全不同意；2 分，比较不同意；3 分，不确定；4 分，比较同意；5 分，完全同意。

1. 我能听懂所在城市的方言。
2. 我在生活及工作场所经常说所在城市的方言。
3. 我接纳并尊重所在城市的风土人情。
4. 我接纳并尊重城里人的礼仪与习俗。
5. 我热爱自己所在的城市，并尽量参与城市建设。

6. 我已经接受城里人的饮食习惯。

7. 我已经接受城里人的消费观念。

8. 我已经接受城里人的健康观念。

9. 我能接受城里人的婚姻、恋爱和择偶观念等。

10. 按照城里人的价值观念生活,让我觉得自己更像城里人。

11. 我的休闲娱乐方式跟城里人的一样,如看电影、逛街、打球、K歌等。

12. 我去城里人常去吃饭、购物的地方消费。

13. 我愿意接受并已经适应城市的作息时间。

14. 周末时间,我像城里人一样,经常远足、旅行等。

15. 我愿意参加社区举办的各种文化活动。

16. 我愿意像城里人一样科学育儿,把自己的孩子培养成人、成才。

17. 我愿意尽可能拿出足够多的资金培养自己的孩子。

18. 我愿意参加家庭教育指导方面的活动,以提高自己教养孩子的本领。

19. 在工作中,我能遵守单位的规章制度,不迟到,不早退,不旷工,有事外出会履行请假手续。

20. 过马路的时候我愿意走斑马线。

21. 过马路的时候我愿意遵守"红灯停,绿灯行"的交通规则。

第二部分

该部分的计分方法是: 1分,完全不同意;2分,比较不同意;3分,不确定;4分,比较同意;5分,完全同意。

1. 我感觉我是属于城市的。

2. 我觉得我是城市的成员。

3. 我把自己看作城市的一部分。

4. 我对城市充满感情。

5. 居住在城市令我感到高兴。

6. 与农村相比,我更喜欢生活在城市。

第三部分

该部分的计分方法是：1分，完全不同意；2分，比较不同意；3分，不确定；4分，比较同意；5分，完全同意。

1. 我是一个具有同情心的人。
2. 承诺别人的事情我总会努力做到。
3. 我的家人很欣赏我。
4. 我有比较广的社会关系。
5. 我对自己的穿着打扮比较满意。
6. 同胞大灾大难时，我有责任奉献一份力量，并付诸行动。
7. 我觉得我与身边的人关系处理得不错。
8. 我很欣赏我的家人。
9. 在正式场合，我害怕与他人打交道。
10. 我的社会阅历比较丰富。
11. 我和家人住在一起有很多开心的事。
12. 身边的人都很尊重我。
13. 我是一个正直的人。
14. 我的家庭氛围很好。
15. 我对自己的身体和外貌感到满意。
16. 我觉得万事都有解决的办法。
17. 我的家人比较理解我。
18. 我不擅长与陌生人打交道。
19. 我常觉得自己一无是处。
20. 我对自己的身高不满意。
21. 大多数人可能会认为我缺乏吸引力。
22. 在人群中，我常常感到不舒服。
23. 我会经常帮助身边的人。
24. 我为我的家庭感到很自豪。
25. 我愿意认识更多的人，可是我又不愿外出同他们见面。
26. 我希望能改变自己的容貌。
27. 我相信天生我材必有用。
28. 对于我的爱好，家人常给我以支持。

城市流动人口文化适应、生活满意度、社会公平感调查问卷

第一部分

该部分的计分方法是： 1分，完全不同意；2分，基本不同意；3分，不确定；4分，基本同意；5分，完全同意。

1. 总的来说，无论是和当地人打交道，还是和外地人打交道，我都觉得很困难。
2. 有时候，我感觉周围人都不能接受我。
3. 城里人和农村人各做各的，缺乏沟通。
4. 我不愿意想现实中的困难，因为想起来就觉得烦。
5. 我可以感觉到来自周围人的歧视。
6. 在城市生活了一段时间，我觉得还是农村好。
7. 在城里，我觉得自己是"二等公民"。
8. 在城里，我时常感到无助和孤单。
9. 要想找城里人当对象，真的难。
10. 年轻时在城里多赚点钱，年纪大了就回农村。
11. 我已经习惯用普通话与人交流。
12. 我觉得，和当地人打交道比和农民工打交道更轻松。
13. 回农村老家总感觉不习惯，待不久。
14. 我觉得我现在也是城里人了。
15. 我的子女将来应该选择在城市发展。
16. 在城里和在农村都很辛苦。
17. 只要积极努力，我能适应城市。
18. 城市居民很友善，我们能彼此尊重。
19. 我喜欢城市生活，想在城市扎根。
20. 我们要为城市的发展做出自己的贡献。
21. 适应当地的物价水平。
22. 适应城市的饮食习惯。
23. 习惯城市的工作和生活节奏。

24. 适应当地的口音/语言。

25. 参与当地社区的活动、聚会。

26. 交到当地的朋友。

27. 理解当地人真情实感和客套的区别。

28. 适应当地特有的风俗习惯。

29. 习惯按照当地风俗办事。

30. 适应社会公共秩序，如排队、遵守交通规则。

31. 适应公共卫生，如使用公共厕所、不随地吐痰。

32. 容易享受社会保障（如医疗保险）。

33. 容易获得有用的信息。

34. 能便利使用当地文化服务场所（如图书馆、博物馆）。

35. 能便利享受当地文化服务（如讲座展览、技能培训）。

第二部分

该部分的计分方法是：1分，非常不同意；2分，不同意；3分，少许不同意；4分，中立；5分，少许同意；6分，同意；7分，非常同意。

1. 现在的生活和我的梦想很接近。

2. 我的生活条件很好。

3. 我对生活感到满意。

4. 我所希望的东西已经得到了。

5. 如果重来一次，我还想变成现在这样。

第三部分

该部分的计分方法是：1分，不太符合；2分，不符合；3分，不太符合；4分，不清楚；5分，有点符合；6分，符合；7分，非常符合。

1. 我国不同地区发展协调，差距比较小。

2. 我国的政府官员比较清廉，没有多少腐败现象。

3. 社会上，不同工作能力的人所得到的收入有差异。

4. 我国城市和乡村的差别不是很大。

5. 我国的居民贫富差距不大。

6. 在我国，一个人所得越多说明他对社会做出的贡献越大。

7. 社会上，人们做相同工作拿到的报酬是一样的。

8. 在我国，法律对每个人都是平等的。

9. 在我国，选举是公平公正的。

10. 在我国，立法是公平的。

11. 社会上有部分政策不够公平合理。

12. 在我国，有比较健全的监督机制。

13. 在我国，执法机关能做到有法必依、执法必严。

14. 在我国，公民依法监督政府的权利得到了比较好的保障。

15. 我国的法律法规都是公平的。

16. 在我国，法律的执行不会因为违法者的身份而有差异。

17. 社会上办事主要是靠规则而不是靠关系。

18. 在我国，不同地区的教育资源是均衡的，差距不大。

19. 在我国，每个人受教育的机会是平等的。

20. 工作上，通常有能力的人更容易得到晋升。

21. 在我国，个人的前程主要是靠个人的能力和努力。

22. 社会上各个阶层的地位是平等的，没有特权阶级。

23. 在我国，不同民族的人其地位是相同的。

24. 在我国，男女不会有什么地位上的差异。

25. 在我国，政府行为能够得到有效的监督。

26. 我国政府官员的财产情况比较透明。

27. 在我国，与公民生活息息相关的信息都能公开。

28. 在我国，公民的诉求政府都很重视。

29. 政府在制定政策的时候会考虑群众的意见。

30. 失业人员等生活困难的人能得到社会的更多关照。

31. 残障人士包括有精神障碍的人能得到社会更多的照顾。

32. 在我国，弱势群体的利益会得到社会的照顾和政策性倾斜。

城市流动人口文化融合、主观幸福感、心理和谐调查问卷

第一部分

该部分的计分方法是：1 分，完全不符合/懂得/赞成；2 分，基本不符合/懂得/赞成；3 分，说不清楚；4 分，基本上符合/懂得/赞成；5 分，完全符合/懂得/赞成。

1. 我对所在城市方言的掌握程度。
2. 在日常生活中，我使用所在城市方言的频率。
3. 我对所在城市风俗习惯的熟悉程度。
4. 在日常生活中，我会按所在城市的风俗习惯办事。
5. 与女孩相比，应该让男孩多读些书。
6. 在日常生活和工作时，应该提前安排自己的事情。
7. 在日常生活和工作时，遵照城市社会规范是自然而然的事情。
8. 让孩子到更好的学校上学，是我梦寐以求的目标之一。
9. 我会尽自己所能供孩子上大学，甚至读研究生。
10. 主动参与诸如捐款、无偿献血、志愿者活动等社会公益活动，是每个公民应尽的义务。
11. 我的消费观念与城市居民没有差别。
12. 我的卫生习惯与所在城市居民没有差别。
13. 我经常从报纸或互联网上获得新闻和其他相关信息。
14. 出行时，我习惯于自觉遵守交通规则。
15. 我的衣着打扮跟所在城市居民没有什么差异。
16. 我不喜欢别人在公共场合大声嚷嚷。
17. 我会通过各种方式向政府有关部门反映情况/提出政策建议。
18. 我愿意在网上就国家事务、社会事件等发表评论，并参与讨论。
19. 交一些所在城市的本地居民朋友对我来说比较重要。
20. 多与城市本地居民进行交往和交流对我来说比较重要。

第二部分

该部分的计分方法是：1分，很不同意；2分，不同意；3分，有点不同意；4分，有点同意；5分，同意；6分，非常同意。

1. 我确定的生活目标多数能够给我以鼓励，而不是让我泄气。
2. 我不清楚自己一生所做的事情有什么意义。
3. 我经常感到自己身体的某些部位特别不舒适。
4. 我很为自己的健康状况感到苦恼。
5. 与旁边的人相比，我很满足。
6. 我对家里的经济状况感到满意。
7. 我经常因为一些琐事而烦心。
8. 遇到不愉快的事情时，很长时间我都无法振作精神。
9. 随着年龄的增长，我从生活中领悟到了许多哲理，这使我变得意志更坚定、能力更强。
10. 我感到欣慰的是，这些年自己的想法变得越来越成熟。
11. 我的运气比别人差。
12. 与旁人相比，我感到自己挺吃亏。
13. 社会给人们提供了越来越多的出路。
14. 我相信社会在不断发展。
15. 我常常感到自己难以与别人建立友谊。
16. 我感到好像大部分人的朋友都比我多。
17. 我经常感到自己每天只是在得过且过。
18. 我比较满意自己的性格。
19. 和家人在一起，我感到特别快乐。
20. 我有时感到很难与家人（包括父母、孩子、爱人等）沟通。

第三部分

该部分的计分方法是：1分，完全不符合；2分，基本不符合；3分，说不清楚；4分，基本上符合；5分，完全符合。

1. 即使和朋友观点不同，我也会和他们相处融洽。
2. 有烦恼时，我总能找到朋友倾诉。
3. 我始终以乐观的态度对待人生。
4. 对别人的请求，我总是乐于帮助。
5. 我常调整自己，以适应不断变化的社会。
6. 我的情绪很容易受到外界的影响。
7. 我时常为一些小事担忧。
8. 我会因别人对我的看法感到焦虑不安。
9. 我遇事总是犹豫不决，反复考虑。
10. 对各种社交活动，我都能应付自如。
11. 我的交往能力很强。
12. 我能处理好与领导的关系。
13. 遇到事情时我总能当机立断，迅速做出决定。
14. 我认为政府的决策大部分都是合理的。
15. 政府已经采取了一些措施来应对不良的社会现象。
16. 社会上的不良现象还是少数。
17. 对某些社会现象，我虽不认同但也能理解。
18. 我做每一件事都能善始善终。
19. 即使没人督促我也能完成工作。
20. 我能挡住外界的物质诱惑。
21. 我所设定的目标基本上都能完成。
22. 我希望有更多的机会亲近大自然。
23. 在大自然中，我常感到心旷神怡。
24. 作为大自然的一员，我感到无比自豪。
25. 我总觉得自己的能力不如别人。
26. 我对自己的外貌缺乏信心。
27. 我不清楚自己是什么样的人。

参考文献

一、论文类

[1] 曹子坚,殷杰.流动人口社会融入的具体测度与影响因素研究——基于CMDS数据库的实证分析[J].农村经济与科技,2021,32(21).

[2] 陈国华.城市居民对农民工随迁子女的接纳状况及影响因素分析[J].南方人口,2016(05).

[3] 崔岩.流动人口心理层面的社会融入和身份认同问题研究[J].社会学研究,2012(05).

[4] 董敬畏.流动人口文化认同的过程、困境及消解[J].江汉学术,2015,34(04).

[5] 方翰青,谭明.流动人口的身份认同及其与市民化关系研究[J].职教论坛,2015(06).

[6] 方翰青,谭明.城市流动人口社会公平感与心理和谐的实证研究[J].职教论坛.2016(36).

[7] 方翰青,谭明.流动人口城市文化接纳及其与归属感、自我价值观的关系研究[J].终身教育研究,2020,31(03).

[8] 扈新强,赵玉峰.从离散到聚合:中国流动人口家庭化分析[J].人口研究,2021,45(04).

[9] 高向东,李芬.大城市少数民族流动人口城市融入指标体系构建研究[J].人口与社会,2018,34(04).

[10] 郭聪惠.城市化进程中农民工城市归属感问题探微[J].兰州学刊,2008(09).

[11] 何怡萱,刘昕.青年流动人口的城市融入研究——基于2017年北京

流动人口动态监测数据［J］. 湖北社会科学，2020（01）.

［12］洪秋兰，刘倩. 知识转移视角下新生代农民工城市文化适应研究［J］. 国家图书馆学刊，2018，27（01）.

［13］侯亚杰，姚红. 流动人口身份认同的模式与差异——基于潜类别分析的方法［J］. 人口研究，2016，40（02）.

［14］胡荣. 陈斯诗. 农民工的城市融入与公平感［J］. 厦门大学学报（哲学社会科学版），2010（04）.

［15］胡书芝. 乡城移民家庭城市融入研究——基于广州、长沙、柳州三地1342名乡城移民的调查分析［D］. 华中科技大学，2014.

［16］黄仲山. 当代城市移民文化变迁与文化共同体建构［J］. 中华文化论坛，2015，7（07）.

［17］李平，朱国军，季永宝. 转型期异质性流动人口的社会融合影响因素研究——来自山东省流动人口调研数据的经验证据［J］. 东岳论丛，2015，36（01）.

［18］李强. 中国城市化进程中的"半融入"与"不融入"［J］. 河北学刊，2011，31（05）.

［19］李晓壮. 北京流动人口结构性特征及对策研究［J］. 北京社会科学，2017（11）.

［20］廖全明. 发展困惑、文化认同与心理重构——论农民工的城市融入问题［J］. 重庆大学学报（社会科学版），2014，20（01）.

［21］刘恋. 乡村振兴背景下乡村文化的现代性转型［J］. 湖湘论坛，2022，35（03）.

［22］陆淑珍. 城市外来人口社会融合研究——基于珠江三角洲地区的分析［D］. 中山大学，2012.

［23］苗元江. 心理学视野中的幸福——幸福感理论与测评研究［D］. 南京师范大学，2003.

［24］潘泽泉，李挺. 农民工身份认同的影响机制研究——基于社会资本、同群效应与社会距离关系的实证分析［J］. 中州学刊，2017（03）.

［25］任远，乔楠. 城市流动人口社会融合的过程、测量及影响因素［J］. 人口研究，2010，34（02）.

［26］任致远. 关于城市文化发展的思考［J］. 城市发展研究，2012，19

(05).

[27] 沈小勇. 城市化进程中的文化认同：基本特征和政策展望 [J]. 桂海论丛, 2015, 31 (02).

[28] 石国兴, 王紫微. 心理和谐概念辨析 [J]. 心理科学, 2013, 36 (01).

[29] 孙慧、丘俊超. 新生代农民工文化与心理融入状况调查——以广州市 CH 区为例 [J]. 青年探索, 2014 (02).

[30] 汤爽爽, 冯建喜. 新生代农村流动人口内部生活满意度差异研究——以江苏省为例 [J]. 人口与经济, 2016 (03).

[31] 田凯. 关于农民工的城市适应性的调查分析与思考 [J]. 社会科学研究, 1995 (5).

[32] 田丽, 邹丽萍. 中国城镇化进程中的文化融合问题——基于乡土文化的视角 [J]. 学习论坛, 2016, 32 (04).

[33] 田明, 薄俊丽. 东部地区流动人口城市融入的比较研究 [J]. 人文地理, 2014, 29 (01).

[34] 吴曼. 文化视角下新生代农民工城市融入问题探析 [J]. 农业经济, 2013 (09).

[35] 吴玉锋, 雷晓康, 聂建亮. 从"结构"到"认知"：社会资本与流动人口社会融合——基于 2014 年中国劳动力动态调查数据 [J]. 人口与发展, 2019, 25 (05).

[36] 汪明峰, 程红, 宁越敏. 上海城中村外来人口的社会融合及其影响因素 [J]. 地理学报, 2015, 70 (08).

[37] 肖子华. 习近平流动人口社会融合思想研究 [J]. 人口与社会, 2016, 32 (03).

[38] 许世存. 城市适应对流动人口主观幸福感的影响分析——以黑龙江省为例 [J]. 人口学刊, 2015, 37 (04).

[39] 徐延辉, 邱啸. 居住空间、社会距离与农民工的身份认同 [J]. 福建论坛（人文社会科学版）, 2017 (11).

[40] 杨健, 李辉. 农民工城市认同问卷的编制与信效度分析 [J]. 中国健康心理学杂志, 2012, 20 (02).

[41] 杨菊华. 流动人口在流入地社会融入的指标体系——基于社会融入

理论的进一步研究［J］．人口与经济，2010（02）．

［42］杨菊华．社会排斥与青年乡-城流动人口经济融入的三重弱势［J］．人口研究，2012，36（05）．

［43］杨菊华．城乡差分与内外之别：流动人口经济融入水平研究［J］．江苏社会科学，2010（03）．

［44］杨菊华，张娇娇．人力资本与流动人口的社会融入［J］．人口研究，2016，40（04）．

［45］杨菊华，张莹，陈志光．北京市流动人口身份认同研究——基于不同代际、户籍及地区的比较［J］．人口与经济，2019（03）．

［46］战梦霞，高亚春，高炳安．农民工公共服务、落户意愿及城市归属感调查研究［J］．兰州学刊，2018（04）．

［47］张波，周恩毅．新生代农民工幸福感影响因素与对策研究［J］．浙江社会科学，2017（01）．

［48］张宏如，徐家明．新生代农民工城市融入的支持性模式实证研究——基于员工帮助计划视阈［J］．福建论坛（人文社会科学版），2015（08）．

［49］张惠华，官欣荣．城市少数民族流动人口社会融合问题研究［J］．江西社会科学，2013（07）．

［50］张晶，徐苑瑜．"排斥"还是"包容"——方言多样性与流动人口永久迁移意愿［J］．经济科学，2022（03）．

［51］张兴祥，王梓健，何昊翰．方言掌握度对流动人口永久迁移的影响——基于CLDS数据的实证研究［J］．福建论坛（人文社会科学版），2022，7（07）．

［52］赵海涛，刘乃全．家庭视角下流动人口社会融合差异性研究［J］．人口与发展，2018，24（04）．

［53］赵迎军．从身份漂移到市民定位：农民工城市身份认同研究［J］．浙江社会科学，2018（04）．

［54］周皓．流动人口社会融合的测量及理论思考［J］．人口研究，2012，36（03）．

［55］朱海琳．白薇．陈建成，等．北京流动人口城市归属感与主观幸福感的现状与对策研究［J］．经济论坛，2015（03）．

[56] 朱平利, 杨忠宝. 农民工城市归属感影响因素的多维分析 [J]. 华南农业大学学报 (社会科学版), 2019, 18 (01).

[57] ARZU A, ISSA T. An Effect on Cultural Identity: Dialect [J]. *Procedia-Social and Behavioral Sciences*, 2014, 143.

[58] BARTRAM D. Inverting the Logic of Economic Migration: Happiness among Migrants Moving from Wealthier to Poorer Countries in Europe [J]. *Journal of Happiness Studies*, 2015, 16 (05).

[59] DE JONG GF, CHAMRATRITHIRONG A, TRAN QG. For Better, for Worse: Life Satisfaction Consequences of Migration [J]. *International Migration Review*, 2002, 36 (03).

[60] GUISO L, SAPIENZA P, ZINGALES L. Cultural Biases in Economic Exchange? [J]. *The Quarterly Journal of Economics*, 2009, 124 (03).

[61] HWANG KH. Finding Urban Identity through Culture-led Urban Regeneration [J]. *Journal of Urban Management*, 2014, 3 (1-2).

[62] LI L, WANG H, YE X, et al. The Mental Health Status of Chinese Rural-urban Migrant Workers [J]. *Social Psychiatry and Psychiatric Epidemiology*, 2007, 42 (09).

[63] MORRIS T, MANLEY D, SABEL CE. Residential Mobility: towards Progress in Mobility Health Research [J]. *Progress in Human Geography*, 2018, 42 (01).

二、著作类

[1] 冯天瑜, 何晓明, 周积明. 中华文化史 [M]. 上海: 上海人民出版社, 2010.

[2] 黄希庭等. 健全人格与心理和谐 [M]. 重庆: 重庆出版社, 2010.

[3] 单霁翔. 从"功能城市"走向"文化城市" [M]. 天津: 天津大学出版社, 2019.

[4] BLANCHFLOWER DG. *International Evidence on Well-being* [M]. // Krueger AB. *Measuring the Subjective Well-being of Nations: National Accounts of Time Use and Well-being*. Chicago: University of Chicago Press, 2009.

[5] EDGAR A, SEDGWICK P. *Key Concepts in Cultural Theory* [M]. Rout-

ledge, 2005.

[6] MATSUMOTO D. *The Handbook of Culture and Psychology* [M] Oxford: Oxford University Press, 2001.

三、其他类

[1] 国家卫生健康委员会. 中国流动人口发展报告 2018 [R]. 北京: 国家卫生健康委员会, 2018.

[2] 国家卫生健康委员会. 中国流动人口发展报告 2021 [R]. 北京: 国家卫生健康委员会, 2021.

 # 后　记

　　城市流动人口是具有鲜明中国特色的社会移动人口群体，在中国式现代化建设历程中，他们做出了不可磨灭的贡献。他们是城市的弱势群体，却焕发出巨大的工作活力；他们与故土深情难离，却又热切期待扎根城市；他们大多文化水平不高，却甘为城市建设添砖加瓦；他们的穿着的确不够讲究，却极力调整心态积极向上；他们干着城市社会最底层的工作，却期待过上有尊严的生活；他们的薪水也许微薄，但他们依然不失为家庭的顶梁柱；他们与故乡渐行渐远，驻留城市完善社会支持系统。

　　对于农村生活，我曾有熟悉的记忆；对于乡土文化，我曾有无比的眷恋；对于流动人口，我曾有深情的关注。十几年来，我把研究的关注点集中在流动人口（农民工）上，他们是我的父辈长者，他们是我的兄弟姐妹，他们是我的亲朋好友。我曾经专注研究流动人口的职业心理、经济融入、心理融入等问题，出版了两部学术专著，发表了数十篇学术论文，顺利完成了相关课题研究，取得了一定的科研成果。

　　2019 年，我有幸再次获批教育部人文社会科学研究一般项目"城市流动人口文化融入的实证研究"（项目批准号：19YJAZH015；主持人：方翰青），四年时光，未曾虚度。我致力于做最真实的研究，在焦虑、煎熬、欣喜、无悔、执着中，踔厉奋发；在调研、访谈、思索、讨论、反思中，勇毅前行。这部著作共计 20 余万字，虽做不到字字珠玑，但希望能掷地有声。本书作为"城市流动人口文化融入的实证研究"项目的最终研究成果，得到了教育部人文社会科学研究基金的资助。同时，本书作为江苏理工学院重点建设学科应用心理学的研究成果之一，也获得了学校一定的资助，在此一并表示深深的感谢。

　　在课题研究过程中，江苏理工学院职业心理研究所的同仁们经常热烈讨

论、热切交流，一次次的头脑风暴，碰撞出智慧的火花，引发了诸多学术思考。在数据录入、统计分析等方面，江苏理工学院教育学院心理学系毕业生给予了无私的帮助。在文献收集、文字校对过程中，研究生潘凤丽、王恬悦、田晓同学给予了专业的支持。

在此，我要特别感谢苏州大学出版社责任编辑刘海老师，她不仅为拙著进行文字修正，还对文稿中的部分观点予以指正。刘海老师对工作精益求精的态度，着实令人感动，令人敬佩。

我在撰写本著作的过程中，参考了很多学者的研究成果，领略了大方之家独到的真知灼见，由于篇幅所限，参考文献难免挂一漏万，在此深表歉意！

唯有脚踏实地，方能让梦想照进现实。人生就像脚下的路，走下去才会有延伸。对于城市居民或流动人口而言，莫不如是。认同与接纳，适应与融合，你我守望相助，世界方能大同。

城市文化如同热血，流淌在行走者身上。身心清净方为道，人间有味是清欢。时光渡口皆过客，天涯明月也皎洁。陌上花开，可缓缓归矣。

方翰青
2022 年 10 月 19 日